es 1251
edition suhrkamp
Neue Folge Band 251

Neue Historische Bibliothek
Herausgegeben von Hans-Ulrich Wehler

Thema des vorliegenden Bandes ist die Geschichte des Gymnasiums in den letzten zweihundert Jahren, ausgehend von den Verhältnissen in Preußen, wo im Verwaltungsstaat des späten achtzehnten Jahrhunderts durch an Bildung gebundene Privilegien eine grundlegende Verflechtung zwischen Schule und Staat geschaffen wurde. Für die einzelnen Epochen wird jeweils an erster Stelle die Bildungsdiskussion aufgenommen: zum einen die Ansprüche, die von der Gesellschaft an das Gymnasium herangetragen werden, die ihm Bildungsziele – christliche, patriotische, nationalistische oder gar rassistische – verordnen, zum andern die pädagogischen Bestrebungen, die Emanzipation im Sinne einer zu sich selbst findenden Menschheit als Ziel postulieren und damit ihrerseits Gesellschaft und Welt verändern wollen.

Je nach politischen und ökonomischen Kräfteverhältnissen und der Reformbereitschaft einer Gesellschaft werden dabei Kompromisse für die Gestaltung des Gymnasiums ausgehandelt und bestimmte Steuerungsmaßnahmen verfolgt. Diese Umsetzung von Bildungszielen in die konkrete Schulrealität wird an den verschiedenen Typen der höheren Schulen dargestellt, die sich ergänzend oder alternativ zum klassischen neuhumanistischen Gymnasium herausbilden – bis hin zur Gesamtschule heute –, und inhaltlich anhand der Lehrpläne überprüft, die auf ihre Einlösung der jeweiligen bildungspolitischen Intentionen hin befragt werden. Am Beispiel eines Gymnasiums in einer typischen preußischen Mittelstadt (Minden in Westfalen) wird aus Lehrplänen, Schulreden und Erinnerungen ehemaliger Schüler ein lebendiges Bild der Schule nachgezeichnet, das die Entwicklung und Veränderung des Gymnasiums veranschaulicht und zugleich ein Korrektiv für eine nur von bildungspolitischen Vorgaben geprägte Vorstellung von der Realität bietet.

Margret Kraul lehrt Allgemeine Erziehungswissenschaft an der Universität Hannover.

Margret Kraul
Das deutsche Gymnasium

1780-1980

Suhrkamp

Für Christoph

edition suhrkamp 1251
Neue Folge Band 251
Erste Auflage 1984
© Suhrkamp Verlag Frankfurt am Main 1984
Erstausgabe
Alle Rechte vorbehalten, insbesondere das der Übersetzung,
des öffentlichen Vortrags
sowie der Übertragung durch Rundfunk und Fernsehen,
auch einzelner Teile.
Satz: Wagner GmbH, Nördlingen
Druck: Nomos Verlagsgesellschaft, Baden-Baden
Umschlagentwurf: Willy Fleckhaus
Printed in Germany

1 2 3 4 5 6 – 89 88 87 86 85 84

Inhalt

3. Kapitel

Der Ausbau des Bildungssystems: Höhere Schulen zwischen Revolution und Reichsgründung 74

4. Kapitel

Mit Imperialismus gegen die Sozialdemokratie: Höhere Schulen am Ende des Kaiserreichs 100

5. Kapitel

Freiheit und Deutschtum, Demokratie und Konservatismus: Höhere Schulen in der Weimarer Republik 127

6. Kapitel

Rasse und Volk, Führer und Gefolgschaft: Höhere Schulen im Nationalsozialismus 157

Vorwort

»Das preußische Schulwesen hat aber – und das muß doch wohl in der Einleitung hervorgehoben werden – insofern eine eminent politische Bedeutung, als es ein einigendes Band innerhalb der deutschen Staaten geworden ist. Nach Preußen haben sich die übrigen deutschen Staaten gerichtet«. Das erklärte der preußische Kultusminister v. Goßler auf der Schulkonferenz von 1890. Preußische Schulgeschichte als Integrationskern hat die Struktur dieser Darstellung mitbestimmt, das deutsche Gymnasium des 19. Jahrhunderts wird weithin als preußisches dargestellt: An preußischen Verhältnissen wird beispielhaft für alle Länder gezeigt, wie im Verwaltungsstaat des ausgehenden 18. Jahrhunderts durch die an Bildung gebundenen Privilegien eine grundlegende Verflechtung zwischen Schule und Staat entsteht, die den Fortgang der Bildungspolitik im 19. Jahrhundert vor und nach der Reichsgründung prägt. In der Weimarer Republik übernimmt Preußen erneut die führende Position in der Bildungspolitik, und erst der Nationalsozialismus bringt eine reichseinheitliche Regelung, die sich jedoch am preußischen Muster orientiert. Es ist daher nicht eine den Historikern immer wieder vorgeworfene borussophile Tendenz, die hier ihren Niederschlag findet, sondern es geht um den Versuch, für das 19. Jahrhundert jenen Teil Deutschlands in den Vordergrund zu rücken, der die Entwicklung des Gymnasiums geprägt und bis ins 20. Jahrhundert hinein bestimmt hat.

Die Entwicklung dieses Schultyps wird im Spannungsfeld zwischen pädagogischen Ideen, bildungspolitischen Interessen und Maßnahmen der Verwaltung dargestellt. Darüber hinaus werden die Auswirkungen der Entwicklung des Gymnasiums auf das Bildungsverhalten der Schüler diskutiert. Um aber auch das Schulleben, das geistige Klima des Gymnasiums in einzelnen Epochen zu verdeutlichen, wird für ein ausgewähltes Gymnasium, das Gymnasium der für Preußen typischen Mittelstadt Minden, aus Lehrplänen, Schulreden und Erinnerungen ehemaliger Schüler ein lebensnahes Bild der Schule rekonstruiert. Es soll dazu dienen, die Umsetzung bildungspolitischer Vorgaben in schulische Realität zu reflektieren, ist zugleich aber auch ein Versuch, die von Schule

Betroffenen, die Schüler, in die geschichtliche Darstellung einzubeziehen.

Viele haben zur Entstehung dieses Buches beigetragen, denen ich an dieser Stelle danken möchte: Kurt Beutler und Marie-Luise Ehrhardt (Hannover), Karl Ditt und Peter Lundgreen (Bielefeld), die die mühevolle Auseinandersetzung mit dem Manuskript auf sich nahmen und manchen kritischen Rat erteilten; der Leitung des Gymnasiums in Minden wie dem Kommunalarchiv Minden, die mich bei der Archivarbeit großzügig unterstützten; Edith Häßler und Inge Schoppe, die das Manuskript erstellten; vor allem aber Marianne Hasse und Ella Kraul, die sich in Frauensolidarität als Kinderfrau und Großmutter meines Sohnes annahmen, um mir konzentrierte Arbeit zu ermöglichen.

Ohndorf, im Dezember 1983   *Margret Kraul*

1. Von der Bildung für Staat und Amt zur Bildung für Nation und Menschheit: Staatliche Reformen und allgemeine Menschenbildung

1.1. Christentum und lateinische Grammatik: Gelehrte Bildung am Ausgang des 18. Jahrhunderts

Als im Jahre 1771 Karl Philip Moritz, Sohn eines Hautboisten, später Professor der Theorie der Schönen Künste und Verfasser des autobiographischen Romans »Anton Reiser«, mit Hilfe eines Stipendiums und mehrerer Freitische die höhere Schule in der Altstadt Hannovers besucht, erlebt er Schule und Unterricht in einer über Jahrhunderte tradierten und für die Lateinschule des ausgehenden 18. Jahrhunderts typischen Form. Moritz-Reiser tritt in die zweite Klasse des Lyzeums, die Sekunda, ein, wo der Unterricht vom Konrektor – er ist zugleich Prediger – und vom Kantor erteilt wird: Theologie, Geschichte, lateinischer Stil, das griechische Neue Testament wie Katechismus, Geographie und lateinische Grammatik werden gelehrt; der Unterricht dauert morgens von sieben bis zehn und nachmittags von ein bis vier Uhr und nimmt stets in gleicher Weise seinen Lauf: »Alle Morgen früh wurde nach der vorgeschriebenen Ordnung zuerst ein Kapitel aus der Bibel gelesen, wie es jedesmal in der Reihe folgte, es möchte nun so lang oder kurz sein, wie es wollte. Darauf wurde denn nach einer gewissen Heilsordnung zweimal die Woche eine Art von Theologie doziert, worin z. B. die opera ad extra und die opera ad intra vorkamen, die vorzüglich eingeprägt wurden. Unter den erstern wurden nämlich die Werke verstanden, woran alle drei Personen in der Gottheit teilnahmen, als die Schöpfung, Erlösung usw., ob sie gleich einer Person vorzüglich zugeschrieben werden; und unter den letztern wurde das verstanden, wodurch sich eine Person von der andern unterschied und was ihr nur ganz allein zukommt, als die Zeugung des Sohnes vom Vater, das Ausgehen des Heiligen Geistes vom Vater und Sohn usw. Reiser hatte diese Unterschiede zwar schon auf dem Seminarium gelernt, aber es freute ihn doch sehr, daß er sie nun auch lateinisch zu benennen wußte. Die opera ad extra und die opera ad intra prägten sich ihm von dem theologischen Unterricht am tiefsten ein«[1].

Die lateinische Grammatik, neben der christlichen Lehre Kernstück des Unterrichts, lehrt der Kantor, indem er deutsche Texte, jeweils für die im Lateinischen gelernten Regeln konstruiert, ins Lateinische übertragen läßt, eine Übung, die bald eine sichere Kenntnis des Lateinischen zur Folge hat: »Denn binnen einem Jahr kam Reiser dadurch so weit, daß er ohne einen einzigen grammatikalischen Fehler Latein schrieb und sich also in dieser Sprache richtiger als in der deutschen ausdrückte. Denn im Lateinischen wußte er, wo er den Akkusativ und den Dativ setzen mußte. Im Deutschen aber hatte er nie daran gedacht, daß z. B. *mich* der Akkusativ und *mir* der Dativ sei und daß man seine Muttersprache ebenso wie das Lateinische auch deklinieren und konjugieren müsse«[2].

Neben derartigen Übersetzungsübungen, die weniger auf Sinnzusammenhänge als vielmehr auf eine Häufung grammatikalischer Schwierigkeiten gerichtet sind, werden Gedächtnis und rhetorische Fähigkeiten geübt: Aus den Lebensbeschreibungen griechischer Feldherrn von Cornelius Nepos, einem Werk aus der Blütezeit Roms, ist jede Woche ein Kapitel auswendig zu lernen, und an den Distichen des Cato, einer Sammlung von Verssprüchen Catos aus dem zweiten Jahrhundert v. Chr., werden lateinische Verse geübt. Die beiden Stunden, die für den Unterricht in den Wissenschaften, Universalgeschichte und Geographie, bleiben, und die tägliche Privatstunde im deutschen Deklamieren nehmen sich angesichts des auf Christentum und Latein ausgerichteten Lehrplans mehr als gering aus.

Dieses Bild ist typisch für viele Lateinschulen jener Zeit; sie vermitteln, orientiert am Klerus, Inhalte, die durch die mittelalterliche Tradition vorgezeichnet sind. Zwar entstehen im 16. Jahrhundert Gelehrtenschulen, die nicht allein am Curriculum der späteren Kleriker ausgerichtet sind, sondern mit ihrer allseitigen gelehrten Bildung Söhnen des Adels und des Bürgertums eine geeignete Vorbildung für Universität und Beruf geben. Aber neben einigen bedeutenden Gelehrtenschulen – Johannes Sturms Schule in Straßburg wie Trotzendorfs Schule in Goldberg zählen dazu – hat sich in vielen kleineren und mittleren Städten trotz des humanistischen Reformdenkens eine Lateinschule durchgesetzt und erhalten, die auf unterschiedlichem Niveau christliches Denken in lateinischer Sprache lehrt und dabei Elementarunterricht mit Universitätsvorbereitung vereint.

Während Anton Reisers Lyzeum in Hannover, das spätere Ratsgymnasium, trotz seiner Orientierung am lateinisch vermittelten Christentum schon relativ gut ausgebaut ist, bieten viele Lateinschulen ein desolates Bild. Für Preußen geben Inspektionsberichte, die gegen Ende des Jahrhunderts im Auftrag des Oberschulkollegiums erstellt werden, davon Zeugnis. Am schlimmsten sind die Zustände in Ostpreußen: Die Schulhäuser sind in kläglichem Zustand, baufällig, eng und ungesund[3], oft wird »die ganze Jugend einer nicht unfrequenten Stadt in *einer* Schulstube zusammengetrieben«, die Schulstuben sind entweder zu klein oder so groß, daß sie unheizbar sind, sie sind Kellern ähnlich oder liegen unter dem Dach[4]. Entsprechend trostlos steht es um die Dienstwohnungen der Lehrer, vor allem aber um deren Besoldung, die seit über hundert Jahren der Geldentwertung nicht angepaßt worden ist und sich vor allem im Vergleich mit den Theologen gering ausnimmt. Die Gehälter sind an die Stelle gebunden; sie liegen in der Provinz weit unter 300 Talern – zum Vergleich: Ein Jurastudent in Göttingen, der seinem studentischen Stand entsprechend leben will, benötigt damals einen Jahreswechsel von etwa 600 Talern. Bei ihrem geringen Gehalt sind die Lehrer auf Nebeneinnahmen wie Chorsingen, Leichenbegleitung, Privatstunden und Prüfungsgebühren angewiesen[5]. Daß Schüler, auch gegen besseres Wissen der Lehrer, in die nächste Klasse versetzt oder – als die preußische Schulbehörde die Reifeprüfung eingeführt hat – gar für »reif« zum Besuch der Universität erklärt werden, ist angesichts der schlechten finanziellen und wirtschaftlichen Lage der Lehrer nicht zu verwundern, können doch auf diese Weise sowohl Prüfungsgelder als auch kleine Beihilfen zum Lebensunterhalt entgegengenommen werden. Kummer und »Hungerangst« der Frau des Lehrers, die »an tödlicher Nervenkrankheit« niederliegt, oder die Schulden, in die ein anderer geraten ist, fördern jene »menschliche Gefälligkeit« dem Kandidaten gegenüber für ein »Paar Scheffel Roggen« als Gegenleistung[6].

Diese Zustände, vor allem aber die Unterschiede zwischen einzelnen Lateinschulen in bezug auf Ausstattung und Lehrergehälter, sind zum einen auf die rechtliche Verfassung der Schulen zurückzuführen: Die *äußere* Schulaufsicht – die Finanzierung der Schulen von den Lehrergehältern bis zur Erhaltung der Gebäude, einschließlich laufender Lasten wie Heizungskosten, die Unterhaltpflicht also – obliegt den Schulträgern. Das sind, abgesehen von der Ausnahme königlicher Patronate, gewöhnlich kirchliche Institutionen oder aber die Städte. Die *innere* Schulaufsicht dagegen, die Überwachung des Unterrichts und die Berufung der Lehrer, liegt bei den Konsistorien, die dieses Recht an den ältesten Geistlichen des Ortes delegieren, der, selbst wenn er in der Regel die Unterrichtsaufsicht auf den Religionsunterricht beschränkt, auf sein Vocationsrecht nicht verzichtet. Daß diese Konstruktion von Aufsichtsrechten einerseits und Unterhaltpflichten andrerseits nicht reibungslos funktioniert, liegt auf der Hand[7]: Die Schulträger sind nicht bereit – und zeitweilig auch nicht in der Lage –, Schulen, auf deren Gestaltung sie nur wenig Einfluß haben, zu finanzieren. Dieser Konflikt steigert sich noch, als die Aufsicht des Staates weiter ausgebaut wird. Zum andern aber ist die Lage der Lateinschulen ihrer Doppelfunktion zuzuschreiben: Sie sind Stadtschulen für männliche Schulpflichtige, halten jedoch nach wie vor ihren Anspruch aufrecht, ihre Schüler auf die Universität vorzubereiten. Die lateinische Sprache ist ihnen gleichermaßen Medium für spätere Gelehrsamkeit wie auch für den Elementarunterricht; Lesen und Schreiben werden am Lateinischen gelehrt. Die Klientel der Lateinschulen hat daher unterschiedliche Bildungsziele; hier finden sich zukünftige Gelehrte neben zukünftigen Handwerkern.

Dieser doppelte Anspruch der Lateinschulen, der vermutlich geeignet war, jedem Schüler, auch demjenigen, der nur seine Elementarbildung erwerben soll, ein Stück weit soziale Mobilität offenzuhalten – der Hautboistensohn Reiser wird später Professor der Theorie der Schönen Künste – ruft jedoch heftige Kritik hervor. Sie kommt von verschiedenen Seiten: Universitäten wie Schulmänner von Gelehrtenschulen halten die Vorbereitung der Lateinschule auf die Universität für nicht ausreichend, und in der preußischen Verwaltung formieren sich, unterstützt von einer Reihe von Schulmännern, immer stärker jene Kreise, die es für eine »Thorheit« halten, »den künftigen Schneider, Tischler, Krämer, wie einen künfthigen Konsistorialrath oder Schulrektor zu erziehen, sie alle lateinisch, griechisch, hebräisch zu lehren, und den Unterricht in Kenntnissen, die jene nöthig haben, ganz zu übergehen«[8]. Die Verfechter der gelehrten Bildung fordern angesichts des Überhangs an lateinischer Bildung und christlicher

Lehre und angesichts der doppelten Funktion der Lateinschulen Reformen, die zum einen auf curriculare Neuorientierung, zum andern auf eine eindeutige Bestimmung der Schulen hinauslaufen; das Interesse der Schulverwaltung ist es, ein dem Sozialmodell des preußischen Staates entsprechendes Schulsystem von Bauer-, Bürger- und Gelehrtenschulen zu schaffen. Diese Forderungen, die eine Reihe von Gemeinsamkeiten bei Schulmännern und staatlicher Verwaltung erkennen lassen, bestimmen die Schulreformdiskussion der nächsten Jahre; die Neuorganisation der höheren Schulen wird dabei sowohl von philanthropischen als auch von neuhumanistischen Ansätzen geleitet.

1.1.1. Erbarmt euch, Freunde, der Frühlingsjahre: Mit staatlicher Hilfe wider die alte Latinitätsdressur

»O, wie mancher gehorsame Knabe und sittsame Jüngling wiederholt in täglich verwünschten Schulstunden die durch Striemen eingebläuten Worte eines Gesandten Gottes oder eines Weisen unter den Menschen und leider, um sie nie zu verstehen, oder doch nie zu verehren, wenn er den Meistern entwächst. Das Gewölbe schallt täglich wider vom Schrei der Geschlagenen – eines Geschöpfs, das mehr Verstand und Gedächtnis brauchen soll, als ihm Gott gab, oder vielleicht eines künftigen Newtons, welcher der Fallendung eines nie verstandenen Wortes vergißt, oder eines zum Bessern geschaffenen Geistes, der, mit Unlust und irrend, Roms und des Vaterlandes Worte und Phrasen wechselt, die ihm an Inhalt leer sind. Erbarmt euch, Freunde, der Frühlingsjahre«[9]. Mit großer Emphase und starken Worten geißelt Johann Bernhard Basedow, ein wortgewaltiger Schulmann am Ende des 18. Jahrhunderts aus der Gruppe der an Rousseaus allgemeiner Menschenbildung orientierten Philanthropen, der Menschenfreunde, das herrschende Schulsystem. Seine Kritik führt zur Konzeption eines Philanthropins, das sich durch Schulaufbau und Curriculum sowohl von den durchschnittlichen Lateinschulen als auch von den wenigen hervorragenden Gelehrtenschulen abhebt.

Im Zentrum seiner Auseinandersetzung mit den tradierten Lateinschulen steht ihr Grammatikdrill. Basedow fordert jedoch keineswegs die Abschaffung des Lateinunterrichts auf den Gelehrtenschulen, im Gegenteil, er hypostasiert die lateinische Spra-

che geradezu, indem er sie als eine mögliche Welt-Gelehrtenspra-
che sieht; die *Methode* des Lateinlernens will er aber grundlegend
verändert wissen: Durch ständiges Reden über Sachen soll eine
Sprache erlernt werden, nicht durch geistlose Übung eigens kon-
struierter grammatikalischer Schwierigkeiten. Vor allem aber ist
der Lateinunterricht bei Basedow nicht mehr lehrplanprägend:
Moderne Sprachen, englische und französische Geschichte, ergänzt durch ein »Zeitungs-Kollegium«, um die »Staatsverfassun-
gen und merkwürdigen Begebenheiten« bekannt zu machen[10],
Geographie, gelehrt an »zwei auf dem Felde aufgeworfenen Halb-
kugeln …, deren Oberfläche sich in Land, Wasser usw. unterscheidet«[11], Mathematik, Physik, Chemie – mit Präparaten und
Instrumenten –, handwerkliche Fähigkeiten wie Hobeln, Tisch-
lern und Drechseln[12], aber auch körperliche Ertüchtigung, Tanzen und Reiten auf der »hochfürstlichen Reitbahn« und gelegent-
liche militärische Übungen gehören dazu. Das Ganze ist geplant
als Gymnasium, das zugleich eine »Ritterakademie, eine Kadet-
tenakademie«[13] ist. Das Lernen an den Dingen, die Natürlichkeit
der Methode und die natürliche, nicht konfessionsgebundene Religion bestimmen sein Konzept von Erziehung, deren Haupt-
zweck es ist, »die Kinder zu einem gemeinnützigen, patriotischen
und glückseligen Leben vorzubereiten«[14].

Mit Hilfe von Erziehung und guten Schulen, dem »*brauchbar-
ste[n] und sicherste[n] Werkzeug …, den ganzen Staat* nach seiner
besonderen Beschaffenheit glücklich zu machen oder glücklich zu
erhalten«[15], soll die höchste Glückseligkeit aller erreicht werden;
der Glaube, vernünftiges Handeln über Erziehung erreichen zu
können, ist groß, und der vernünftige Mensch wird, hofft man,
die Welt zum Wohl der Menschheit und zur höchsten Glückseligkeit aller gestalten; die Französische Revolution ist auch ein
Ausdruck dieses Glaubens.

Staat und Erziehung werden eng miteinander verbunden gesehen: Der Staat soll zum einen durch Erziehung besser, »glücklich« werden, zum andern aber auch für die Förderung und Aufsicht von Erziehung verantwortlich sein, besonders bei den Gelehrtenschulen, die in Basedows Konzept in unmittelbarer Verbindung zum Staat bedarfsangemessen ausbilden sollen. So
wünscht Basedow die Zahl der Gelehrten »nach dem Bedürfnisse
des Staates und der Zeiten bestimmt«, Vermögen ist Voraussetzung, denn nichts ist schlimmer »als ein dürftiger Gelehrter«, und

wird einmal »unter den Ärmern ein außerordentlich Genie entdeckt, so muß ... der Staat ihn anstatt eines besondern Sohnes annehmen, wofür dieser Klient sich gleichfalls einer besonders genauen Direktion des Vaterlandes unterwerfen müßte«[16].

Diese Elitefunktion kann von den Gelehrtenschulen jedoch nur dann übernommen werden, wenn in Städten, in denen sonst ausschließlich eine Lateinschule für Schüler verschiedener Schichten und mit unterschiedlichen Bildungsansprüchen vorhanden war, neue Schultypen eingerichtet werden. Zwei Hauptarten von Schulen sind Basedow zufolge notwendig: Die »großen Schulen für den gemeinen Haufen«, dessen »Kinder weniger Erkenntnis bedürfen als die andern«, und »die kleinen Schulen für die Kinder gesitteter Bürger«[17]; sie sind Grundlage für das Gymnasium, in das begabte Knaben mit etwa fünfzehn Jahren eintreten können. Basedow hat seine Vorstellungen im Dessauer Philanthropin (1774), dem Vorbild für viele Reformschulen, realisiert. Ständische Unterschiede bestimmen dabei den Zuweisungsprozeß: Die armen Schüler sind die Famulanten und haben für die Bedienung der reichen Schüler, der Pensionisten, zu sorgen[18].

In den Philanthropinen werden die Inhalte der alten Lateinschule durch eine an neuen Wissenschaften und praktisch nützlichen Lebensbezügen orientierte Bildung ersetzt. Zugleich wird eine Differenzierung der Lateinschule in je nach Klientel und Ausbildungsfunktion unterschiedliche Schultypen vorgenommen. Damit wird die von Rousseau geforderte allgemeine Menschenbildung mit Blick auf den Nutzen für den Staat und die bestehenden gesellschaftlichen Zustände ständisch begrenzt, ihr utopisches Element zugunsten einer nutzbringenden Einbindung in bestehende Verhältnisse reduziert. Die Durchführung all dieser Reformideen aber wird dem Staat angetragen; er gilt als Treuhänder einer Bildung, die zugleich dazu verhelfen soll, ihn zu verbessern und zu vervollkommnen.

Wider die »Latinitätsdressur« der alten Lateinschule, die »sachenlose Pedanten« und »elende Schulrhetoren« hervorbringt und »Gift auf Lebenszeit« ist, wendet sich auch Johann Gottfried Herder. Wie die Aufklärer fordert auch er Realkenntnisse, darüber hinaus aber »Reichthum und Genauigkeit im Vortrage der Wahrheit: Lebhaftigkeit und Evidenz, in Bildern, Geschichten und Gemälden: Stärke und unaufgedunstete Empfindung in Situationen der Menschheit«. Herder beklagt damit nicht nur, daß die übermächtige Lateindressur die Jugendlichen vom Lernen nützlicher Dinge abhalte, ihm geht es vielmehr um die Entfaltung des Geistes der jungen Menschen. Gerade in einer Lebensphase, in der sich ihre Identität ausbildet, werden die Schüler »mit dem Grammatischen Zepter, wie mit einem glühenden Eisen, auf einmal geblendet«; jene frühen Eindrücke aber bleiben prägend: »Die erste Farbe, die unsrer Denkart aufgetragen wird, verliert sich nie; wehe uns! Wenn sie uns unangenehm oder gar verunzierend ist. Seufzen muß der Menschenfreund, wenn er sieht, wie in den Schulen, die mit dem Namen: *Lateinische Schulen* prangen, die erste junge Lust ermüdet, die erste frische Kraft zurückgehalten, das Talent in Staub vergraben, das Genie aufgehalten wird, bis es, wie eine gar zu lange zurückgehaltne Feder seine Kraft verliert. ... Unterdrückte Genies! Märtyrer einer bloß Lateinischen Erziehung! o, könntet ihr alle laut klagen!«[19] Wären es die Griechen gewesen, an deren Schriften die Jugend gebildet worden wäre, Herder, wie viele seiner Zeitgenossen, hätte es begrüßt, denn im Griechentum werden Menschheit und Menschlichkeit in höchster Vollendung gesehen: Aus den Werken der Griechen spricht »der Dämon der Menschennatur ... rein und verständlich«[20].

Nehmen Aufklärer wie Basedow ihre Kritik an den Lateinschulen zum Anlaß, um eine Bildung zu fordern, die den einzelnen befähigt, in bestimmter Funktion nutzbringend in die Gesellschaft eingebunden zu werden, suchen Griechenfreunde wie Herder nach einem Zentrum, von dem aus der Mensch seine volle Menschlichkeit entwickeln kann. Dieses Zentrum meinen sie im Griechentum gefunden zu haben, denn die griechische Sprache spiegelt den Geist eines Volkes wider, dessen Denken und Staatsform höchste Vollkommenheit bezeugen. Johann Joachim Winckelmanns »Gedanken über die Nachahmung der griechischen Werke in der Malerei und Bildhauerkunst« (1755) wird zur Programmschrift, zum »Glaubensbekenntnis der deutschen Griechenverehrung«. Über das Medium des Griechentums soll der Mensch zur Humanität geführt werden, das Griechentum wird zum »Identifikationsobjekt außerhalb der Enge kirchlicher und ständischer Bindungen«[21] – eine Identifikation, die allerdings von der Wahrnehmung der Realität wegführen kann.

Damit wird ein neues, von dem Historiker Friedrich Paulsen später als Neuhumanismus bezeichnetes Paradigma für die Gelehrtenschulen bestimmend. Neben dem Vorbildcharakter des Griechentums, seinen sinnstiftenden Inhalten, wird seine Bedeutung für formale Qualifikation hervorgehoben: Kein Studium ist »so geschikt …, alle schlummernden Geisteskräfte zu wekken und zu spornen, so kein einziges so geschikt, die Seele zu allen möglichen Wissenschaften so vorzubereiten und auszubilden«[22], wie das der Alten, das die vielseitige Bildung aller Seelenkräfte fördert. Diese Bildung werde ihren Wert niemals verlieren, auch nicht, wenn der Schüler sein Griechisch und Latein vergessen sollte; die Geschmeidigkeit des Geistes bleibe ebenso wie die in der Tanzstunde erlernte körperliche Geschmeidigkeit erhalten, selbst wenn man früh aufhöre zu tanzen[23]. Erste Gelehrtenschulen werden dieser neuen Konzeption gemäß umgestaltet, so das Friedrichs-Werdersche Gymnasium in Berlin, wo Friedrich Gedike, ein neuhumanistischer Schulmann, den Lehrplan entscheidend beeinflußt. Zwar prägt der Lateinunterricht noch immer zu einem Drittel das Curriculum, an nächster Stelle aber stehen nicht mehr, wie in den traditionellen Lateinschulen, Religion und Singen, sondern Französisch, Deutsch und Griechisch. Darüber hinaus fallen philosophisch-ästhetisch orientierte Unterrichtsgegenstände, Geschichte der Philosophie, Geschichte der Literatur, und die Gruppe der Realien auf[24].

Die hier programmierte und in Anfängen realisierte Bildung ist nicht, wie die der Philanthropen, an der späteren Stellung im Beruf orientiert, sondern auf eine Bildung des Menschen zum Menschen schlechthin ausgerichtet. Die Frage nach dem Nutzen wird nicht mit Blick auf die Gegenstände der Welt beantwortet, sondern im Hinblick auf die Vervollkommnung des Individuums entschieden. Das schließt jedoch nicht aus, daß die Neuhumanisten, ebenso wie die Philanthropen, sich den Staat als ausführendes Organ ihrer Konzepte wünschen. Die Schulmänner jener Zeit sehen ihre Vorschläge für die Reform der Lateinschulen und den Ausbau von Gelehrtenschulen beim Staat in guten Händen; eine staatlich sanktionierte höhere Bildung, die sich zugleich der Fürsorge des Staates sicher ist, vermag ihrer Ansicht nach eine Art Mittlerfunktion zwischen dem bestehenden Staat und der zukünftigen Gesellschaft einzunehmen. Die dazu notwendige staatliche Steuerung wird nicht nur akzeptiert, sondern auch initiiert. Probleme, die sich durch die geforderten Eingriffsmöglichkeiten des Staates bald ergeben sollten, werden kaum gesehen, bestimmen zumindest die Diskussion der Schulmänner in dieser Zeit noch nicht. Die gelehrte Öffentlichkeit hat im späten 18. Jahrhundert eine Schulreform inhaltlich wie strukturell vorbereitet. Die Kritik an den Lateinschulen mit ihrer Latinitätsdressur veranlaßt Philanthropen wie Neuhumanisten zu neuen curricularen Konzepten. Beide Gruppen wissen sich eins mit aufgeklärten Staatsbürokraten und fordern sie auf, den organisatorischen Rahmen für die Durchsetzung der Schulreform zu schaffen.

1.1.2. Kontrolle und Privilegien: Das Abiturreglement von 1788 und die Freiheit zum Studieren

Der Wunsch der Schulreformer nach staatlichen Eingriffen kommt der preußischen Verwaltung nicht ungelegen. Dabei ist es Konsens zwischen Schulmännern und Verwaltung, daß eine Verbesserung des Schulwesens nur dann erreicht werden kann, wenn eine zentrale Behörde für die Verwaltung der höheren Schulen eingesetzt wird. Karl Freiherr v. Zedlitz, als Etat- und Justizminister an der Spitze des lutherischen und geistlichen Departements und damit für Universitäten und gelehrte Schulen zuständig, erläutert der Öffentlichkeit in der »Berlinischen Monatsschrift«, einem von Gedike und Biester herausgegebenen Organ der öffentlichen gelehrten Diskussion, in seinen »Vorschläge(n) zur Verbesserung des Schulwesens in den Königlichen Landen« (1787)[25] die Konstruktion einer Oberbehörde für die höheren Schulen. Die Zedlitzsche Empfehlung wird aufgenommen und realisiert: Noch 1787 ergeht von Friedrich Wilhelm II. die »Instruktion für das Oberschulkollegium«[26], eine Behörde, die als »allgemeine Oberaufsicht« konzipiert ist und sich »über das Ganze des gesamten Schulwesens Unserer Länder« erstrecken soll. Durch sie soll gewährleistet werden, »daß in Unseren Landen überall durch zweckmäßigen Unterricht der Jugend gute Menschen und brauchbare Bürger für jeden Stand erzogen werden«. Diesem Kollegium, dem außer den Verwaltungsbeamten Zedlitz und Wöllner mit Meierotto, Steinbart und Gedike drei in der pädagogischen Diskussion besonders hervorgetretene Schuldirektoren sowie der Kanzler der Universität Halle angehören, obliegen Aufsichtsfunktionen und curriculare Aufgaben, wie die Einführung nützlicher Lehrbücher und guter Lehrmethoden. Daneben – und das erweist sich für die Zukunft als besonders wichtig – erhält das

Oberschulkollegium die Prüfungsfunktion: Jeder, der an königlichen Schulen Lehrer werden will, muß sich zuvor in einer Prüfung durch das Oberschulkollegium als tauglich für diese Aufgabe erwiesen haben. Zugleich sollen an einzelnen Gymnasien Seminare für die praktische Ausbildung der Lehramtskandidaten eingerichtet werden; Gedike eröffnet ein solches Seminar im gleichen Jahr bereits am Friedrichs-Werderschen Gymnasium[27]. Damit wird über die Ausbildung der Lehramtskandidaten und den Nachweis ihrer Befähigung zur Anstellung eine erste enge Verbindung zwischen Staat und höherer Schule geknüpft; der Prozeß, Lehrer und Schule in den Dienst des Staates zu stellen, wird über das Mittel der Lehrerprüfungen eingeleitet.

Kontroll- und Prüfungstätigkeit des Oberschulkollegiums sind jedoch keineswegs auf die Ausbildung der zukünftigen Lehrer an königlichen Schulen beschränkt: Die wichtigste Aufgabe ist eine Bestandsaufnahme der Lateinschulen in Preußen, ihre Lehrpläne sind ebenso zu überprüfen wie die Kenntnisse der Schüler, die, nach dem Selbstverständnis der Lateinschulen, für die Universität vorbereitet werden. Eine derartige Bilanz ist Voraussetzung für die Differenzierung der Lateinschulen in solche, die das für den Besuch der Universität nötige Wissen vermitteln, und solche, die diesen Ansprüchen nicht gerecht werden. Diese Unterteilung kommt nicht nur einer pädagogisch begründeten Überprüfung des unterschiedlichen Leistungsniveaus der Schulen entgegen, sie wird vielmehr aus gesellschaftspolitischen Gründen für notwendig gehalten. So hatte Zedlitz in seinen Vorschlägen zur Verbesserung des Schulwesens nicht nur eine Oberbehörde vorgeschlagen, sondern zugleich einen Schulplan entwickelt, in dem drei Schularten konzipiert werden: Bauern-, Bürger- und Gelehrtenschulen, ein Abbild des berufsständischen Sozialmodells, das aufgegriffen wird, obwohl die ständische Gesellschaft jener Zeit sich bereits im Übergang zur Staatsbürgergesellschaft befindet[28]. Vorschläge dieser Art, aus wirtschaftlichem Nutzen und staatserhaltender Funktion begründet, legitimieren die Differenzierung der Lateinschulen: Knapp ein Viertel der rund vierhundert Lateinschulen wird im Laufe der nächsten Jahrzehnte für würdig befunden, zur Universität vorzubereiten[29], die anderen halten als Bürger-, Stadt- oder lateinische Mittelschulen zwar ihren an den alten Lateinschulen orientierten Lehrplan aufrecht, gehen aber ihres Privilegs, zur Universität vorzubereiten, zunächst verlustig und können sich häufig erst im Laufe des neunzehnten Jahrhunderts, über die Entwicklung zu einer ausgebauten Realschule, wieder in die Gruppe der mit dem Entlassungsrecht zur Universität ausgezeichneten Schulen einreihen.

Mit dem Recht einzelner Schulen, zur Universität vorzubereiten, geht die Prüfung derjenigen Schüler einher, die zur Universität abgehen: das *Abitur*. Konnte sich der mittellose Anton Reiser, seiner von ihm als unglücklich empfundenen Schulzeit überdrüssig, noch ohne Zeugnis und Abschluß durch eine lateinische Ansprache an den Prälaten der Universität sowohl zur Immatrikulation als auch zu Freitisch und Unterkunft empfehlen[30], wird dieser Bildungsgang durch staatliche Reglementierung zunehmend eingeschränkt; die immer wieder artikulierte Sorge des Staates vor dem »studentische[n] Proletariat«[31] und vor dürftigen und unbemittelten Gelehrten, von denen man eine Sprengung der gesellschaftlichen Verhältnisse meint befürchten zu müssen, treibt dazu. Zugleich aber sieht sich der Staat vor ein weiteres Problem gestellt: Wenn es gilt, vor allem seit die Universitäten zunehmend für Staatsämter ausbilden, die Studenten auf ihre Tüchtigkeit hin zu überprüfen, wird die »Tüchtigkeit« zu einer durch Leistungskontrolle überprüfbaren Größe. Das revolutionäre Leistungsprinzip aber kann – konsequent durchgehalten – Söhne aus niederen Ständen zum Studium führen, Söhne aus höheren Ständen dagegen, trotz ihres Vermögens, fernhalten.

Dieses Dilemma, das sich schon in der preußischen Immatrikulationsverordnung von 1735 niederschlägt, durchzieht die Verhandlungen, die zum ersten Abiturreglement im Jahre 1788 führen. Zwei Punkte gelten jedoch bei den Verhandlungen des Oberschulkollegiums als unbestritten: die Anerkennung der Berechtigung des Staates, den Andrang untüchtiger Studenten zur Universität durch eine Prüfung zu hemmen, und die Meinung, daß diese Prüfung für alle Stände gleichermaßen durchzuführen sei[32]. Problematisch bleibt allerdings der Stellenwert des Prüfungsergebnisses: Alte Privilegien stehen der Auffassung, daß das Ergebnis einer Prüfung für alle Schüler von gleicher Verbindlichkeit sei, entgegen: »Wollte man den Zweck der Schulzeugnisse dahin ausdehnen, daß, wenn das Zeugniß schlecht ausfalle, der junge Mensch nicht bloß abgerathen, sondern vi legis abgehalten würde, die Universität zu beziehen, so würde gewiß dieser Endzweck in vielen Fällen unausführbar seyn, oder die Sache würde, wenn sie mit

Gewalt durchgesetzt werden sollte, im Grunde etwas zu Despotisches an sich haben ... was für eine Gehäßigkeit würde dergleichen strenge Verordnung nicht im Publico erregen«. Der Kompromiß, der die gesellschaftspolitischen Überlegungen abschließt, läßt sich als Recht des Publikums fassen, »aus seinen reichen Kindern Taugenichtse werden zu laßen«[33]; es steht »jedem Vater und Vormund frey ..., auch einen unreifen und unwissenden Jüngling zur Universität zu schicken«[34], nur die Benefizien, die Stipendien und die Freitische, sind dem Unreifen versagt.

Die Widersprüchlichkeit der Sozialverfassung der preußischen Gesellschaft wird hier offenkundig: Der Übergang von der ständischen Gesellschaft zur Staatsbürgergesellschaft hat sich erst in Ansätzen vollzogen, allgemeine Prüfungen stehen jedoch quer zu einer Gesellschaft, die noch ständisch durchsetzt ist: Das erste Abiturreglement von 1788 ist damit nur für die Unbemittelten von Bedeutung; ihren Aufstieg drosselt und kanalisiert es. Das Urteil dagegen, das sich der Staat über die Reichen mit dem Abitur anmaßt, bleibt ohne Konsequenzen für deren weiteren Weg. Gedikes Vorschlag, den Prüfungserfolg allein zur obligatorischen Bedingung für die Zulassung zum Studium zu machen, hat keinen Erfolg[35]; die Gesellschaft, die er mit seinem Plan antizipiert, entspricht nicht der bestehenden, die erst auf dem Weg in die allgemeine Staatsbürgergesellschaft ist.

Wer jedoch einen bestimmten Bildungsstand erreicht hat, dem gewährt Bildung in staatlicher Reglementierung Privilegien, die zuvor nur durch Besitz zu erlangen waren. So definiert das an Bildung gebundene Amt die Lehrer, die in den »gelehrten Klassen« einer höheren Schule, der späteren Oberstufe des Gymnasiums, unterrichten, als Angehörige einer staatstragenden Schicht und gesteht ihnen in dieser Funktion Privilegien zu, die sich bei der Befreiung vom Militärdienst auch noch auf ihre Söhne erstrecken. Daneben aber kann – und hier zeigt sich bei aller ständischen Einbindung die eigentliche Bewegung in der preußischen Sozialstruktur – durch Bildung und Leistung des einzelnen, die in der Regel durch die Aufnahme eines Studiums als belegt gelten, eine Befreiung vom Militärdienst erzielt werden. Zwar führt diese Möglichkeit, von den preußischen Herrschern zur Heranziehung tüchtiger Beamter gewährt, zu zahlreichen Klagen über den angeblichen Mißbrauch, der mit diesem Privileg getrieben wird: »Eine verhältnismäßig zu große Anzahl junger Leute aus dem

Bürgerstande« widme sich, heißt es 1791 in einer Kabinettsorder, dem Studium nicht um der Gelehrsamkeit willen, sondern nur in der Absicht, »sich auf diese Weise dem Militärdienst zu entziehen«[36]. Der obrigkeitliche Mißmut führt jedoch nicht zur Aufhebung dieser Regelung, vielmehr wird sie durch eine weitere staatliche Indienstnahme von kontrollierter Bildung überprüfbar und verbindlich gemacht: Für alle zum Studium entschlossenen Kantonpflichtigen, und das sind vor allem Handwerker- und Bauernsöhne, wird eine Prüfung eingerichtet, die diese im Alter von etwa vierzehn Jahren an Gelehrtenschulen oder lateinischen Mittelschulen ablegen müssen. Durchführung und Ergebnis obliegen einzig der Schule und Unterrichtsverwaltung; die Regimenter haben das Urteil der Schule zu akzeptieren. Entsprechend pädagogisch ist die Prüfung konzipiert: Die Fragen müssen »faßlich und verständlich sein, so daß sie ... von jedem fähigen Knaben, der auch noch ohne gelehrte Cultur ist, beantwortet werden können«, und insgesamt soll »nicht bloß auf glänzende Genies, sondern noch mehr auf solide Köpfe«[37] gesehen werden; Vermögensumstände verlieren an Bedeutung, angestrengter Fleiß hingegen, moralischer Charakter und löbliche Aufführung gelten als wünschenswert.

Mit dieser Prüfung ist ein weiterer Schritt getan, durch Bildung, vor allem durch kontrollierte Bildung, in die Gesellschaftsstruktur einzugreifen. Die unter pädagogischen Gesichtspunkten von der Schule abgenommene Prüfung berechtigt – vorausgesetzt das Reifezeugnis wird erlangt – zu Freistellung vom Militärdienst, und die Studienerlaubnis, zuvor relativ willkürlich von den Regimentern erteilt, wird einklagbar. Das Einjährig-Freiwilligen-Examen hat in dieser Prüfungskonstruktion seine Wurzel. Der bisher an der Militärverfassung orientierte Staat konkurriert jetzt mit den Regeln der Bürokratie, deren Beamte sich durch vom Staat überprüfte Bildung auszeichnen. Durch Bildung wird damit die Gesellschaftsstruktur in staatlich zugelassenem Rahmen verändert, zugleich aber sichert sich der Staat durch Reglementierung und Kontrolle von Bildungsinstitutionen ein Mitspracherecht bei dem Prozeß gesellschaftlicher Veränderungen; es wird schon bald zuungunsten der Bildungsreformer genutzt werden.

Ende der 1780er Jahre tritt eine Wende in den gemeinsamen Bestrebungen von preußischer Verwaltung und Schulreformern ein. Der Konsens zerbricht, als die Ereignisse in Frankreich eine

diffuse Angst vor revolutionären Tendenzen in Preußen auslö-
sen[38]. Die preußische Verwaltung sieht sich vor die Aufgabe gestellt, Reformer und potentielle Umstürzler in ihre Schranken zu
verweisen. Die Religion, in den Dienst des preußischen Staates
genommen, wird dabei zum Instrument der Disziplinierung;
Frömmigkeit der Untertanen, bezogen auf staatlich verordnetes
Christentum, wird zur Legitimation des Absolutismus: »Die Majestät des Königs wird nur anerkannt, wenn die Majestät Gottes
geglaubt wird, ein frommer Soldat hält seinen Eid und desertiert
nicht, ist nicht mürrisch im Friedensdienst und tapfer im Krieg.
Religion hebt Ehrlichkeit der Beamten, vermehrt die Steuer-
einkünfte und fordert die wünschenswerte Bevölkerungszu-
nahme«[39]. In diesem Sinne hält Religion den Staat in Ordnung, sie
bewahrt die Macht der Mächtigen und schützt vor Kritik und
Reform.

So erscheint in Preußen kurz nach Amtsantritt des Ministers
Wöllner, der den liberaleren Zedlitz ablöst, ein Religionsedikt,
wonach Religion gemäß staatlich festgelegter und sanktionierter
Lehre zu verkünden ist; Abweichungen und Diskussionen darüber sind in Kirche und Schule verboten, Dogmatik hat Vorrang
vor Sachverstand. Wöllners Ministerium ist um Realisierung dieser Vorschriften bemüht: Ein einheitlicher, behördlich lizensier-
ter Landeskatechismus wird eingeführt; eine Maßnahme, die aber
bei dem erst in Ansätzen zentralisierten Schulwesen nur geringen
Erfolg hat. Effektiver dagegen erweist sich die Arbeit der im Jahre
1791 errichteten »Immediat-Examinations-Kommission«, die
künftige Lehrer und Geistliche hinsichtlich ihrer rechten Gesinnung »nach Pflicht und Gewissen recht sorgfältig vorzunehmen«
hat, »weil hierauf alles ankommt, um Kirchen und Schulen mit
redlichen Bekennern Jesu zu versehen und die Neologen und sogenannten Aufklärer von Canzeln und Lehrstellen zurück zu halten«[40]. Da diese Kommission als Aufsichtsinstanz des Oberschulkollegiums und des Oberkonsistoriums konzipiert ist, kann sie
ihrer Aufgabe wirkungsvoll nachkommen: »Gewissenhafte Kandidaten der Theologie« werden »zu Scharen von geistlichen Äm-
tern«[41] verscheucht, Verhalten und Einstellung derjenigen, die
schon in Amt und Würden sind, in Konduitenlisten festgehalten:
die eine für Anhänger der Staatspolitik, die andere für die schwar-
zen Schafe, »vorzüglich alle Neologen und die ganze Rotte der
sogenannten Aufklärer unter den Predigern und Schullehrern«[42].

Begehren Schulmänner gegen Wöllners Regiment auf, bestehen sie auf ihren Rechten, wie in der Gelehrtenschule Kloster Berge, wo die Konventualen den neuen Abt und Leiter der Schule wie bisher frei wählen wollen, wird ihnen angedroht, sie würden »als ungehorsame Unterthanen, die sich gegen den Willen des Souveräns aufzulehnen nicht entblöden, ohne weitere Umstände kassiert und aus dem Kloster fortgeschafft«[43].

Angesichts dieser neuen politischen Richtung geraten Schulmänner, die zuvor gemeinsam mit der Verwaltung Reformen in den Schulen initiieren wollten, in Konflikte: Der Konsens, den sie zwischen einem aufgeklärten Staat und ihren eigenen, Schule und Erziehung sowie das Gemeinwohl fördernden Ideen angenommen hatten, erweist sich als brüchig; der Staat, mit dem sie meinten, gemeinsame Interessen, gipfelnd in höchstem individuellen Glück und im Gemeinwohl, vertreten zu können, schwenkt um. Das gibt Zeit zu neuen Reflexionen über das Verhältnis von Erziehung, Staat und Gesellschaft, nun kritischer und weniger optimistisch. Die erste Verkoppelung zwischen Bildung und Gesellschaft ist jedoch mit dem Abiturientenreglement und der Prüfung für Kantonpflichtige kodifiziert; sie bestimmt, ungeachtet aller kritischen Betrachtungen des Staatseinflusses auf Erziehung, von nun ab die Schulentwicklung. Der aufklärerische Diskurs über eine Reform der höheren Schulen ist aber vorerst unterbrochen; darüber hinaus verhindern die Kriege Preußens gegen Napoleon eine weitere Umgestaltung der Schulen.

1.2. Vom Staat zur Nation

Findet der spätabsolutistische Staat der Aufklärung noch Gnade vor den Augen der deutschen Gebildeten und Frühliberalen, ja halten sie ihn einer Zusammenarbeit für würdig, ist das für den Staat der Antiaufklärung der Ära Wöllner nicht mehr der Fall. Er wird in seinen Eingriffen in menschliches Denken und Handeln nur negativ wahrgenommen; die Gebildeten stehen ihm voller Mißtrauen gegenüber. Will man sich in dieser Situation nicht, wie Wilhelm v. Humboldt in seiner Schrift über die »Gränzen der Wirksamkeit des Staats« (1792)[44] vorschlägt, darauf beschränken, den Staat auf die Erhaltung der Rahmenbedingungen für die Entwicklung individueller Vollkommenheit zu verpflichten, ihn zum

»Nachtwächterstaat« zu erklären, gilt es, den Staat zu reformieren, über Erziehung und aus Moral einen neuen Staat zu konzipieren. Dabei ist der Einfluß der Französischen Revolution nicht ohne Folgen, ist sie es doch, die in der deutschen gebildeten Öffentlichkeit »Enthusiasmus« weckt und auf die moralische Anlage im Menschen verweist[45]. Die konkreten, sinnlich wahrgenommenen negativen Erfahrungen der Ära Wöllner und der Enthusiasmus, mit dem die Ziele der Revolution in Frankreich verfolgt werden, bilden damit die Basis für Konzepte einer Reform von Staat, Erziehung und Unterricht.

Als der preußische Staat im Krieg mit dem Frankreich Napoleons zusammenbricht, überlagert sich der Reformwille mit dem nationalen Motiv der Selbstbehauptung: Staatsreform, Gesellschaftsreform und Nationalerziehung, geleitet von der Begeisterung für die Ideale der Französischen Revolution, zugleich aber auch von stärkster Auflehnung gegen Napoleon, gehen in der preußischen Reformzeit eine enge Verbindung ein.

Philosophen und Pädagogen, allen voran Fichte, Schleiermacher und Humboldt, legen ihre Vorstellungen von Erziehung und Staat dar. Im Vordergrund steht für sie die Erziehung zum Menschen, zu Freiheit und Mündigkeit des einzelnen. Ein neuer preußischer Staat, die Nation als Gemeinschaft gebildeter Individuen, soll erstehen können; ihm meint selbst Humboldt sein Bildungskonzept überantworten zu können: Ein Staat, der die »Freiheit der Personen« allen Bürgern »ohne Unterschied verkündet«[46], der die Gleichheit aller Bürger vor dem Gesetz zusagt, wird den rechten Rahmen für die Freiheit der Menschen zu ihrer Vervollkommnung bieten und daher den Weg zur Verwirklichung eines neuen Bildes von Mensch und Staat über die Nation ebnen. Die gesellschaftlichen Verhältnisse sollen in diesem Geist neu geformt werden; Erziehung und Bildung werden zum Angelpunkt der neuen Gesellschaft; Politik und Pädagogik bedingen sich gegenseitig bei der Konstituierung einer staatsbürgerlichen Gesellschaft und ihrer politischen Verfassung; das wirkt beflügelnd und kommt den Schulreformern entgegen, die ihre Pläne nicht als Reaktion auf Welt und Staat, sondern als deren Neugestaltung verstehen.

Mit der umfassenden Grundidee, »*das Ideal der physisch und geistig vollendeten Menschheit*«[47] zum Zweck der Erziehung zu setzen, leitet Reinhold Bernhard Jachmann, Rektor des Conradinums zu Jenkau, in der von ihm herausgegebenen Zeitschrift »Archiv Deutscher Nationalbildung« (1812) seine Gedanken über Möglichkeit und Realität der Pädagogik ein. Durch die dem Menschen innewohnende Vernunft »wird er sich seiner Menschheit bewußt«. Dieser Bestimmung gemäß müssen die Schulen eingerichtet werden: Sie sollen allen Menschen gleichermaßen die Möglichkeit geben, sich zu vervollkommnen, nur so wird die Grundlage zur Vervollkommnung der Nation und – über die Nation – zur Vervollkommnung des Menschengeschlechtes geschaffen. Die Pflicht, »zur größtmöglichen Ausbildung und Veredlung eines jeden Menschen« mitzuwirken, ist »heilig«, und »eine absichtliche Beschränkung des Unterrichts und der Erziehung an unserm Mitmenschen« gilt als Unrecht. Daraus folgt, daß es »*nur Eine Schule für die Menschheit*« geben kann und darf, und da sich die Menschheit in der Nation realisiert, auch »*nur Eine Schule für eine Nation*«, die zugleich auch eine Schule für die Staatsbürger sein soll[48].

Hier wird eine Einheitsschule konzipiert, die, abgeleitet aus der Vernunft, dazu bestimmt ist, die Welt nach dem Zweck der Vernunft zu verändern. Jeder Mensch soll an dieser Veränderung mitwirken, eine Forderung, die nur erfüllt wird, wenn jeder gleichermaßen teilhat an der »*vollkommene[n] und harmonische[n] Ausbildung seiner Körper- und Geisteskraft bis zu einem idealischen Vernunftleben*«. Standesunterschiede dürfen nicht mehr als Selektionsmechanismen für verschiedene Bildungsansprüche gelten, allen, Armen wie Reichen, soll der gleiche Unterricht mit gleichem Curriculum offenstehen. Diese Forderung verbietet einen Vorgriff auf die verschiedenen Berufsgeschäfte der Welt; erst auf dem Fundament, das eine Nationalschule gibt, dürfen Berufsanstalten aufbauen. Damit antizipiert diese Schule sowohl durch ihre Zugangschancen als auch durch ihr Curriculum eine in der Welt noch nicht bestehende Gleichheit; sie geht dem Lauf der Welt voraus, um sie zu prägen. Zwar weiß auch Jachmann, daß sein Konzept von der bestehenden Gesellschaft eingeholt wird, und verweist einschränkend darauf, daß die »*irdischen Verhältnisse das Ziel setzen können, bis zu welcher Stufe er* [der Zögling] *diese Schule der Menschlichkeit, der Nationalität und des Bürgerthums zu seiner Ausbildung benutzen soll*«[49]. Es bleibt jedoch auch bei vorzeitigem Verlassen dieser Schule die Hoffnung, daß das allgemeinbildende Fundament Verstand und Urteilskraft gefördert und dem Menschen durch das Bewußtsein seiner »Menschen- und Bürgerwürde« die Fähigkeit vermittelt habe, »in jedem Stande« als »ein würdiges, beachtetes und glückliches Mitglied der Gesellschaft«[50] zu handeln und zu leben.

Was aber soll eine solche Schule lehren, wenn jeder, auch der »Ärmste«, eine »vollständige Menschenbildung«[51] erhalten soll, berufsorientierte Kenntnisse sich aber verbieten? Humboldts Schulpläne, der königsberger und der litauische, entstanden in seiner nur gut ein Jahr währenden Amtszeit (1809–1810) als Leiter der Sektion für Kultus und Unterricht im Ministerium des Innern, geben im neuhumanistischen Sinne Antwort auf diese Frage.

Humboldt sieht – wie auch Jachmann – die Aufgabe des Menschen darin, zur Vervollkommnung der Welt beizutragen, die Welt menschlicher zu machen. Zu diesem Zweck muß sich der Mensch aus seiner utilitaristisch geprägten Fremdbestimmung lösen, er muß »dem Begriff der Menschheit« in seiner Person – und damit ist sowohl die gesamte Menschheit als auch die »Menschheit« des einzelnen gemeint – »einen so großen Inhalt, als möglich« verschaffen. Dieser Aufgabe läßt sich nur durch Tätigwerden und Wirksamkeit des Menschen nachkommen, »durch die Verknüpfung« seines »Ichs mit der Welt«[52]: Der Mensch soll die Welt in allen ihren Gegenständen in sich aufnehmen, um dann von seinem Innern aus das Ganze des Lebens zu prägen, der Welt seinen Stempel aufzudrücken, ihr eine Form zu geben, ebenso wie das Abarbeiten an der Welt dem Innern des Menschen Form verleihen soll. Das Resultat dieser Tätigkeit aber schlägt sich in den Wissenschaften nieder. Aufgabe der Bildung ist es daher, die in die Wissenschaft eingegangene menschliche Tätigkeit wieder aufzunehmen und für die Auseinandersetzung des Menschen mit der Welt nutzbar zu machen. Über die Spuren des lebendigen Wirkens der Menschen in den Wissenschaften wird »Menschheit« verdeutlicht.

Diese bildungstheoretischen Grundlagen bestimmen Humboldts Konzeption von Schule und Unterricht: Über den allgemeinen Schulunterricht, der die Gegenstände der Wissenschaften aufnimmt und alle Funktionen des Menschen gleichermaßen anspricht – in »gymnastischer, ästhetischer und didaktischer« Hinsicht, wird der »Begriff der Menschheit« vermittelt, erhält der Mensch eine »allgemeine Menschenbildung«, werden seine »Kräfte, d. h. der Mensch selbst gestärkt, geläutert und geregelt«. Zu diesem Zweck verlangt Humboldt einen ausgewogenen, alle Unterrichtsfächer einbeziehenden Lehrplan; der Mathematik räumt er ebenso viel Platz ein wie den Sprachen und der Geschichte, der Mensch soll allseitig gebildet werden.

Daneben muß ein solcher Unterricht, wie auch Jachmann fordert, Geltung für *alle* Menschen haben: »Der gemeinste Tagelöhner und der am feinsten Ausgebildete« sollen in ihrem »Gemüth ursprünglich gleich gestimmt werden«. »Ein und dasselbe Fundament« soll den Unterricht auf allen Stufen prägen, so daß letztlich »eine ziemliche Gleichheit herauskommen« müßte: »Auch Griechisch gelernt zu haben könnte auf diese Weise dem Tischler ebenso wenig unnütz seyn, als Tische zu machen dem Gelehrten«[53].

Allerdings bedeutet modernes Griechentum im neuhumanistischen Sinne mehr als das Lernen einer Sprache; die Ausführungen von Franz Passow, seit 1810 neben Jachmann Direktor des Conradinum, verdeutlichen das ebenso wie die des Neuhumanisten Friedrich August Wolf. Für Passow trägt die griechische Sprache in doppelter Weise zur Erkenntnis von »Menschheit« bei: Durch ihre Analogie zur deutschen Sprache wie durch ihre Vollkommenheit in sich verhilft sie »dem jungen Deutschen zum ersten klaren Gefühl seiner Muttersprache«[54], die, wie alle Sprachen, dem »reinmenschlichen Bildungszweck«[55] verpflichtet ist. Bei aller Analogie aber ist das Griechische der deutschen Sprache fremd; über Wissen und Erfahrung des »Fremdartigen« lernt der Mensch sich und seine Gattung jedoch tiefer kennen[56]. Friedrich August Wolf geht über solche formalen Bildungswerte hinaus: Literatur und Sprachform des Griechischen vermitteln in seiner Interpretation Tugenden und Werte der Griechen, ihre »Denk- und Empfindungsweise«, die »sich unter freien Regierungsformen und unter Religionsideen« herausbildete, »die nie aufgedrungen wurden«. Ihre republikanische Regierungsform, »für die Ausbildung der Cultur und Humanität günstig«, verhilft ihnen zu großen Charakteren, deren Rezeption zum einen »Erhabenheit der Denkungsart, und ... Verachtung alles Gemeinen ... einpflanzen«, die Seele für »Edelsinn, Uneigennützigkeit und Patriotismus ... erwärmen«[57] muß, zum andern aber Freiheit als Bedingung erfahrbar macht, unter der griechische Sprache und Literatur zu ihrer vollkommenen Ausprägung kamen. Sowohl edle Charaktere in der Literatur der Griechen wie Vollkommenheit, Wohlklang und Harmonie in ihrer Sprache sind Ausdruck einer in Freiheit aufgewachsenen Menschheit, die dem wahren Menschsein so nahegestanden haben soll, wie es spätere politische Bedingungen, vor allem die des preußischen Staates, nicht mehr erlaubten. Griechentum wird zum Angelpunkt der Menschheit, zur Kindheit der Menschheit, die noch »jene erste Unschuld des Daseyns« besaß. Man kann sich aus dem Preußen des beginnenden 19. Jahrhunderts nicht dorthin zurückträumen, man kann sich, neuhumanistisch gedacht, nur »ein reines Bild vor Sinn und Seele stellen«, um »allmählig sich selbst daran«[58] wiederzuerkennen.

Der neuhumanistische Ansatz der allgemeinen Menschenbildung ist in sozialer wie in curricularer Hinsicht auf weitreichende Konsequenzen hin angelegt: Die Menschheit soll sich durch Bildung vervollkommnen; Bildung soll die Menschenrechte des Tagelöhners[59] ebenso befördern helfen wie die Menschlichkeit des Tischlers. Nichts ist mehr von der engen stände- und berufsbezogenen Bildung eines Zedlitz zu finden; das Konzept der allgemeinen Menschenbildung, orientiert an gesellschaftlichen Verhältnissen, die noch einzulösen sind, sprengt Stände und soziale Schranken, es vermittelt Humanität und Freiheit, vor allem über das Griechentum, das zugleich eine Absage an das vom lateinischen Geist Roms geprägte Frankreich bedeutet. Die Geschäfte der Welt bleiben ausgespart, die Bildung der Menschheit wird dagegen an den Wissenschaften orientiert. So wird die Gelehrtenschule zum Ausgangspunkt der Reform, immer jedoch mit dem Ziel, die Schulen insgesamt zu reformieren, das Curriculum unter dem einheitlichen Prinzip der allgemeinen Menschenbildung zu verändern, deren Fundament einem jeden zugänglich sein soll.

Alle diese Ideen aber werden in einer politischen Situation formuliert, die zwar von Reformglauben und einer gewissen Übereinstimmung von Politikern und Schulreformern getragen ist, deren Grundlage aber der nach wie vor ständisch geprägte, preußische Staat ist. In dieser Lage sind die Menschenrechte des Tagelöhners ebensowenig greifbar wie die Forderung nach *Einer*

Schule für alle. Diese weit über die Realität hinausweisende Konzeption der Bildung birgt eine Gefahr: Zwar kann sie möglicherweise zur Veränderung der gesellschaftlichen Verhältnisse beitragen, in gleichem Maße kann sie jedoch zu einer Verfestigung bestehender Zustände führen, dann nämlich, wenn Postulate für Realität gehalten und Menschenrechte des Tagelöhners lediglich in der Philosophie »gerettet« werden, der utopische Charakter dieser »Rettung« aber nicht erkannt wird.

Auch im Griechentum zeigt sich diese Dialektik: Freiheit und Humanität soll es vermitteln, aber die Freiheit ist in Gefahr, ausschließlich eine Freiheit des Geistes zu bleiben, und die Humanität bleibt auf Literatur beschränkt, wenn sich ihr in der politischen Realität keine Handlungsmöglichkeiten eröffnen. An ihnen mangelt es jedoch; die politischen Verhältnisse, wie sie in Preußen einige Jahre nach dem Wiener Kongreß herrschen, lassen die Weiterführung der im Geiste der Freiheit und Menschlichkeit begonnenen preußischen Reformen nicht zu. So verselbständigt sich das an Reformpolitik gebundene Bildungskonzept und nimmt eine Eigenentwicklung, die ohne Bindung an gesellschaftliche Realität den Unterricht seiner politischen Stoßrichtung beraubt. Die mit dem Griechentum antizipierte Welt endet in der Utopie, die Vervollkommnung der Menschheit gerät in einen Bereich der Innerlichkeit, der dem neuhumanistischen Gymnasium entgegen seiner ursprünglichen Konzeption den Vorwurf des Ästhetizismus erlesener Seelen[60] einträgt.

1.2.2. Prüfungen und Privilegien: Das Abiturreglement von 1812 und das »Einjährige«

Als nach dem Zusammenbruch Preußens im Jahre 1806 die Verwaltung des preußischen Staates reformiert wird, gewinnen auch die Bereiche Kultus und Unterricht neuen Stellenwert. Zwar erhalten sie kein eigenes Ministerium; der Chef der Sektion für Kultus und Unterricht soll jedoch den Ministern gleichgestellt werden, damit er Bedürfnisse und Forderungen seines Ressorts unmittelbar und persönlich vertreten kann[61]. Darüber hinaus wird in der Konstruktion der Sektion für Kultus und Unterricht die Beteiligung der »Nation« an Verwaltungsgeschäften in Aussicht gestellt: Wissenschaftliche Deputationen, die sich aus Sachverständigen zusammensetzen, sollen die Sektion beraten; ihnen obliegen didaktische wie curriculare Aufgaben: Prüfung von Unterrichtsmethoden, Erziehungssystemen, Lehrplänen und Lehrbüchern, Entwurf neuer Lehrpläne und Vorschläge zu Stellenbesetzungen. Damit wird eine Instanz institutionalisiert, die »ihre Gedanken über bestehende Einrichtungen, vorhandene Mißbräuche und mögliche Verbesserungen vorlegt«[62], eine Art ständiger Reformkommission, die ein Korrelat zur Verwaltung bildet. Diejenige ihrer Aufgaben, die sich später verselbständigt, die Prüfung von Schulamtskandidaten, hat bei der Konzeption der Deputationen nur marginalen Charakter.

Unter diesen günstigen Bedingungen für eine Schulreform übernimmt Wilhelm v. Humboldt im Jahre 1809 die Sektion. Er ist damit für alle Lehranstalten, von den Elementarschulen bis zu den Universitäten, zuständig[63]. Hier ergeben sich jedoch Schwierigkeiten: Zwar ist der Einfluß der Sektion in den Unterbehörden dadurch gesichert, daß den einzelnen Regierungen Abteilungen für Kultur und öffentlichen Unterricht zugewiesen werden, trotzdem bleibt es problematisch, zentrale Regelungen auf lokaler Ebene umzusetzen. Die Interessen der örtlichen Selbstverwaltung sind nicht immer mit den Zielen staatlicher Schulverwaltung in Einklang zu bringen, vor allem dann nicht, wenn die Verwaltung den Schulen das Privileg der Entlassung zur Universität nicht zugestehen oder gar nehmen will. Im Bereich der höheren Schulen stärkt Humboldt zum Zweck der Durchsetzung staatlicher Maßnahmen die Position des Direktors: Er wird zum Mitglied des Schulkollegiums bestimmt, des für die Schulen verantwortlichen Gremiums aus Magistratsmitgliedern und Bürgern der Städte, um Einfluß auf die örtliche Selbstverwaltung zu nehmen, zugleich aber erhält er, als unterstes Glied der Schulverwaltung, in curricularer Hinsicht weitreichende Entscheidungsfreiheit, vor allem dem Schulkollegium gegenüber. Damit wird dessen Selbstverwaltungsfunktion dem Staat gegenüber erheblich eingeschränkt; Reformer wie Humboldt und Schleiermacher betrachten diese Einschränkung jedoch als Übergangszustand, der zugunsten von mehr Selbstverwaltung der Kommunen aufgehoben werden soll, wenn die dann bereits erzogene Nation mit Sachverstand an der Verwaltung der Schulen beteiligt werden kann[64]; das Problem der Verfestigung derartiger Übergangsstrukturen und der damit verbundenen Ausweitung der Macht des Staates gerät weniger ins Bewußtsein.

Wie weit aber gelingt es, diesen Verwaltungsapparat für die Reform der Schulen im neuhumanistischen Sinn zu nutzen? Einen entsprechenden Schulplan, Ausdruck des Reformgeistes auf der Ebene der Schulverwaltung, legt Johann Wilhelm Süvern in seiner Funktion als Staatsrat in der Sektion für Kultus und Unterricht bereits 1813 vor. Er bildet die Grundlage für den Unterrichtsgesetzentwurf von 1819, der zum Zeitpunkt seiner Veröffentlichung aber nicht mehr mit der Euphorie der Reformzeit begrüßt wird, sondern nur der Skepsis und ablehnenden Haltung reaktionärer Kräfte begegnet.

Süverns Ziel ist es, die »Erziehung der Jugend für ihre bürgerliche Bestimmung auf ihre möglichste allgemein-menschliche Ausbildung zu gründen«[65]. Zur Erreichung dieses Ziels schlägt er einen dreistufigen Schulaufbau vor:

– die *»allgemeine Elementarschule«*, in der die erste methodische »Entwicklung der menschlichen Anlagen und Hervorbringung der inmittelst derselben zu gewinnenden Einsichten, Kenntnisse und Fertigkeiten« im Vordergrund stehen soll und die den Bedürfnissen der »unteren Volksklasse« in Stadt und Land genügen soll,

– sodann *»allgemeine Stadtschulen«*, in denen – aufbauend auf der Elementarschule – die Weiterbildung bis zum Gymnasium oder einem bürgerlichen Gewerbe erfolgen soll,

– und auf der dritten Stufe das *»Gymnasium«*, in dem jene Studien so weit fortgesetzt werden sollen, »bis der Grund allgemein-wissenschaftlicher und sittlicher Bildung, sei es für die höheren und besonderen Studien der Universität, oder unmittelbar fürs praktische Leben, gelegt ist«.

Die drei Stufen müssen aufeinander bezogen sein, so »daß sie zusammen wie eine einzige große Anstalt für die National-Jugendbildung betrachtet werden können«. Das Schulsystem bildet damit eine Einheit; zugleich aber sollen die allgemeinen Schulen »mit dem Staate und seinem Endzwecke in dem Verhältnisse stehen, daß sie, als Stamm und Mittelpunkt für die Jugenderziehung des Volks, die Grundlage der gesamten Nationalerziehung bilden«; Schule soll Selbstverantwortung und aktive Teilhabe am Staatsleben fördern.

Der Süvernsche Plan, für eine einheitliche Schule konzipiert, offenbart dasselbe Grundproblem wie die Pläne von Humboldt und Jachmann: die Diskrepanz zwischen dem mit der allgemeinen

Menschenbildung antizipierten Gleichheitsprinzip und der real bestehenden sozialen Ungleichheit. Mit ihrem Plädoyer für eine gleiche allgemeine Menschenbildung, begrenzt nur durch »Fähigkeit, Neigung und Verhältnisse«, machen sie die auf der höchsten Stufe, dem Gymnasium, zu erreichende Bildung zum Maßstab für alle Schulstufen. Bei dieser Konzeption besteht die Gefahr, daß die Gesamtreform des Schulwesens auf eine Reform des Gymnasiums beschränkt bleibt; dies um so mehr, als das Gymnasium durch die Verkoppelung von Bildung und Berechtigung bereits eine herausragende Stellung innerhalb der Schularten einnimmt. Da eine weiterreichende Schulreform, etwa im Sinne des Süvernschen Vorschlags, nicht zustandekommt, wird das Gymnasium isoliert reformiert, der 1788 eingeleitete Prozeß weiter fortgeführt.

Vor allem mit Hilfe der Abschlußprüfungen des Gymnasiums und den mit ihnen verbundenen Berechtigungen, die sich als gesellschaftliche Privilegien auswirken, wird das Gymnasium reglementiert und kontrolliert. Dabei ist gerade Humboldt, nach Spranger der »liberalste Kultusminister, ... von einem Prüfungsfanatismus erfüllt, den man schwer begreift«[66]. Humboldts Vorstellung von Prüfungen ist jedoch noch frei von bürokratischen Prüfungsordnungen; die Prüfungen obliegen nicht dem Staat, sondern den wissenschaftlichen Deputationen und sind, Humboldt zufolge, eher ein »Gespräch zwischen Gebildeten« als eine Überprüfung von Kenntnissen und Wissen[67]. Zweifel an dem Nutzen dieses Instruments überkommen die neuhumanistischen Reformer nicht; Einwände wie die, daß durch Prüfungen außer der Aussonderung der Unbrauchbaren gerade »das Mittelmäßige ... durch den Passierschein, der ihm selten entgehen wird, gewissermaßen gehoben und legalisiert«[68] werde, gelten nichts gegenüber der erhofften »fröhliche[n] Übung der innewohnenden stets regen Kraft der Wahrheit«[69].

In diesem Sinn werden die Prüfungsedikte erlassen: zunächst das *examen pro facultate docendi* (1810), die allgemeine, in ganz Preußen geltende Prüfung für künftige Lehrer an solchen öffentlichen Schulen, die zur Universität oder für die zweite oder dritte Klasse der Gymnasien vorbereiten. Die bereits seit dem Ende des achtzehnten Jahrhunderts gängige Praxis wird damit gesetzlich bestätigt; die Lehrer werden für den gymnasialen Unterricht ausgebildet und warten nicht mehr als Theologen im Schuldienst auf die spätere Pfründe einer Pfarre. Zugleich aber bedeutet dieses Edikt mehr als eine (möglicherweise fragwürdige) Garantie für die Güte des Gymnasialunterrichts: Hier wird der soziale Stand der Gymnasiallehrer geschaffen; die »Oberlehrer« werden durch die Staatsprüfung zur staatsunmittelbaren Schicht, und ihre bereits im Allgemeinen Landrecht angelegte Sonderstellung gegenüber Bürger- und Elementarschullehrern wird endgültig fixiert[70]. Diese neue Schicht der Staatsdiener sieht keine große Gemeinschaft mehr zu ihren pädagogischen Genossen, sie orientiert sich eher an Juristen und an deren Privilegien[71]. Die entsprechenden Prüfungen für Lehrer an Volks- und niederen Bürgerschulen fallen wie der gesamte Bereich der Reformen im niederen Schulwesen in die Zeit der Reaktion. So erweist sich Humboldts Vorstellung, »das Bildungsgeschäft im Staate« durch »Beweise« der »Tüchtigkeit« des einzelnen zu ehren[72], für die Gymnasiallehrer als Vorteil und Ehre, für die Lehrer an niederen Schulen jedoch bedeutet diese Prüfung eine neu errichtete soziale Barriere zwischen den Lehrerständen.

Das zweite Gesetz, 1812, nach Humboldts Amtszeit, verkündet, ist das Abiturientenreglement, eine Erweiterung und Präzisierung der Bestimmungen von 1788. Zwar wird auch mit diesem Reglement das Bestehen der Abiturprüfung noch immer nicht zur verbindlichen Voraussetzung für die Aufnahme eines Studiums erklärt; ergänzend zu der Ordnung von 1788, nach der lediglich die Stipendienvergabe von der bestandenen Prüfung abhing, wird jedoch nun auch der spätere Eintritt in den Staatsdienst an das Abitur gebunden. Der Staat sieht hier eine Möglichkeit, Einfluß zu nehmen auf Qualität und Quantität der Beamten. Daneben trägt das Edikt durch festgelegte Prüfungsanforderungen zu einer Vereinheitlichung des Lehrplans der Gymnasien bei. Die Fächerzahl wird reduziert, nur das, was der allgemeinen Menschenbildung dient, bleibt im Lehrplan. Drei Fächergruppen werden bestimmend: *Sprachen:* Latein, Griechisch, Deutsch, seit 1818 auch Französisch; *Wissenschaften:* Mathematik, Geschichte und Geographie; und die als Nebenfächer eingestuften *Naturwissenschaften:* Physik und Naturbeschreibung. Soll der »harmonischen Ausbildung des Geistes«[73] Genüge getan werden, müssen die Anforderungen aller drei Bereiche erfüllt werden; das Ergebnis der »harmonischen Ausbildung des Geistes« aber wird staatlicherseits mit den Prädikaten »unbedingt tüchtig« (I), »bedingt tüchtig« (II) und »untüchtig« (III) versehen. Das zwingt Lehrer wie Schüler zu einer genauen Einhaltung curricularer wie auch bürokratischer Vorschriften, zwängt Bildung ein und läuft der ursprünglich als freie Geistestätigkeit verstandenen Bildung zuwider.

Das examen pro facultate docendi hat eine neue, funktionsständische Lehrerschicht ausgegliedert, das Abiturientenexamen treibt den bereits 1788 eingeleiteten Prozeß der Selektion und Differenzierung von Schulen voran. Nur diejenigen Schulen, die nach der Prüfungsordnung von 1812 prüfen können, dürfen fortan zur Universität entlassen, und die Entlassung zur Universität ist Kriterium für ein »Gymnasium«. Alle jene Schulen, die den Anforderungen der preußischen Verwaltung an Curriculum, Klassenstruktur und Ausstattung nicht genügen oder aus regionalen Gründen als Gymnasium nicht benötigt werden, werden von diesem Privileg ausgenommen; ihr Lehrplan, der in der Regel auch Latein umfaßt, bleibt jedoch bestehen. Auch ihre Klientel verändert sich in Städten, in denen kein Gymnasium vorhanden ist, kaum; es sind, wie zuvor in den Lateinschulen, so jetzt in den unteren Klassen der Gymnasien, die männlichen Schulpflichtigen einer Stadt, die ihre Schulzeit bis zum Abgang ins bürgerliche Leben oder aber zum Übergang in die höheren Klassen eines Gymnasiums hier absolvieren. Im Laufe des 19. Jahrhunderts erlangen die meisten dieser Schulen wieder die Berechtigung, zur Universität zu entlassen: über die Entwicklung von Bürger- zu Realschulen und Realgymnasien oder über den zwischenzeitlichen Status eines Progymnasiums, einer Anstalt, die zwar nach demselben Lehrplan unterrichtet wie das Gymnasium, aber nicht über Oberklassen verfügt. Es ist eine Ironie des Schicksals, daß ausgerechnet ein im Geiste des Neuhumanismus entstandenes Edikt die Forderung nach *Einer Schule für alle* unterläuft und klare Abgrenzungen der Schularten untereinander verlangt.

Aber Prüfungen für Lehramtskandidaten wie für Abiturienten haben aller eingrenzenden und einengenden Reglementierung zum Trotz auch ein emanzipatorisches Element: Bildung erweist sich, von den Neuhumanisten befürwortet, von seiten des Staates unterstützt, aber auch befürchtet, als ein ständesprengendes Element; die Prüfungen kodifizieren diese Überschreitung der sozialen Grenzen. Sie eröffnen Chancen für alle diejenigen, die nicht dem bisher privilegierten Adelsstand angehören, indem sie die Vergabe von Staatsämtern nicht mehr von Geburt und Herkunft, sondern von überprüfter Bildung abhängig machen; sachgebundene Kompetenz, festgestellt von unabhängigen Prüfern, soll über den Erhalt eines Amtes entscheiden. Damit tragen Prüfungen zur Umstrukturierung der Gesellschaft bei. Die Vorrechte des Adels schwinden, er hat sich derselben Leistungskontrolle zu unterwerfen wie alle Aspiranten auf ein Amt. Daß jene neue staatstragende Schicht, die ihre Legitimation aus dem Anspruch gleicher Bildung für alle zieht, sich in der Folgezeit als Verfechter der Begrenzung von Bildungsansprüchen erweist, um nunmehr ihre Privilegien und ihren Sozialstatus zu verteidigen, ist in jener frühen Phase des Neuhumanismus noch nicht erkennbar.

Die Privilegien, die durch Bildung geschaffen werden, bleiben aber nicht nur auf einen späteren Beruf im Staatsdienst beschränkt; auch das im alten preußischen Staat durch Bildung ermöglichte Vorrecht der Kantonfreiheit, der Freiheit von der Militärpflicht, wird im neuen preußischen Staat wieder aufgenommen. Zwar gilt es während der Befreiungskriege vielen Jünglingen und Männern als selbstverständliche Pflicht, Preußen gegen Napoleon zu verteidigen, aber als im Jahre 1814 die allgemeine dreijährige Wehrpflicht eingeführt wird, setzt sich doch die Auffassung durch, daß die Militärpflicht den »Fortschritt der Wissenschaft und der Gewerbe«[74] nicht beeinträchtigen dürfe. So kommt es zu dem Privileg des einjährig-freiwilligen Dienstes, das, verbunden mit der Pflicht zu eigener Bekleidung und Bewaffnung, vor allem dem wirtschaftlich gut situierten Bürgertum eingeräumt wird. Die Voraussetzungen zu diesem verkürzten Wehrdienst entsprechen denen der früheren Exemtion; die am neuen Gymnasium gelehrte und überprüfte Bildung erhält den ihr gemäßen Stellenwert bei diesem Verfahren: 1818 ist eine Abiturbescheinigung zur Berechtigung für den einjährigen Wehrdienst nötig; in der Folgezeit schwanken die Bildungsanforderungen je nach Bedarf, bis die Übergangsprüfung von der Mittelstufe zur Oberstufe des Gymnasiums, das sog. »Einjährige«, zur Grundlage für das Privileg des einjährigen Wehrdienstes gemacht wird[75].

Staatlich kodifizierte Bildung wird damit zum Vehikel für sozialen Aufstieg. Wer einen erreichten Bildungsgrad nachweisen kann, kann den verkürzten Wehrdienst antreten und Freiheiten für seinen weiteren Lebensweg gewinnen. Das Gymnasium als Instanz, die diese Chancen verteilt, ist zu einem gesellschaftlichen Faktor geworden. Die Verbindung zwischen Bildung und gesellschaftlichem Status ist offenkundig, das Monopol der sozialen Statuszuweisung wird vom Gymnasium in der Folgezeit entschieden verteidigt.

Wie aber sehen die Bedingungen aus, unter denen sich Verordnungen und Normierungen in einzelnen Schulen realisieren? Wie weit können bestehende Gymnasien mit Hilfe der Bildung sozialen Aufstieg vermitteln, Chancen in der Gesellschaft verteilen? Wie weit ist ihr Unterricht dabei geprägt vom pädagogischen Denken der Zeit – zu Beginn des 19. Jahrhunderts von philanthropischen oder neuhumanistischen Konzeptionen? Um über bildungspolitische und pädagogische Diskussion, über staatliche Reglementierung und Normierung der Schulen hinaus das Schulleben zu verdeutlichen, werden Fragen dieser Art am Beispiel eines jener mittelstädtischen Gymnasien verfolgt, die für die Schullandschaft jener Zeit typisch sind, dem Gymnasium in Minden. Aus Verwaltungsberichten, Lehrplänen, Schülerstatistiken, Schulreden und Schüleraufsätzen wird hier der Schulalltag rekonstruiert, sowohl zur Veranschaulichung der Entwicklung und Veränderung des Gymnasiums als auch als Korrektiv für eine nur von bildungspolitischen Vorgaben geprägte Vorstellung von der Realität.

1.3. Cicero, Neues Testament und die vornehme Sorge des Religionsunterrichts: Von der Lateinschule zum Gymnasium in Minden

Als das preußische Oberschulkollegium im Jahre 1787 mit der Bestandsaufnahme der preußischen Lateinschulen beginnt und mit Fragebögen zum inneren und äußeren Zustand die Schulen auffordert, ihre Verhältnisse darzulegen, ergibt sich für die äußere Schulsituation in Minden folgendes Bild[76]: Die Schule hat sechs Lehrer: Rektor, Subrektor, Konrektor, zwei Kollaboratoren und einen Kantor. Sie unterrichten zwischen zwanzig und fünfundzwanzig Stunden wöchentlich, der Rektor gibt nur fünfzehn Stunden Unterricht. Alle haben freie Wohnung und werden, recht dürftig, aus Schulkasse, Kämmerei und Legaten besoldet: Der Rektor, mit 63 Jahren mit Abstand der älteste des Kollegiums, erhält 441 Taler, der Konrektor, im Alter von 35 Jahren, 240 Taler, und die Gehälter der weiteren Lehrer, die um 30 Jahre alt sind, liegen zwischen 150 und 170 Taler – also ein Viertel dessen, was ein Jurastudent in Göttingen bei standesgemäßem Leben verbraucht. Diese Situation führt zu Klagen: Die Lehrer wechseln häufig, weil »sich jeder bemühet, durch eine einträglichere Predigerstelle oder ein anderes Amt sein Schicksal zu verbessern, und ihr Ansehen leidet sowohl bey dem weniger aufgeklärten Theil des Publikums, als insonderheit bey denen ihnen untergebenen jungen Leuten, wenn sie sich auch nicht einmal mit demjenigen Anstande, der ihrem Amte und der Würde desselben angemessen ist, öffentlich zeigen können, ohne durch unverkennbare Merkmale der Dürftigkeit beschämt zu werden«[77].

Die Schule gliedert sich in sechs Klassen und verfügt über sechs Zimmer, ein Zustand, der, verglichen mit den in Ostpreußen antreffbaren Verhältnissen, als relativ gut bezeichnet werden kann. Im Berichtsjahr wird das Gymnasium von 97 Schülern besucht, die Frequenz in den Oberklassen ist aber gering: Die Prima zählt zehn Schüler, die Sekunda sieben, die Tertia Superior, die obere Tertia, acht. Die unteren Klassen werden dagegen stärker frequentiert. In der Tertia inferior, der unteren Tertia, sitzen sechzehn Schüler, in der Quarta neunundzwanzig und in der Quinta siebenundzwanzig. Die Klassenstärke der unteren Klassen belegt, daß das Gymnasium zugleich die Funktion einer Bürgerschule übernimmt. Die meisten Schüler absolvieren hier ihre Pflichtschulzeit und widmen sich anschließend einem bürgerlichen Gewerbe; nur fünf Schüler sind in den letzten zwei Jahren zur Universität gegangen. Die Schüler lernen nicht in Jahrgangsklassen; sie werden halbjährlich in den Fächern versetzt, in denen sie die geforderten Leistungen erbringen; anstelle fester Klassenverbände bestehen Fachklassen. Das ist eine Form der Schulorganisation, die erst im Vormärz, als die höheren Schulen überschaubar und kontrollierbar normiert werden, aufgehoben wird.

Mit Benefizien ist das Gymnasium nur in geringem Maße ausgestattet: Freitisch und freie Wohnung stehen nur zwei Schülern zur Verfügung, zwei weitere können von den Zinsen eines Legats unterstützt werden. Die Bibliothek der Schule ist klein, eine Naturaliensammlung fehlt.

Die Aufforderung des Oberschulkollegiums an die Lehrer, über ihren Unterricht Auskunft zu geben, wird von ihnen zum Anlaß einer ausführlichen Selbstdarstellung genommen; teilweise werden ihre Berichte der Behörde gegenüber geschönt sein, insgesamt aber geben sie ein anschauliches Bild von Stundenverteilung, didaktischen Prinzipien und Unterrichtsrealität. An erster Stelle kommt der Rektor zu Wort, der die erste Klasse, die Prima, in Religion, Latein, Griechisch und Hebräisch unterrichtet. Der Religionsunterricht, zur rechten Erbauung und zur Verbreitung christlicher Lehre betrieben, ist ihm besonders wichtig: Durch seinen »Ton« und seine »Wärme« stellt er den Schülern vor, wie ihm selbst »diesseits des Grabes, nichts werter und teurer ist als diese wohlthätigen Lehren«, die »dieses Erdenleben« zu »versüßen« mögen. Erbauung als didaktisches Prinzip bestimmt auch den Stundenaufbau: »Ein Schüler liest beim Anfange der Lektion zur Erweckung der Aufmerksamkeit dasjenige Stück aus dem eingeführten Lehrbuch (Dietrichs Anweisung zur Glückseligkeit nach der Lehre Jesu), welches eben soll abgehandelt werden, langsam und mit vernehmlicher Stimme vor, die übrigen heften ihren Blick auf das Buch und folgen dem Vorleser, auf diese Art wird schon ein Bild in die Seele gezeichnet und manches dem Gedächtnis des Schülers eingeprägt«. Erst nach dieser Einstimmung geht es an das Zergliedern des Textes; Stück für Stück wird erklärt und mit Beweisen versehen, und das alles mit einer Wärme, die vermuten läßt, daß es sich hier eher um Erbauungsunterricht als um analysierenden, aufklärerischen Religionsunterricht im rationalistischen Geiste gehandelt hat, wie Wöllner und seine Mitstreiter wohl unterstellen mußten, um ihre Eingriffe zu rechtfertigen.

Im lateinischen Unterricht werden Klassiker gelesen: Ciceros Reden, seine Bücher von den Pflichten und die Briefe des Plinius sind Unterrichtsgegenstand. Das methodische Vorgehen ist an folgendem Muster orientiert: Zunächst macht der Rektor selber die Schüler mit dem Inhalt des ausgewählten Abschnitts bekannt, dann fordert er die deutsche Übersetzung des in häuslicher Arbeit vorbereiteten Textes und gibt anschließend Erläuterungen und Ergänzungen aus Rhetorik, Grammatik, Geographie, Historie und Altertümern. Als Hausarbeit folgt eine schriftliche Übersetzung, zuweilen wird sie noch einmal ins Lateinische zurückübersetzt. Insgesamt zeigt sich hier das Muster des klassischen lateinischen Unterrichts: An einem Text werden – den Lesestoff immer wieder unterbrechend – grammatische und rhetorische Übungen angestellt.

Dem Griechischunterricht liegen die Chrestomathie des Haller Neuhumanisten Gesner und das Neue Testament zugrunde; über diese Lektüre hinausgehende Forderungen, wie griechische Aufsätze und Übersetzungen aus dem Griechischen in das Lateinische, lehnt der Mindener Rektor ab. Die Vermittlung des Hebräischen bereitet ihm offensichtlich Schwierigkeiten; er beschränkt sich daher darauf, die Sprache nur an Analogien und Formen zu erklären, und stellt befriedigt fest, daß bei dieser Methode die Schüler sogar diesen Unterricht »mit Leichtigkeit und Vergnügen« fassen.

In ähnlicher Form stellt ein jeder Lehrer seinen Unterricht vor. Die »vornehmste Sorge« der meisten gilt dem Religionsunterricht, sei es zur Erbauung, sei es als Anleitung zum sittlichen Handeln; Sprachen werden überwiegend unter grammatischem und rhetorischem Aspekt gelehrt, hier macht allein der junge Konrektor eine Ausnahme, der, in seinem Studium vom Geist des Halleschen Neuhumanismus beeinflußt, über Sprachen das Gefühl für das Edle und Schöne wecken will. In den unteren Klassen haben die beiden Kollaboratoren und der nicht akademisch gebildete Kantor ihr Aufgabenfeld: Der erste Kollaborator bringt den Quartanern Latein bei, läßt deklinieren, konjugieren, Wortarten bestimmen, Vokabeln lernen, Redensarten übersetzen und Exerzitien schreiben, kurz, er muß ihnen das Handwerkszeug vermitteln, und dem Kantor fällt die Aufgabe zu, der untersten Klasse, also Kindern, denen bei der Aufnahme in das Gymnasium »nichts weiter als richtig lesen« abverlangt wurde, Elementarkenntnisse und moralische Erziehung zu vermitteln. Seine Aufgabendefinition ist ein weiteres Indiz für die gleichzeitige Funktion des Mindener Gymnasiums als Bürger- und Gelehrtenschule.

Verschiedene Traditionen werden hier deutlich: alter Schulhumanismus beim üblichen Sprachenlernen, neuhumanistischer Geist bei dem Bemühen, über Sprache das Gefühl für Humanität wecken zu können und aufklärerische Einflüsse bei des Kantors Sorge für moralische Erziehung und bei den von allen Lehrern verwandten Aufmunterungsmitteln und Strafen: angeblich vorrangig Lob und Tadel, nicht aber körperliche Züchtigung. Bei den meisten Lehrern zeigen sich im Unterricht Elemente unterschiedlicher pädagogischer Richtungen, die mehr oder weniger bewußt in das alltägliche Unterrichtsgeschäft einbezogen werden. Ein eindeutig dem Reformdenken der Zeit ausgerichtetes pädagogisches Konzept ist allenfalls beim Konrektor zu erkennen. Er ist, seiner Darstellung zufolge, bemüht, Sprachen in neuhumanistischem

Verständnis zu lehren und durch Realienkenntnis, vermittelt durch Anschauung, die menschlichen Verhältnisse zu beleuchten.

Der Bericht, den die Mindener erstellen, muß insgesamt die Zustimmung des Oberschulkollegiums erhalten haben; am Mindener Gymnasium findet 1789 die erste Abiturprüfung statt. Vier Abiturienten werden geprüft, drei als reif und einer als unreif befunden[78]. Diese Prüfung demonstriert den Mindenern die mit dem Abiturientenreglement geschaffene Eingriffsmöglichkeit der preußischen Schulverwaltung und provoziert den Konflikt zwischen Magistrat und Konsistorium: Mit der Leitung der Prüfung ist der Konsistorialrat Westermann beauftragt worden, da jedoch die Stadt für die anzustellenden Lehrer das Prüfungsrecht hat, ihr vor allem aber die leidige Besoldungspflicht obliegt, fordern die Mindener, die Prüfung in eigener Regie ohne Aufsicht des Konsistoriums durchführen zu können. 1790 erkennt das Oberschulkollegium diesen Anspruch an, behält sich jedoch die Kontrolle vor; Prüfungsarbeiten und Protokolle der mündlichen Prüfung müssen dem Oberschulkollegium vorgelegt werden.

Das aber ist für Minden noch nicht das endgültige Ergebnis des vom Oberschulkollegium eingeleiteten Reorganisationsprozesses höherer Schulen: Die Kritik des Konsistorialrats Westermann an der Vorbereitung der Mindener Gymnasiasten zur Universität, vor allem aber die Überlegungen des Oberschulkollegiums, die Fonds der drei dicht beieinander liegenden Ravensberger Gymnasien Minden, Bielefeld und Herford zugunsten eines Gymnasiums zusammenzulegen, die beiden anderen dagegen in Bürgeroder Mittelschulen umzuwandeln, verunsichern die Mindener. Zwar haben in Minden von Ostern 1789 bis Herbst 1805 neunundzwanzig Schüler Abitur gemacht, zwar wird die Schule im Jahre 1804 aus Anlaß einer zweiten Inspektion trotz einiger Mängel als »beifallswürdige Anstalt« befunden, aber solange die Reorganisationspläne des Oberschulkollegiums in bezug auf die Ravensberger Gymnasien nicht endgültig zugunsten eines eindeutigen Votums für Minden entschieden sind, bleibt die Sorge um das Gymnasium bestehen. Kriegswirren und französische Besatzung bringen das Mindener Gymnasium in eine schlechte Lage; ständiger Lehrermangel und Rückgang der Schülerzahlen kennzeichnen die Situation; noch 1821 besuchen dreiundzwanzig Stadtkinder auswärtige Schulen! Der Magistrat bleibt jedoch, sowohl unter der französischen Besatzung als auch seit 1813 unter preußischer Herrschaft, darum bemüht, Minden als Standort eines Gymnasiums zu erhalten.

Während die Mindener Bürger, für die das Gymnasium Prestige und – durch die auswärtigen Schüler – auch Gewinn verspricht, für den Erhalt des Gymnasiums plädieren, ist die staatliche Verwaltung jedoch weniger auf lokale Einzelinteressen, sondern vielmehr auf einheitliche, zentral gelenkte Reorganisation der höheren Schulen ausgerichtet. So versucht die preußische Regierung, die Selbstverwaltung des Magistrats im Bereich der Gymnasien zurückzudrängen; Humboldt hatte mit der gesetzlich verankerten Stärkung des Direktors gegenüber dem Schulkollegium schon einen entsprechenden Vorstoß unternommen. Die Stadt Minden jedoch wendet sich angesichts der Einschränkung ihrer Rechte mit einer Beschwerde an das Kultusministerium: Das Patronat für das Gymnasium mit den damit verbundenen Rechten sei ihr genommen, die finanziellen Lasten dagegen geblieben. Die preußische Regierung lenkt ein, und es kommt zu einem gemeinsamen staatlich-städtischen Patronat für das Mindener Gymnasium. Zu diesem Zweck wird ein Schulkuratorium gebildet, bestehend aus dem Bürgermeister von Minden, dem Direktor der Anstalt, dem evangelischen Geistlichen der Stadt und fünf gewählten Bürgern, aber auch einem königlichen Kommissar.

Zugleich bewilligt die Regierung dem Gymnasium einen jährlichen Zuschuß von 1500 Talern, ein Indiz dafür, daß auch in staatlicher Planung der Erhalt des Gymnasiums in Minden nun endgültig beschlossen ist. Damit kann die innere Reorganisation, die den Kriegswirren und der Besatzungszeit wie der Sorge um den Erhalt des Gymnasiums zunächst zum Opfer gefallen war, begonnen werden. Wie weit in einer solchen Phase der Konsolidierung die pädagogische Diskussion, die in der preußischen Reformzeit mit so viel Enthusiasmus geführt worden ist, sich in Schule und Unterricht umsetzen läßt, wird die Entwicklung des Mindener Gymnasiums zeigen.

2. Der Ausbau des Gymnasiums zur Staatsschule im Vormärz

2.1. Vom reformerischen Denken zum reaktionären Handeln

In der preußischen Reformzeit, in der die Ideen der Bildungsreformer mit den Vorstellungen der politischen Reformer weithin übereinstimmten, galt es als ausgemacht, daß die Bildungsreform ein Teil der gesamten Gesellschaftsreform sei; man hegte die Hoffnung, einen auf Vollkommenheit und Gemeinsinn ausgerichteten Menschen erziehen zu können, der an der Gestaltung des Staates teilhaben könne. Nicht zuletzt der König schürte Vorstellungen dieser Art, indem er seinem Volk in der bedrängten Situation von 1813 eine Verfassung versprach. Schon im Jahre 1815 jedoch wird die politische Wende offenkundig: Der preußische Staat ist wiederhergestellt, und der preußische König findet sich mit dem russischen Zaren und dem österreichischen Kaiser in der Heiligen Allianz, einem konservativen Bündnis gegen Jakobinismus und Revolution alsbald zusammen. Das Verfassungsversprechen des Königs ist weit davon entfernt, eingelöst zu werden; statt Mitbestimmung und Selbstverwaltung zu fördern, gilt es, »Ordnung, Subordination und Gehorsam«[1] wieder herzustellen.

Dabei bleibt der reformerische Ansatz auf der Strecke; gesellschaftspolitische Reformen, mit Enthusiasmus begonnen, aber gegen bestehende Vorrechte der alten Mächte nur halbherzig durchgeführt, kehren sich in ihr Gegenteil um: so die Bauernbefreiung, die vielen Bauern zwar die freie Verfügbarkeit über ihr Eigentum einräumt und sie aller Frondienste frei und ledig erklärt, ihnen jedoch hohe Entschädigungssummen abverlangt, so daß sie Teile ihres Besitzes veräußern müssen und oft verarmen. Auch die Verwaltungsreform wird nicht konsequent durchgeführt. Der Staat bildet den Verwaltungsstaat weiter aus, ohne eine Gesamtvertretung einzurichten; der Staatskanzler ersetzt das Ministerkolleg: Erst 1817 wird ein Staatsrat eingerichtet, und auch dann nur als beratendes Organ. Die Bildungsreform wird ebenfalls nicht in der geplanten Weise durchgeführt: Die wissenschaftlichen Deputationen, die die Schulverwaltung mit Sachkenntnis unterstützen sollten, werden zu bloßen Prüfungskommissionen; die Aufsicht über die Gymnasien, zunächst – wie für alle Schulen – bei den Regierungsbezirken und auf lokaler Ebene verankert, geht gesondert an die auf Provinzebene geschaffenen Konsistorien über, ein Schritt, der die Gymnasien als Schulreform hervorhebt und sie aus der Mitverantwortung der Gesellschaft löst, um sie in die unmittelbare Aufsicht des Staates zu stellen. Personelle Umbesetzungen, die Reformer wie Süvern verdrängen, unterstützen den neuen Kurs.

Das Bemühen des preußischen Staates, nach den Kriegswirren ungeachtet aller Reformversprechen alte Ordnungen wieder herzustellen, die Angst, der bei Schriftstellern, Künstlern, Intellektuellen und Studenten trotz veränderter Politik noch immer lebendige Glaube an die Ziele der Reformzeit könne zu einer Revolution führen, bereiten die Reaktion in Preußen vor; das Wartburgfest und die Ermordung des Lustspieldichters Kotzebue durch den Studenten Sand (1817) lösen die Kodifizierung reaktionärer Bestrebungen aus. Mit den Karlsbader Beschlüssen (1819), einem Abkommen der Mitgliedsstaaten des neuen Deutschen Bundes, soll umstürzlerischem Denken und Handeln – oder dem, was die Staaten für umstürzlerisch halten – Einhalt geboten werden. Die Pressefreiheit wird eingeschränkt, die Universitäten als Quelle allen Übels, und mit ihnen auch die Gymnasien, werden überwacht, reglementiert und kontrolliert, die Burschenschaften werden untersagt, das organisierte Turnen wird verboten.

Ein Konzept wie der Süvernsche Unterrichtsgesetzentwurf hat, als er 1819 mit vielen Modifikationen endlich publiziert wird, in diesem politischen Klima keine Chance mehr. Seine Beurteilung durch Ludolph v. Beckedorff, der seit 1819 als Staatsrat im preußischen Dienst ist, läßt den neuen Zeitgeist geradezu paradigmatisch erkennen: Dem »verführerischen Klange des Wortes: Gleichheit« setzt Beckedorff eine feststehende, angeblich in der Natur des Menschen verwurzelte Ungleichheit entgegen, die jedoch keinesfalls ein Nachteil für die Menschen sei, »sondern vielmehr das weise Mittel, dessen sich die gütige Weltordnung bedient, um sie [die Menschen] desto fester miteinander zu verbinden«; die »natürliche Ungleichheit« sei damit »das eigentliche Band der Gesellschaft«[2]. Eine neuhumanistische Bildung mit einheitlichem Bildungsaufbau ist hier nicht gefragt, hier werden wieder einmal die Menschen in ihren Verhältnissen belassen.

Das ist die ideologische Grundlage für die Schulpolitik der Reaktion. Die Sonderstellung des Gymnasiums, durch Privilegien für Lehrer und Schüler eingeleitet, durch verwaltungsorganisatorische Maßnahmen gefördert, wird hier durch eine anthropologische Begründung im Dienste der Reaktion ergänzt. In der Folgezeit wird der Staat es als Aufgabe ansehen, diese auf gesellschaftspolitischer, organisatorischer und ideologischer Ebene angelegte Sonderstellung des Gymnasiums zu verstärken und seine Schüler und Lehrer in die Zwecke des Staates einzubinden.

2.1.1. Das Märchen von Knarrpanti und die Einbindung der Lehrer in den Staat

In einem fernen Lande, von dem nur bekannt ist, daß sein Fürst von allen Staatseinrichtungen aus der Geschichte die »Geheime Staats-Inquisition, wie sie ehemals in Venedig stattfand«, bevorzugt, soll irgendwann einmal eine Prinzessin abhanden gekommen sein. Da trifft es sich, daß der Geheime Hofrat des Landes, mit Namen Knarrpanti, in Frankfurt von dem Gerücht der Entführung einer Dame erfährt. Zwar wird dieses Gerücht vom Rat der Stadt gerade als grundlos widerlegt; Knarrpanti aber verfolgt die Sache und erhält von seinem Fürsten alsbald die notwendigen Vollmachten zur Einleitung einer Untersuchung. Die Hinweise der Stadträte, die angesichts Knarrpantis Eifer zu bedenken geben, daß erst eine Tat begangen sein müsse, ehe der Täter gesucht werden könne, fruchten nichts: Knarrpanti hat den Täter bereits gefunden, denn, so sein Rechtsdenken, »sei erst der Verbrecher ausgemittelt«, finde »sich das begangene Verbrechen von selbst. Nur ein oberflächlicher leichtsinniger Richter sei … nicht imstande, dies und das hineinzuinquirieren, welches dem Angeklagten doch irgendeinen kleinen Makel anhänge und die Haft rechtfertige«[3].

Mit dieser Satire auf die preußische Justiz und deren Verhaftungsstil kritisiert E. T. A. Hoffmann, Dichter und Komponist, zugleich aber Jurist in preußischen Diensten und zum Mitglied der »Immediat-Commission zur Ermittlung hochverräterischer Verbindungen« ernannt, in seinem phantastischen Märchen »Meister Floh« das Vorgehen des preußischen Staates. Den als Demagogenverfolger und Gesinnungsschnüffler verschrienen Direktor des Polizeiministeriums, später auch des Unterrichtsministeriums, Karl v. Kamptz, läßt er dabei in Knarrpanti Gestalt annehmen; die Methode der preußischen Justiz, freisinnigen Geistern wie den Professoren Arndt und Welcker oder dem Turnvater Jahn, sind sie erst einmal gefaßt, eine Äußerung nachzuweisen, die der Aufhetzung der Jugend Vorschub geleistet und irgendeine Verbindung zu dem Attentat Sands zuläßt, findet ihren Niederschlag in Knarrpantis Rechtsdenken. Hoffmanns Märchen bleibt nicht ungeahndet. Eine Disziplinaruntersuchung wird eingeleitet – Hoffmann stirbt jedoch, bevor es zu einem Verfahren kommt –, und »Meister Floh« erscheint bis 1905 ohne Knarrpanti-Kamptz.

Außer den Universitäten und einzelnen Professoren sind die Gymnasien und ihre Lehrer Gegenstand politischer Überwachung. Die Argumentation der Behörden zeigt hier bereits jenes Muster, das zur Legitimation einer Kontrolle der Lehrerschaft immer wieder herangezogen wird: Ihr wird die Verantwortung für das Denken und Handeln der jungen Generation auferlegt; die Lehrer waren es, die die Urteilskraft der Schüler hatten fördern und die Heranwachsenden zur bewußten Teilhabe am Staat hatten erziehen wollen; ihnen sind demzufolge die »in dem deutschen Schul- und Universitätswesen wahrgenommenen Gebrechen und Ausartungen« zur Last zu legen.

Diese Form der Schuldzuweisung führt dazu, das Verhalten der Lehrer sowohl dienstlich als auch privat zu reglementieren und, wie zu Wöllners Zeiten, in Konduitenlisten zu dokumentieren. So werden sie angehalten, gerade »in dieser Zeit, durch eine ganz besonders strenge, alle Verhältnisse richtig würdigende Besonnenheit in ihren mündl. und schriftl. Äußerungen, und durch ein von innerer Haltung zeugendes, einzig und allein dem Wahren und Rechten geweihtes Handeln in und außer der Schule« der Jugend ein Vorbild für ein sittliches Leben zu geben. Damit sollen sie »Besorgnisse« ausschließen, »welchen die deutschen Regierungen jetzt gerade in dieser Hinsicht Raum zu geben sich auf eine so dringende Weise veranlaßt sahen«. Ihr Unterricht soll die Jugend davon abhalten, sich ein eigenes Urteil über die Zeitereignisse bilden zu wollen, oder, noch schlimmer, »in die Gestaltung des öffentl. Lebens thätig einzugreifen, oder gar eine erträumte bessere Ordnung der Dinge herbeizuführen«; Unterricht soll eng in den Grenzen der Wissensvermittlung verlaufen, zentriert um einen gründlichen Religionsunterricht. Die 1813 selbst vom König gewünschte Politisierung der Jugend ist nicht mehr opportun; sie hat mit der Verteidigung des Vaterlandes und der Wiederherstellung Preußens ihren Dienst erfüllt; nunmehr soll »alles unnöthige Raisonniren und Diskutiren mit der Jugend« vermieden werden, damit sie »früh lerne, ohne Widerrede den vorgeschriebenen Ges. zu folgen, sich willig der bestehenden Obrigkeit zu unterwerfen, und die bürgerl. Ordnung, welche eben auf pünktliche Befolgung dessen, was Recht ist, beruht, durch die That anzuerkennen«. Diejenigen Lehrer aber, die sich nicht an diese Gebote halten und »nachtheilig auf die Jugend durch böses Beispiel und leichtsinnige Lehre einwirken«, sollen aus dem Dienst entfernt werden[4].

Dieser moralische Appell an die Adresse der Lehrer, verbunden mit der Drohung ihrer Entlassung, wird durch organisatorische Maßnahmen ergänzt, die den Lehrern die Wahrnehmung ihrer Aufsichts- und Kontrollfunktion den Schülern gegenüber erleichtern, zugleich aber sie selber kontrollierbar machen sollen: Das Klassenordinariat, das den Fachlehrer weitgehend durch den Klassenlehrer ersetzt, wird eingeführt. Ihm wird neben der Aufgabe, sich den Schülern als »väterlicher Freund« zu erweisen, die Kontrolle über Schulbesuch, Heftführung und Sittlichkeit des Schülers angetragen. Auch hat er »insbes. darüber auf geeignetem Wege Erkundigungen einzuziehen, ob die Schüler seiner Klasse unter sich oder mit anderen jungen Leuten Verbindungen und Zusammenkünfte … halten, dem Zwecke derselben nachzuforschen, und wo er dergl. entdeckt, dem Dir. oder Rektor anzuzeigen«, der »die gefährl. Folgen ders. im Keime« zu unterdrücken hat. Über alles, was er über einen Schüler erfährt, hat der Lehrer Buch zu führen; der *Lebenslauf* eines Schülers, begonnen mit dessen Schuleintritt, wird gleichsam zu dessen *Konduitenliste*, eine Vorschrift, die dem Lehrer kaum Gelegenheit geben wird, seine Rolle als »väterlicher Freund« auszuüben[5].

Konduitenlisten bestimmen das Schulklima: Die pflichtgetreue Ausführung des Klassenordinariats wird vom Direktor in einer Personalakte über die Lehrer festgehalten, und die Direktoren werden ihrerseits von der Beurteilung durch die Schulräte abhängig. Die Lehrer als Staatsdiener, vor allem aber die Direktoren als unterste Instanz der Schulverwaltung, werden zum verlängerten Arm des Staates, dazu angehalten, ihren pädagogischen Auftrag im Interesse des Staates auszuüben. Ihr sittlich und politisch unangreifbarer Lebenswandel ist Voraussetzung dafür, er wird zum normativen Charakteristikum für den Lehrerberuf.

Darüber hinaus sollen die Gymnasiallehrer sich durch wissenschaftliche Qualifikation auszeichnen. Zwar war bereits 1810 die allgemeine Prüfung für Lehramtskandidaten eingeführt worden, die, der neuhumanistischen Bildungstheorie entsprechend, der Allgemeinbildung galt und an Unterrichtsgegenständen des Lehrplans von 1812 sowie an den Fächern Philosophie, Pädagogik und Theologie ausgerichtet war; weder aber war das Maß der Anforderungen genau angegeben noch gab es bereits eine auf bestimmte Fächer bezogene Lehrbefähigung. Hier setzt die Instruktion von 1831 ein[6]; sie fordert zwar nach wie vor ein allgemeines Wissen für Lehrer, seine Lehrbefähigung aber erwirbt er nunmehr für einen der Hauptgegenstände der Prüfung. Anforderungen und Prüfungsergebnis bestimmen dabei die Klassenstufe, für die die Lehrbefähigung erworben wird. Diese Instruktion erhöht die Möglichkeit, den Wissensstand der Lehrer zu überprüfen und zu kontrollieren, die Lehrer in den Staat einzubinden. Ihr politisches Wohlverhalten wird durch überprüfte Gelehrsamkeit ergänzt; beides verleiht dem Gymnasiallehrer Ansehen und Würde. Die Betonung der Wissenschaftlichkeit wird dabei bejaht, denn der Lehrer steht »bei der gemeinen Meinung hinter dem Offizier oder dem juristischen Beamten an Vornehmheit« zurück, weil es großartiger aussieht, »Männern zu gebieten, als Knaben zu unterrichten«[7]. Gelehrte und treue Staatsdiener im Dienste der Jugend – es bleibt ein Zweifel daran, ob damit das emanzipatorische Ideal der allgemeinen Menschenbildung in der Schule realisiert werden kann.

2.1.2. Die Normierung von Schule und Lehrplan und die Einbindung der Schüler in den Staat

Die Schulreform des Neuhumanismus hatte sich einer allgemeinen Menschenbildung vorgeschrieben: Der allseitig gebildete harmonische Mensch, dessen Kräfte es gleichmäßig zu stärken galt, war ihr Leitbild. Betrachtet man jedoch den normalen Schultag eines 14- bis 16jährigen Sekundaners, von Paulsen auf Grund ministerieller Vorstellungen und zeitgenössischer Überbürdungsklagen rekonstruiert, lassen sich weder eine harmonische Ausbildung des Geistes noch eine Stärkung aller Kräfte des Menschen erkennen; lediglich Schullast und Überbürdung treten zutage; statt durch individuelle Entfaltungsmöglichkeiten bestimmt, ist das Leben des Schülers total von der Schule okkupiert: »Nehmen wir an, er steht im Winter um 7 Uhr auf, ist von 8-12 oder 1 Uhr in der Klasse, geht eiligst nach Hause, sein Mittagessen einzunehmen, um von 2-4 Uhr wieder in der Schule zu sein. Um ½5 Uhr ist er wieder zu Hause und hat nun noch, wenn es nach Altenstein und Johannes Schulze geht, Tag für Tag fünf Stunden, schreibe fünf Stunden häuslicher Arbeit vor sich; zuerst sind die Klassenaufgaben zu machen, dann die kontrollierte Privatlektüre zu erledigen, und nun wird er sich noch irgend welche Lieblingsaufgaben eigener Wahl stellen. Ist der Elfstundentag erledigt, also etwa um 10 Uhr abends, so wird er an seine Erholung denken, ein wenig Musik treiben, ein Viertelstündchen am Familientisch plaudern, falls er es nicht vorzieht, sich ins Bett zu legen, um seiner Sorgen und Pensen auf einige Stunden zu vergessen«[8].

Diese Situation stellt Lehrplan und Bildungsziel des Gymnasiums in Frage und führt zu einer breiten Diskussion. Sie erreicht ihren Höhepunkt mit der Schrift des Medizinalrats Lorinser: »Zum Schutze der Gesundheit in Schulen« (1836), in der das Gymnasium beschuldigt wird, die Gesundheit der Jugend durch zu große zeitliche Belastung zu gefährden. Diese Schrift ruft Befürworter und Gegner auf den Plan, veranlaßt endlich aber auch das Ministerium, die immer wieder erhobenen Vorwürfe ernst zu nehmen. Zwar ist man hier, wie auch schon bei früheren Vorwürfen, zunächst zu keinerlei Zugeständnissen bereit, sondern versucht vielmehr, die Vorwürfe zu entkräften: So wird der »Gesundheitszustand der Jugend« im allgemeinen als »recht befriedigend« angesehen, und »in der bisherigen Einrichtung dieser Lehranstalten« ist nach Ansicht des Ministeriums »kein hinreichender Grund zu der beunruhigenden Anklage vorhanden«. Mißstände werden dem individuell zu verantwortenden Bereich zugewiesen: den Eltern, die ihre Söhne »in einem zu sehr vorgerückten Alter« oder »ohne die nöthigen Subsistenzmittel« in das Gymnasium eintreten lassen, woraufhin diese dann gezwungen sind, »auf Kosten der Gesundheit durch unnatürliche Anstrengung das früher Versäumte wieder einzubringen, oder sich am Tage durch Privatstunden den ihnen fehlenden Unterhalt zu verdienen, und der nothwendigen Nachtruhe die zur Anfertigung der Arbeiten für die Schule erforderliche Zeit zu entziehen«; oder den Lehrern, unter denen einige jüngere und weniger erfahrene möglicherweise »die Grenzen des Gymnasialunterrichts überschritten« haben. Deshalb jedoch einen der Lehrgegenstände zu entfernen, wäre eine falsche Konsequenz, denn die Fächer haben sich »im Laufe von Jahrhunderten als Glieder eines lebendigen Organismus entfaltet«, und wenn »das wahre Verhältniß dieser Lehrgegenstände zu der den Gymnas. gestellten Aufgabe von allen Lehrern und auf jeder Stufe des Unterrichts richtig gewürdigt wird«, sind in keiner Weise »nachtheilige Folgen für die körperliche und geistige Entwicklung der Jugend« zu erwarten[9].

Ungeachtet aller Abwehr der Vorwürfe und individueller Schuldzuschreibungen verfügt das Ministerium jedoch einen neuen Lehrplan (1837). Er wird im Gegensatz zu dem nur als Richtschnur geltenden Plan von 1812, der den Direktoren der Gymnasien weitreichende curriculare Freiheiten ließ, zur offiziellen Grundlage des Gymnasialunterrichts erklärt und trägt damit zur Vereinheitlichung der Gymnasien bei. Der Unterricht wird auf zweiunddreißig Wochenstunden begrenzt; die bisherige starke Betonung des Griechischen, die in der Regel weniger zur Humanität als vielmehr zur Belastung führte, wird zurückgenommen. Statt dessen umfaßt der Lateinunterricht erneut, wie *vor* 1812, fast ein Drittel der Gesamtstunden – 1812 war es nur ein Viertel. Die Reduzierung von Griechisch zugunsten von Latein mag zum einen der Schulrealität Rechnung tragen, in der, dem Enthusiasmus der Neuhumanisten zum Trotz, häufige Anträge auf Dispens vom Griechischen an der Tagesordnung sind; zum andern aber ist der Rückgang des Griechischen Indiz für die Veränderung der politischen Lage: Die Freiheit, wie sie die Griechen in ihren Werken ausdrücken, ist nicht mehr Thema; erwartet wird – seitens des Ministeriums –, »daß die umsichtige Durchführung der … Bestimmungen nicht nur manche wesentliche Gebrechen in den Gymnas. beseitigen, sondern auch in Verbindung mit einem Religionsunterrichte, welcher, den Vorschriften des Min. gemäß, den ganzen Inhalt des christlichen Glaubens im rechten Geiste und in angemessener Methode lehrt, neue heilsame Bewegung und frisches Leben in diese Anstalten bringen«[10] werde; ein Ziel, zu dessen Erlangung das heidnische Griechentum kaum taugt.

Neben diesen curricularen Veränderungen, die einen neuen Geist des Gymnasiums anzeigen, wird die Schullaufbahn der

Schüler weiter geregelt. Ihre Aufnahme in das Gymnasium soll nicht vor dem 10. Lebensjahr erfolgen, sie ist im Gegensatz zu der Zeit Anton Reisers an bestimmte Voraussetzungen gebunden: Geläufigkeit im Lesen, erste grammatische Kenntnisse, Fertigkeit in der Orthographie, die vier Grundrechenarten und Elemente des Bruchrechnens, geographische Grundkenntnisse, vor allem Europas, »Bekanntschaft mit den Geschichten des Alten Testaments und dem Leben Jesu«, »erste Elemente des Zeichnens« und »der geometrischen Formenlehre« werden erwartet[11]. Ein 9jähriger Gymnasialkurs mit drei unteren einjährigen und drei oberen zweijährigen Klassen wird angestrebt. Zwar setzt sich diese Organisation erst Ende der sechziger Jahre allgemein durch; bis dahin sind in der Regel nur die Prima, allenfalls die Sekunda zweijährig, aber die Tendenz, den Schüler in dieses System einzubinden, wird deutlich: Er soll alle Klassen durchlaufen und wird bei der Versetzung nach seinen Kenntnissen in *allen* Lehrgegenständen beurteilt. Damit wird das Fachklassensystem, die im ausgehenden 18. und im frühen 19. Jahrhundert übliche Form des Lernfortschritts, bei dem der Schüler nach seiner Leistung in jedem einzelnen Fach fortschreiten konnte, abgeschafft, die Schullaufbahn an einem jahrgangsspezifischen Mittelmaß ausgerichtet und reglementiert.

Auch die neue Fassung des Abiturientenreglements (1834)[12] kommt dieser Tendenz entgegen: Von allen Schülern wird der zweijährige Besuch der Prima verlangt, die Prüfung wird ausschließlich den Gymnasien übertragen. Den Universitäten, die bisher auch vom Gymnasium als unreif erklärten Schülern nach einer Immatrikulationsprüfung die Reife zusprechen konnten, wird dieses Recht aberkannt, vermutlich gilt ihr Urteil als nicht streng genug. Damit werden die Sonderrechte jener, die sich den Leistungsanforderungen eines Gymnasiums durch Privatunterricht entzogen und anschließend die Prüfung an der Universität machten, eingeschränkt. Ferner werden nicht mehr nur Stipendiaten oder spätere Staatsdiener, sondern alle Schüler ohne Ausnahme von diesem Reglement erfaßt. Mit dem Bestreben, Voraussetzungen und Bedingungen für das Abitur zu normieren, werden die individuellen Entfaltungsmöglichkeiten normiert, mit dem obligatorischen zweijährigen Primabesuch werden alle Schüler auf ein gemeinsames Fortschreiten in Kenntnissen festgelegt. Karrieren wie die des Freiherrn v. Richthofen, der sich im Jahre 1827 gegen den Willen des Direktors mit sechzehn Jahren der Reifeprüfung unterzieht, sie, fast erwartungsgemäß, nicht besteht, aber trotzdem die Universität bezieht, wo er binnen kurzer Zeit die Immatrikulationsprüfung nachholt[13], sind ein paar Jahre später nicht mehr möglich.

Zweierlei wird mit diesen Normierungen erreicht: Die preußischen Gymnasiasten erhalten eine einheitliche Bildung, und das preußische Gymnasium als Staatsschule wird überschaubarer und kontrollierbarer. Das Klassensystem geht einher mit dem Klassenordinariat und einheitlichen, immer präziser geforderten Unterrichtszielen. War in der Folge der Karlsbader Beschlüsse das sittliche Verhalten der Schüler Gegenstand von Reskripten gewesen, in der Phase des Ausbaus des Gymnasiums ist es ihre Schullaufbahn, die, über das individuelle Lernverhalten der Schüler und lokalbedingte Unterschiede der Gymnasien hinausgehend, im Sinne der Regelungen des Staates vereinheitlicht wird.

2.2. Das christlich-ständische Gymnasium in gesellschafts- und standespolitischer Kritik

Als 1837 der neue Lehrplan publiziert wird, erscheint gleichzeitig eine Schrift, die als eine »Art Philosophie des preußischen Gymnasiums mit apologetischer Tendenz«[14] bezeichnet wird: Johann Heinrich Deinhardts Buch über den »Gymnasialunterricht nach den wissenschaftlichen Anforderungen der jetzigen Zeit«, zugleich Bestandsaufnahme wie auch weiterführende Programmatik. Für Deinhardt gilt der Lehrplan des preußischen Gymnasiums nicht nur als brauchbar, sondern auch als *vernünftig,* und dies schon deshalb, weil er den Lehrplan als Produkt staatlicher Weisheit sieht. Die Vernünftigkeit des bestehenden Lehrplans aber sieht er zusätzlich überhöht durch den »Geist Christi«, der, wie auch im Lehrplan betont wird, der »Grundcharacter aller unsrer Erziehung« ist und »die Erziehung aller Stände« durchdringen soll, »die des Fürsten so gut, wie die des letzten Tagelöhners«[15].

Die christliche Erziehung wird hier zum allgemeinen Prinzip, das den Unterricht prägen soll. Die neuhumanistische Orientierung am Griechentum trifft dagegen auf Zweifel; zwar ist das Griechische weiterhin Bestandteil des Lehrplans, gilt aber nicht mehr als Zweck in sich oder gar als notwendiges Vehikel zur Vervollkommnung der Menschheit; es wird vielmehr trotz »aller seiner Schönheit und Kraft nur als nothwendiger Durchgangspunkt zum Christentum« betrachtet, »ein Moment des christlichen Geistes und der durch das Christenthum begründeten modernen Bildung«. Nur in christlichem Geiste können Gymnasien »Pflanzstätten der Wahrheit seyn« und der Gefahr entgehen, zu Anstalten »des Irrthums oder todter Gelehrsamkeit«[16] zu werden: »Im Glauben fängt das Wissen an, im Glauben entwickelt es sich, im Glauben endigt es sich«. Von der Aufbruchstimmung der preußischen Reformzeit ist hier nichts mehr zu hören, rationalistische wie neuhumanistische Elemente weichen dem christlichen Glauben, der »so recht ins innerste Lebensmark unserer Gymnasien verpflanzt« werden soll, »wenn aus ihnen etwas Großes und auf die Ewigkeit Angelegtes in Wissenschaft und Sittlichkeit hervorgehn soll«[17].

Der Wandel in der Zielsetzung des Gymnasiums ist offenkundig. Dem Plan der *Einen Schule für alle,* orientiert am griechischen Geist, stehen christlich geprägte, aber jeweils ständisch ausgerichtete Schulen gegenüber. Das Gymnasium ist nach Deinhardts Vorstellung am Lehrstand, nicht an der Menschheit auszurichten. Dieses ständische Gesellschaftsbild, von Deinhardt noch einmal mit Bezug auf den christlichen Glauben legitimiert, entspricht zwar nicht mehr der Realität der preußischen Gesellschaftsstruktur im Vormärz; das Festhalten an neuständischen Prinzipien kommt jedoch dem politischen Klima der Restauration nur entgegen. Dem Paradigmawechsel sind, neben der Veränderung der politischen Lage, auch jene Maßnahmen der Verwaltung günstig, die das Gymnasium aus den umfassenden Reformplänen für alle Schulen herauslösen und es durch Privilegierung der Lehrer und Schüler, aber auch durch ihre Kontrolle in eine staatsunmittelbare Stellung bringen. Verwaltung und Didaktiker wie Deinhardt denken dabei an das Gymnasium unter dem Aspekt seiner Vorbereitung auf die Universität. In dieser Funktion, als Schule der zukünftigen Staatsdiener, gelten ihm Privilegien wie Kontrolle.

Aber das Ministerium ist sich darüber im klaren, daß die Ausbildung zukünftiger, akademisch gebildeter Staatsdiener nicht die einzige Funktion des Gymnasiums ist. Obwohl Griechisch ein prägendes Moment höherer Bildung ist, wird verfügt, daß »nicht schlechthin jedes Gesuch um Dispensation von Erlernung des Griechischen« abzulehnen sei; solange die Schüler »auf eine höhere wissenschaftliche Bildung und auf die Vorbereitung auf die Universität«[18] keinerlei Anspruch machen, wird den Direktoren weitgehende Entscheidungsfreiheit in dieser Frage zugebilligt. Das ist ein Zugeständnis des Ministeriums an die Schüler der preußischen Gymnasien, unter denen sich viele befinden, die mangels anderer Schulangebote das Gymnasium ihrer Stadt besuchen, um dort, wie ehemals zu Reisers Zeiten auf der Lateinschule, ihre Pflichtschulzeit zu absolvieren.

Diese Situation bleibt jedoch nicht ohne Kritik, und daher gerät das Gymnasium im Vormärz von unterschiedlicher Seite in die Diskussion. Nicht nur, daß auf ideologischer Ebene das neuhumanistische Konzept der allgemeinen Menschenbildung dem christlich-ständischen Plan eines Deinhardt entgegensteht und sich Befürworter wie Gegner des Griechentums finden; auch unabhängig von der Gymnasialideologie wird das Gymnasium von Teilen der Schulbevölkerung, von Lehrern und Eltern kritisiert. Gewerbe- wie handeltreibende Schichten sehen, trotz der amtlich eingeräumten Möglichkeit, sich vom Griechischen dispensieren zu lassen, ihre spezifischen Bildungsinteressen in dem Gymnasium des Vormärz nicht vertreten. Sie fordern, auch den Bedürfnissen derjenigen Jünglinge, »welche nach eigener Anlage und Neigung und nach den Wünschen der Ihrigen für die höheren Gewerbe bestimmt sind«, so entgegenzukommen, »daß sie gehörig vorbereitet zu solchen übergehen können«[19]. Unverhoffte Hilfe erhalten sie dabei von den Gymnasiallehrern, die aus standespolitischen Gründen ihren neuerworbenen Status verteidigen und zu diesem Zweck nur an Schülern interessiert sind, die das Gymnasium bis zum Abschluß durchlaufen; die anderen Schüler brauchten entweder differenzierende Kurse oder gesonderte Schulen. Das würde den Lehrern das Unterrichten in den unteren und mittleren Klassen erleichtern, das Prestige der Lehrer, als der Wissenschaft verpflichtete Staatsdiener, aufbessern helfen und zugleich den Bildungsansprüchen der gewerbetreibenden Schichten in größerem Ausmaß gerecht werden können. Diese Diskussion einzelner am Gymnasium beteiligter Gruppen, ihre Versuche, das Gymnasium neu zu konzipieren oder aber zu verteidigen, bestimmen die Geschichte des Vormärz.

In Minden übernimmt es im Jahre 1832 der Oberlehrer Rothert, eine Bestandsaufnahme des bestehenden Schulwesens der Stadt zu erstellen und in Abwägung der verschiedenen Interessen Vorschläge für eine Neuorganisation der Schulen zu machen: Am besten wären, fordert er als Sprecher von »43 der achtungswerthesten«[20] seiner Mindener Mitbürger »*sehr gute* Schulen für den Mittelstand«[21]. Alternativ dazu entwickelt er jedoch einen Lehrplan für das Gymnasium in Minden, der sowohl die allgemeine Bildung als auch die »erforderlichen allgemeinen nöthigen oder nützlichen Kenntnisse und Fertigkeiten«[22] berücksichtigt. Zugleich aber gibt ihm seine Abhandlung Gelegenheit, die Mittelschichtorientierung des Mindener Gymnasiums aus Philologensicht zu kritisieren. Seine vorrangige Sorge gilt der bestehenden Gesellschaftsstruktur, die er durch Überfüllung akademischer Einrichtungen mit Schülern aus Mittel- oder aus Unterschichten gefährdet glaubt: Dieses »unselige Hinaufdrängen in höhere Stände, namentlich aber unter der männlichen Jugend das Trachten nach dem großen Tische, welchen der Staat seinen Beamten deckt«, eine Haltung, zu der Angehörige mittlerer Schichten durch den Besuch des Gymnasiums verleitet werden, führe dazu, daß selbst »oft recht unwissende Quartaner oder Tertianer sich für zu gut halten, um wieder an die ›Beutelkiste‹ oder in den ›Kramladen‹ zu treten«[23]. Die unteren Klassen des Gymnasiums könnten, wird befürchtet, eine unliebsame soziale Mobilität in Gang bringen. Wären jedoch für jene mittleren Schichten gesonderte Schulen vorhanden, würde der Appetit auf Bildung und die damit verbundenen Privilegien gar nicht erst aufkommen.

Außer diesem weitverbreiteten gesellschaftspolitischen Argument sind die Klagen des Oberlehrers zu vernehmen, der auf allen Anstalten in den unteren Klassen zu Dutzenden jene uninteressierten Schüler vorfindet, die die Anstalt aus Kostengründen häufig erst vom zwölften Lebensjahr an besuchen, nur für die Dauer der unteren drei Klassen bleiben und dem Unterrichtsstoff, vor allem dem leidigen Latein, mit dem festen Wissen gegenüberstehen, bald alles nicht mehr zu benötigen. »Von dem *Genusse*, welchen dem guten Tertianer oder Secundaner die Lecture der Classiker oder andere Unterrichtsgegenstände gewähren, gewinnt er [dieser Knabe] nie nur eine Ahnung«; lernt er, geschieht es allenfalls aus Furcht vor dem Lehrer, nicht aber aus innerer Motivation. Aus der Vernachlässigung der lateinischen Sprache gewinnt er aber keinesfalls Kraft für andere Unterrichtsgegenstände, nein, »diese scheinbar gewonnene Zeit fällt meistens dem Müßiggange anheim, und ... der Müßiggang einer großen Zahl halbbeschäftigter Schüler derselben Classe, namentlich aber bejahrter oder in den sogenannten Flegeljahren stehender Quartaner und Tertianer, führt auf allen Schulen ... zu einer Menge von Zeitvertreiben, zu schlechter Lecture, zu Knabenstreichen, zu Rauch-, Spiel- und Trinkconventikeln, zu Unterschleifen, um sich Geld zu verschaffen, um Eltern und Lehrer zu täuschen, zu Lügen und Verdrehungen, um die Censuren und Klagen der Lehrer zu widerlegen; kurz zu Unarten in und außer der Schule, welche eben so wohl die Zucht und den Geist der Schule, als die Sittlichkeit und das dereinstige Wohlergehen des Schülers gefährden oder verderben«[24].

Für den Philologen, der das klassische Curriculum studiert hat und die Schönheit der alten Sprachen vermitteln will, ist dieser Zustand nicht gut zu ertragen; die Doppelfunktion des Gymnasiums ist ihm nicht als Vorteil erkennbar, allenfalls als notwendiges Übel. Unterstützt wird seine Kritik an der bestehenden Form des Gymnasiums jedoch nicht zuletzt von standespolitischem Denken: Je studienorientierter die Schüler einer Anstalt sind, je eher zu erwarten steht, daß sie als spätere Staatsdiener ein wichtiges Amt bekleiden, desto höher steigt das Prestige der Gymnasiallehrer. Das sind Gründe genug, gesonderte Schulen, zumindest aber gesonderte Lehrgänge für alle diejenigen zu fordern, die angeblich nicht zum Studium bestimmt sind.

Rotherts Ausführungen sind symptomatisch für das Denken vieler Gymnasialpädagogen; aus gesellschaftspolitischen, standespolitischen wie schulorganisatorischen Gründen sprechen sie sich, allen voran der Direktor des Berliner Friedrich-Wilhelms-Gymnasiums, August Spilleke, für eine verstärkt zu betreibende Differenzierung der einzelnen Schulformen aus. Das Gymnasium sollte einer Elite vorbehalten bleiben, die nicht nur nach Leistung, sondern auch nach sozialer Herkunft bestimmt wird[25], eine Vorstellung, die nichts mehr mit den Forderungen eines Humboldt oder eines Jachmann gemein hat. Der konservativen Grundhaltung jener Schulmänner kommt eine Überfüllungskrise an den Universitäten, vor allem aber deren Rezeption in der öffentlichen Meinung entgegen. So heißt es etwa 1828 im Hannöverschen Magazin: »Alles studirt, was nur irgend Geld und Lust hat; da bleibt es nicht allein bei den Söhnen der Väter, die selbst studirt haben, oder die sonst ein Amt bekleiden, oder ein Gewerbe betreiben, das sie berechtigte, ihre Söhne in einen solchen Stand zu bringen; nein, kann der Küster, der Handwerksmann, ja kann selbst der Bauer, der in der Nähe einer größeren Stadt wohnt, und cultivirter ist, nur auf irgendeine Weise es möglich machen, das zum Studiren erforderliche Geld aufzubringen, so muß gar zu oft wenigstens einer seiner Söhne studiren«[26]. Dieser Zustand wird beklagt: Weder sei bei den Bauern- und Küstersöhnen ein erfolgreicher Abschluß des Studiums garantiert, noch sei bei einem großen Andrang von Akademikern deren zukünftiger Lebensunterhalt gesichert. Der Autor jenes Artikels weiß jedoch, wie dem gegenzusteuern ist: mit strengeren Prüfungen und einer gezielten Vergabe von Benefizien. Auf der Ebene der Schulpolitik weiß man sich aber noch weiteren Rat: Spezielle Schulen für Schüler aus mittleren Schichten könnten einen sozialen Aufstieg kraft Bildung verhindern und die bestehende Gesellschaftsstruktur bewahren helfen. Die Überfüllungskrise würde sich dann von selbst lösen.

2.2.1. Die Steuerung des Bildungsverhaltens durch Real- und Bürgerschulen

Gesellschaftspolitische Positionen, Interessen einzelner Gruppen und unterschiedliche Kritikpunkte an den bestehenden Gymnasien legen eine den Gymnasien entsprechende Einbindung von Bürgerschulen in den Staat, eine Beteiligung an den von ihm verteilten Privilegien nahe – einerlei, ob zu diesem Zweck Schulen neu gegründet oder die alten, nicht als Gymnasien anerkannten Lateinschulen umfunktioniert werden. So groß aber die Einigkeit zwischen den verschiedenen gesellschaftlichen Gruppen und der Schulverwaltung in bezug auf das Ziel ist, die Durchführung dieser Pläne ist mit Schwierigkeiten verbunden.

Eines der Probleme bildet die Finanzierung. Die Städte, an den Kosten für die Gymnasien in den meisten Fällen mitbeteiligt, sind häufig nicht in der Lage, neben dem Gymnasium eine zweite Anstalt zu finanzieren; vom Staat, der sich nur für das Gymnasium, die Schule für die höheren Staatsdiener, verantwortlich fühlt, ist jedoch außer Empfehlungen und Ratschlägen keine Hilfe zu erwarten. Angesichts dieser Situation beschränken sich viele Städte später darauf, Realklassen am Gymnasium einzurichten.

Neben ungeklärten finanziellen Problemen ist aber vor allem die Konzeption der neuen Schule zunächst nicht eindeutig erkennbar. Soll sie, wie das Gymnasium, eine allgemeine Bildung vermitteln, aber gebunden an die Realien, deren Bildungswert seit der Schrift von Friedrich Immanuel Niethammer über den »Streit des Philanthropinismus mit dem Humanismus« (1808)[27] immer wieder betont wird? Soll sie auf spezielle Berufsfertigkeiten vorbereiten? Oder soll sie Nähe behalten zu der allgemeinen Vorbildung für die höheren Berufe? Die Entscheidung fällt zunächst für die dritte Möglichkeit. Das aber hat zur Folge, daß neben der Ausrichtung des Curriculums an modernen Sprachen und Naturwissenschaften nun auch die Stellung des Lateinunterrichts bedacht werden muß.

Zwar sprechen Verfechter der reinen Bürgerschule, die in dieser Schule weder »Technologie« noch »griechische[n] Accente[n]« dulden, sondern sie als »Bildungsanstalt« und »Humanitätsschule« sehen, dem Lateinunterricht jede Bedeutung ab[28]. In der Praxis erscheint es jedoch geboten, den Unterricht in Latein nicht völlig abzulehnen. So fordern einige Bereiche der Zivilverwaltung lateinische Kenntnisse, sei es aus Tradition, sei es um der Betonung der amtlichen Würde willen. Darüber hinaus meint man, daß für Angehörige des Besitzbürgertums eine Schule, die gänzlich ohne Latein auszukommen sucht, nicht akzeptabel sei. Ein solcher Bildungsweg hätte das Besitzbürgertum von dem tradierten Bildungskanon, von dem Wissen und den Kenntnissen der späteren höheren Staatsdiener, der Funktionselite, zu sehr entfernt. So gilt Latein als »geeignet, den Rekrutierungsbereich der neuen Schule vor allem nach oben hin zu erweitern und damit ihre soziale Stellung zu heben und auch die ökonomische Lage zu erleichtern«[29].

1832 wird die »Vorläufige Instruction für die an den höheren Bürger- und Realschulen anzuordnenden Entlassungs-Prüfungen«[30] erlassen: Die Anforderungen der Realschulen werden damit normiert, zugleich aber erhalten diese Schulen mit der Prüfung Berechtigungen, und zwar die zum Eintritt in den einjährigen freiwilligen Militärdienst, in das Post-, Forst- und Baufach und in die Büros der Provinzialbehörden. Die Anforderungen, die in der Abschlußprüfung gestellt werden, erweisen sich keinesfalls als gering. So wird im Deutschen ein Aufsatz verlangt, im Lateinischen – hier sollen Cäsar, Ovid und Virgil gelesen werden – eine Übersetzung eines deutschen Stückes in das Lateinische, in der französischen Sprache ein Aufsatz, dessen Thema aus dem Bereich der neueren Geschichte gewählt werden sollte – in der englischen bzw. italienischen Sprache sind die Anforderungen analog; in Mathematik sind zwei geometrische und zwei arithmetische Aufgaben zu lösen, und in den naturwissenschaftlichen Fächern ist je ein Thema aus der Physik und der Chemie zu bearbeiten.

Dem Lateinunterricht kommt in der Instruktion eine besondere Bedeutung zu. Sollte aus irgendeinem Grunde an einer Realschule kein Lateinunterricht gegeben werden, erhalten die Schüler trotzdem das Zeugnis der Reife, der Mangel der Kenntnis in der lateinischen Sprache verschließt ihnen jedoch jede Laufbahn als Beamte. Eine Realschulreife ohne Lateinunterricht bleibt damit vom Berechtigungssystem ausgeschlossen. Die alte Tradition, derzufolge Latein die Sprache der Herrschenden und der Wissenden ist, wird ungebrochen tradiert: Staatliche Funktionen bleiben an Latein gebunden. Entsprechend der Strategie des Gymnasiums, seine Vorrangstellung zu behalten, werden dem neuen Schultyp staatliche Berechtigungen nur unter erschwerten Bedingungen zugestanden: So wird in der gleichen Zeit, in der sich die Realschulabsolventen für das Privileg des einjährigen Militärdienstes einer Prüfung mit hohen Anforderungen unterziehen müssen, von den Gymnasiasten für das gleiche Privileg nur der Besuch der unteren Tertia gefordert. Zwar ist es mehr als fraglich, ob ein abgehender Untertertianer auch nur annähernd den Prüfungsanforderungen für die Realschulreife entsprechen würde; das aber steht bei dieser Regelung auch weniger zur Debatte als das zu verteidigende Prestige des etablierten Gymnasiums.

Die Situation der Schulen in den preußischen Städten läßt mehrere Möglichkeiten zu, die Prüfungsinstruktion in die Schulrealität umzusetzen. Zum einen können sich die alten Lateinschulen, denen nach den ersten Abiturientenreglements die Erlaubnis, zur Universität zu entlassen, nicht zuerkannt wird, darum bemühen, als höhere Bürger- oder Realschule anerkannt zu werden. Zum anderen können neue Schulen gegründet oder aber dem bestehenden Gymnasium Realklassen angegliedert werden.

Während Staat, Kommunen und Gymnasiallehrer um die Institutionalisierung eines neuen Schultyps bemüht sind, der dazu beitragen soll, Überfüllungsprobleme zu lösen und unkontrollierten
sozialen Aufstieg zu verhindern, ergreift das Ministerium seiner-
seits Maßnahmen »betreffend die ... Überfüllung der mittleren
und unteren Classen der Gymnasien«[31]. Der festgestellte Tatbestand, der zu dieser Verfügung führt, deckt sich mit den Beobach-
tungen der Schulmänner: Die Frequenz in den unteren Klassen
der Gymnasien hat seit einigen Jahren zugenommen, eine für die
Disziplin häufig nachteilige Erscheinung. Die Gründe dafür werden zum einen in dem Mangel an Bürgerschulen gesehen, zum
andern aber auch »in den für den Handels- und Gewerb-Stand
ungünstigen Zeitverhältnissen«, die dazu führen, daß viele junge
Leute »sich ohne wahren inneren Beruf zu den gelehrten Studien
drängen, hoffend, auf diesem Wege theils leichter und sicherer in
Zukunft ihren Unterhalt zu finden, theils jetzt zu der einjährigen
Dienstzeit als Freiwillige zugelassen zu werden«. Nun sei das Ministerium zwar nicht daran interessiert, mittleren und niederen
Ständen die Gymnasialbildung verschließen oder erschweren zu
wollen, aber ebensowenig könne es eine Überfüllung der unteren
Klassen zulassen. Daher werden Anweisungen gegeben, wie diesem Zustand abzuhelfen sei. Neben organisatorischen Maßnahmen, der Begrenzung der Schülerzahl einer Klasse – maximal im
Durchschnitt auf fünfzig Schüler – und der Einrichtung von Par-
allelklassen, zielen die Maßnahmen auf einen innerschulischen
Ausleseprozeß: Die Aufnahmeprüfungen zu den Gymnasien und
die Versetzungen von einer Klasse in die andere sollen strenger
durchgeführt werden. Außerdem wird dem Gymnasium die Be-
fugnis erteilt, »solche Schüler der unteren und mittleren Classen
aus ihrem Kreise zu entfernen, welche sich nach dem einstimmi-
gen Urtheile aller Lehrer nicht zu den Gymnasial-Studien eignen,
und wegen Mangels an Fleiße und an Fähigkeiten, auch nachdem
sie zwei Jahre hindurch in einer und derselben Classe gesessen
haben, noch nicht zur Versetzung in die zunächst höhere Classe
für reif erklärt werden können«. Hier wird der Ausleseprozeß an
Leistung gebunden; wie einfach sich jedoch das Kriterium der
Leistung mit dem der sozialen Herkunft der Schüler verbinden

läßt, wird am Beispiel des Berliner Gymnasialdirektors Spilleke deutlich: Er verteilt die Freistellen seiner Anstalt nicht abhängig vom Einkommen der Eltern und den bereits erbrachten Leistungen der Schüler, sondern nach deren Platz auf einer von ihm angelegten Anwärterliste, wobei er der Ansicht ist, die Herkunft der Schüler könne die Garantie zum erfolgreichen Abschluß bieten[32].

Spilleke setzt damit auch ein zweites Steuerungsmittel gezielt ein, die Vergabe von Benefizien. Für die Gymnasiasten beziehen sich die Benefizien meist auf den Erlaß des Schulgelds. Weitergehende Unterstützungen sind von lokalen Gegebenheiten abhängig. Schulgeldfreiheit – wie auch Schulgeldeintreibung – werden behördlich und überregional geregelt. So ist die Schulgeldbefreiung für die Söhne der Gymnasiallehrer und der Prediger der Stadt festgeschrieben. Darüber hinaus gilt sie generell für Schüler, deren Dürftigkeit nachgewiesen wird, wie für Familien, die mehrere Söhne zur gleichen Zeit auf dem Gymnasium haben. Die Schulgeldbefreiungen wegen Dürftigkeit und Kinderreichtum dürfen jedoch einen bestimmten Anteil der gesamten Schulgeldeinnahmen nicht übersteigen; in Minden liegt dieser Anteil bei fünfzehn Prozent. Zugleich sind die Schüler an bestimmte Mindestleistungen gebunden; für Prediger- und Lehrersöhne gilt jedoch, daß ihnen das Schulgeld so lange erlassen wird, wie sich die Schule nicht veranlaßt sieht, sie »wegen ihres Unfleißes oder unsittlichen Betragens ... gänzlich auszuschließen«[33].

Derartige Maßnahmen erleichtern einerseits die Selbstrekrutierung von Theologen und Philologen und tragen damit zur Entstehung jener Schicht bei, die als Bildungsbürgertum Kultur und Verhaltensnormen im 19. Jahrhundert prägt und deren Angehörige ihr Wissen als kulturelles Erbe innerhalb ihrer Schicht und Berufsgruppe bevorzugt weitergeben. Daß andrerseits Schüler aus mittleren und unteren Schichten vom Besuch des Gymnasiums im Lauf des Vormärz verdrängt worden sind, ist aus dem Schulbesuchsverhalten der Schüler nicht ersichtlich: Allen Steuerungsmaßnahmen zum Trotz besuchen Schüler aus der Mittelschicht, die in Quarta oder Tertia abgehen, auch weiterhin das Gymnasium, um hier ihre Schulpflicht zu absolvieren. Insofern bleibt das Gymnasium, auch im internationalen Vergleich, eine erstaunlich offene Anstalt, die für Mittelschichten soziale Aufstiegsmobilität ermöglicht.

Wie die Reorganisation der Gymnasien durchgeführt wird, wie Lehrplan und Schulleben von neuhumanistischen oder christlichen Vorgaben geprägt werden, wie die Einbindung der Schule, ihrer Lehrer und Schüler, in den Staat wahrgenommen wird und welche Möglichkeiten bestehen, die Realschulproblematik institutionell aufzugreifen, das wird wieder am Beispiel Minden verdeutlicht.

2.3. Alte Sprachen und Privatlektüre zu christlicher Disziplinierung: Das Gymnasium in Minden

»Wenigstens ist doch wieder Ordnung und Ruhe in die ganz zerrüttete Anstalt gekommen«[34]. Als Siegmund Imanuel, seit 1822 Direktor der Mindener Anstalt, diese Worte schreibt, ist die äußere Reorganisation des Gymnasiums mit Hilfe des preußischen Staates nahezu beendet: Ein neues Schulgebäude mit sechs Klassenzimmern, zwei Räumen für Sammlungen und die Bibliothek und einem Saal für Versammlungen und öffentliche Feierlichkeiten ist erstellt worden[35]. Das Gymnasium erhält jährlich die zugesagten 1500 Taler aus der Staatskasse; Bibliothek und Lehrapparat haben feste Etats, aufgestockt durch die zwei Taler, die die Schüler einmalig beim Eintritt in die Anstalt zu zahlen haben, und durch Gebühren, die von ihnen bei Versetzungen und beim Abgang zu entrichten sind[36].

Sechs der Lehrerstellen sind besetzt, ein siebter Lehrer wird erwartet; seit 1825 hat das Gymnasium eine eigene Sexta und verfügt damit über drei untere einjährige und drei obere, auf je zwei Schuljahre angelegte Klassen, wobei der Unterricht in der Prima in einigen Fächern bereits differenziert erteilt wird; kombinierter Unterricht, so in Geschichte, Physik, Französisch und Religion, besteht nur noch innerhalb einer Bildungsstufe. Aufnahmen finden in den unteren Klassen nur zu Michaelis statt, in den Oberklassen, wo Versetzungen auch noch halbjährlich durchgeführt werden, jedoch jederzeit[37]; das Klassensystem mit der straffen Einteilung nach Jahrgangsklassen findet sich in den zwanziger Jahren erst in Anfängen. Im Jahre 1825 wird das Gymnasium von 153 Schülern besucht; Imanuel erwartet eine Steigerung. Damit sind die Rahmenbedingungen für die innere Reorganisation des Gymnasiums im Geiste des Neuhumanismus, aber auch unter Einbeziehung der verfügten Normierungen gegeben: Lehrplanrevision und Angleichung des Unterrichts an den Lehrplan von 1812, der 1816 zur Richtschnur erklärt wird, Ergänzung des Lehrplans und zugleich Disziplinierung der Schüler durch die Kontrolle der Privatlektüre und Einführung des Klassenordinariats prägen, getreu der erlassenen Verordnungen, das Mindener Schulleben.

Zunächst wird der Lehrplan revidiert und der Vorgabe von 1812 angepaßt; Latein, Griechisch, Deutsch und Mathematik bestimmen ihn. Im Jahre 1824/25 entfallen auf den Lateinunterricht gut ein Fünftel (21%) der Gesamtstunden, fast ein Sechstel (15%) auf den Griechischunterricht, und für die Fächer Deutsch und Mathematik stehen jeweils gut ein Achtel (13%) der gesamten Unterrichtszeit zur Verfügung. Es ist der Versuch, der von neuhumanistischen Pädagogen geforderten Gleichstellung der Hauptfächer nachzukommen und dabei auch die Mathematik gebührend zu berücksichtigen; allerdings liegt ihr Anteil in Minden trotzdem erheblich unter dem im Lehrplan von 1812 geforderten Fünftel. Aber dieses noch annähernd ausgeglichene Verhältnis der Fächer untereinander ändert sich. Bereits vor der offiziellen Verlautbarung des Lehrplans von 1837, der dem Lateinunterricht eine dominierende Stellung einräumt, gibt das Konsistorium zu bedenken, dem Lateinunterricht mehr Gewicht beizumessen. Die Mindener ändern ihren Lehrplan: 1828/29 nimmt der Lateinunterricht fast ein Viertel des gesamten Unterrichts ein; gekürzt wird bei Griechisch und Deutsch, und 1840/41 hat sich dieses Verhältnis noch stärker zugunsten des Lateinischen verschoben: Von 266 Unterrichtswochenstunden für die gesamte Schulzeit entfallen auf den Lateinunterricht 71 Stunden, das sind 27%; für den Griechischunterricht dagegen stehen nur noch 34 Stunden zur Verfügung; für Deutsch 31 und Rechnen und Mathematik 34-35; jeweils etwa 12%[38].

Aus der Lehrverfassung des Mindener Gymnasiums werden die Unterrichtsinhalte deutlich. Ende der zwanziger Jahre hat ein Primaner elf Stunden wöchentlich Lateinunterricht, liest Cicero, Horaz und Tacitus, erhält eine Einführung in die Römische Historiographie, macht Stilübungen, metrische und Sprechübungen. Sein Griechischunterricht nimmt sieben Wochenstunden ein: Sophokles, Äschylos, Thukydides, Herodot, Theokrit und Homer werden gelesen, größtenteils kursorisch, als fortlaufende Lektüre, teilweise jedoch auch statarisch, mit ständigen grammatischen Übungen am Text. Zur schriftlichen Übung dienen Diktate.

Für den Deutschunterricht stehen nur zwei Stunden wöchentlich zur Verfügung; er wird von Stilübungen, Literaturgeschichte und Rhetorik bestimmt. Außerdem gibt es eine Stunde philosophische Propädeutik und zwei Stunden Hebräisch, wo Grammatik betrieben wird und Teilstücke aus dem Buch Hiob gelesen werden. Im Französischunterricht, ebenfalls zwei Wochenstunden, steht neben Grammatik und schriftlichen Übungen »Der Geizige« von Molière auf dem Plan. Im Religionsunterricht werden Dogmatik, Kirchengeschichte und Exegese gelehrt; im vierstündigen Geschichtsunterricht hat der Kursus im Schuljahr 1828/29 mit der Französischen Revolution begonnen und wendet sich dann im zweiten Halbjahr der Geschichte der alten Welt bis zu den Griechen zu. Die mathematisch-naturwissenschaftlichen Fächer nehmen nur einen geringen Anteil am Unterricht eines Mindener Primaners ein: In den vier Wochenstunden Mathematik geht es um sphärische Trigonometrie, Berechnung von rechtwinkligen und schiefwinkligen Dreiecken und algebraischen Gleichungen zweiten und dritten Grades; Physik hat die »Lehre vom Weltgebäude überhaupt« wie »mathematische Geographie und Athmosphärologie« zum Inhalt[39].

Sprachlich-literarische Bildung, im Medium der alten Sprachen, prägt hier den Unterricht. Diese Tendenz wird ergänzt durch die von Lehrern kontrollierte Privatlektüre der Schüler, so daß die außerschulischen Leseinteressen der Schüler dem Staat bekannt werden. Die Mindener Lehrerschaft kommt dieser Verfügung offensichtlich freudig und bereitwillig nach, ist man doch überzeugt, daß die Schüler nur mit zusätzlicher, von Lehrern kontrollierter Privatlektüre »den einzig wahren Grund aller ächt wissenschaftlichen Bildung mit auf die Akademie hinwegnehmen« können.

Curriculum und Privatlektüre zeigen das Gymnasium in Minden von alten Sprachen bestimmt. Wird damit neuhumanistisches Denken in dem Gymnasium realisiert? Oder zeigt sich das Mindener Gymnasium als eine Anstalt, die sich vorrangig in den Dienst des preußischen Staates nehmen läßt, sich im Sinne Deinhardts eher dem Geist des Christentums als dem des Neuhumanismus verpflichtet weiß? Stellenwert und Inhalt der sittlichen und moralischen Erziehung im Schulleben Mindens sind hier Indiz für die Position der Schule zwischen Neuhumanismus, Christentum und preußischer Verwaltung.

So werden in Minden die Aufgaben eines Klassenlehrers offensichtlich in voller Überzeugung durchgeführt: »Für die Aufrechterhaltung der Disciplin wird, außer den Bemühungen der Klassenlehrer, durch Sitten-Gerichts-Tagebücher, die in jeder Klasse genaue Rechenschaft über das ganze sittliche und wissenschaftliche Leben des einzelnen Schülers geben, durch die Censoren, die in jeder Klasse aus den Schülern gewählt werden, und endlich durch die vierteljährlichen von sämtlichen Lehrern angefertigten Censuren die möglichste Sorge getragen«[40]. Alljährlich gibt der Direktor Imanuel auch in dem Jahresbericht des Mindener Gymnasiums Zeugnis von der Disziplin an der Schule; von einigen Verstößen, vor allem in den Unterklassen, abgesehen, wird sie im ganzen als gut befunden; die Eltern werden aber immer wieder aufgefordert, ihrem Anteil an der sittlichen Erziehung nachzukommen, den Forderungen der Schule nicht zuwider zu handeln, regelmäßigen Schulbesuch der Schüler zu unterstützen, Versäumnisse nach Möglichkeit vorab zu entschuldigen und Abmeldungen selber und in gebührender Frist vorzunehmen. Bei auswärtigen Schülern ist die Schule behilflich, für siebzig bis hundert Taler im Jahr eine Unterkunft in einem guten Bürgerhause zu vermitteln, eine Maßnahme, die den Lehrern ihre Aufgabe, das sittliche Wohl und den Lebenswandel der Schüler im Auge zu behalten, vielleicht etwas erleichtert[41].

Die sittliche Erziehung wird unterstützt durch Erziehung im christlichen Geiste: »Sämmtliche Klassen versammeln sich Morgens vor dem Beginn der Lectionen auf dem Saale, wo eine Strophe eines Liedes gesungen, von einem Secundaner ein Stück aus der heiligen Schrift vorgelesen, und von einem Primaner ein Gebet aus dem Herzen gesprochen wird. Die ganze Feier dauert etwa zehn Minuten«[42]. Daneben sollen in monatlichen Erbauungsstunden »die allgemeinen Lehren der Religion … für die Schule und ihre Verhältnisse praktisch« angewandt werden; entsprechend werden Vortragsthemen gewählt wie: »Über die religiöse Treue im Beruf«, »Über die Quellen des Ungehorsams, eines Haupthindernisses jedes Bildungsgeschäfts«, »Vom Werthe der Frömmigkeit, gerade in früher Jugend« und »Über die rechte Benutzung des nie wiederkehrenden Frühlings des Lebens«[43]. Sittliche Erziehung wird eingebunden in christlichen Geist. Dafür

bietet das Schulleben auch über institutionalisierte Erbauungsstunden hinaus vielfache Möglichkeiten. Neu hinzukommende
oder das Kollegium verlassende Lehrer werden in öffentlichen
Reden gefeiert, die Prüfungen der Schüler werden mit Reden und
Deklamationen begleitet, vor allem die Entlassung der Abiturienten wird feierlich begangen mit Gesangs- und Deklamations-
übungen, Reden der abgehenden Primaner in lateinischer, deutscher und griechischer Sprache und einer wohlmeinenden
Abgangsrede des Direktors; 1825 spricht der Mindener Direktor
»Über das Streben nach einem hohen Ideal, als die sicherste
Schutzwehr des Jünglings gegen die Verführung«[44]. Vaterländische Feiertage und festliche Ereignisse bei den Hohenzollern sind
in das Schulleben einbezogen. In Minden wird der Geburtstag Sr.
Majestät in der Schule in Gegenwart von Vertretern hoher Zivil-
und Militärbehörden begangen: Choräle, Gedichte und Gesänge
bilden den Rahmen, die Primaner treten mit eigenen Reden oder
gar mit selbstverfaßten Gedichten auf den König hervor, und der
Direktor hält eine patriotische Rede: »Wie soll man die Jugend
vaterländisch bilden?«, heißt es 1825; und dann schließt »der freu-
dige Gesang: Heil Dir im Siegerkranz … die schöne, erhebende
Feier!«[45]

Christentum und Patriotismus erweisen sich hier als wesentliche
Faktoren bei der Gestaltung des Schullebens. Nicht die griechische Sprache als Inbegriff von Schönheit und Vollkommenheit
steht im Vordergrund, nicht die griechische Menschheit wird zum
Maß aller Orientierung genommen; Christentum und Vaterland
geben vielmehr – und zwar auch schon vor dem Lehrplan von
1837 und dem entsprechenden Kommentar von Deinhardt – die
Leitlinien der Erziehung an. Daß die Mindener Lehrer angesichts
ihrer Auslegung des Erziehungsauftrages darauf sehen, daß die
Gymnasiasten regelmäßig den Gottesdienst besuchen, versteht
sich; in den Jahresberichten wird der Kirchenbesuch im ganzen
als befriedigend bezeichnet. Imanuels Worte: »Denn alles Wissen
ist nichtig, wenn es nicht in ein frommes Herz gepflanzt wird und
zu einem Leben in Zucht, Demuth und Gehorsam führt«[46], scheinen das Motto für das Leben in der Mindener Anstalt abzuge-
ben.

Wie weit aber stellt man sich in Minden dem Problem der
Schüler, die die Anstalt vor dem Abitur aus Sekunda oder gar aus
Quarta oder Tertia verlassen? Der Direktor Imanuel versucht, das

Problem des vorzeitigen Abgangs abzuwehren, indem er behauptet, aus den bei Schuleintritt abgegebenen Berufswünschen der Schüler und ihrer Eltern prognostizieren zu können, daß zwei Drittel der Schüler studieren wollen[47]. Das aber erweist sich als grobes Fehlurteil und ist auch angesichts der Sozialstruktur der Mindener Gymnasiasten kaum zu erwarten. So stammen die Schüler in Minden nur zu einem Fünftel aus der oberen Mittelschicht, die die Akademikersöhne einschließt, knapp die Hälfte rekrutiert sich aus der mittleren Mittelschicht, die in Minden vor allem mittlere Beamte und Kaufleute umfaßt, und der Rest der Schüler kommt aus der unteren Mittelschicht, vorrangig Söhne von unteren Beamten, Handwerkern und Landwirten. Etwa drei Viertel der Schüler treten in einem Alter zwischen neun und elf Jahren in die beiden unteren Klassen Sexta und Quinta ein. Über ein Drittel der Gymnasiasten verläßt das Gymnasium allerdings schon nach zwei Jahren oder nach noch kürzerer Zeit; 40% aller Abgänger verlassen das Gymnasium aus den drei unteren Klassen. Die Tertiaabgänger stellen ein Fünftel, so daß insgesamt 60% der Schüler das Gymnasium vor Beginn der Oberstufe wieder verlassen, die meisten sogar schon, bevor in Tertia der Unterricht in den eigentlichen klassischen Fächern beginnt. Bis in die Prima gelangt nur noch ein Viertel der Schüler. Diese Zahlen belegen, daß das Gymnasium in Minden entgegen Imanuels Behauptung zu weiten Teilen von Schülern besucht wird, die dort ihre Pflichtschulzeit absolvieren und mit dem Erreichen ihres dreizehnten oder vierzehnten Lebensjahres wieder abgehen, ein Tatbestand, der sich in anderen Klein- und Mittelstädten in gleicher Weise zeigt[48].

Angesichts dieser Befunde, die auf Kritik stoßen, wird den Bedürfnissen der nicht studierenden Schüler und den Wünschen ihrer Eltern Rechnung getragen. Schon 1829 werden in Quinta zwei Rechenstunden mehr gegeben, und in Quarta wird den nicht Griechisch lernenden Schülern besonderer Unterricht im Französischen und im kaufmännischen Rechnen erteilt[49]. 1838 sind dann die finanziellen Voraussetzungen geschaffen, um Realklassen zu eröffnen[50]: Die Provinziallandstände haben für die Einrichtung des Lokals der Realklassen und des Lehrapparats 300 Taler bewilligt, das Schulgeld ist erhöht worden, ebenso der Zuschuß der Stadt, und eine Unterstützung des Königs steht an.

Den Mindener Realklassen wird gemäß der Instruktion von 1832 der Zweck gesetzt, alle »junge Leute(n), die zwar für einen höheren Lebensberuf bestimmt sind, aber nicht des akademischen Cursus bedürfen« vorzubereiten und »sie für den Eintritt in den Königl. Civil- und Militärdienst« zu befähigen. Keinesfalls sollen die Realklassen »auf irgend einen Zweig bürgerlicher Thätigkeit abrichten«[51]. Die Organisation soll folgendermaßen aussehen: Das Gymnasium gliedert sich in zwei Abteilungen, ein Unter- und ein Obergymnasium; in dem Untergymnasium erhalten die drei unteren Klassen, Sexta bis Quarta, gemeinsamen Unterricht; im Obergymnasium, ab Tertia, wird der Unterricht für Gymnasiasten und Realschüler getrennt erteilt. Rechenschaftsberichte der nächsten Jahre geben Aufschluß über die Realisierung dieses Plans[52]. Der erste Bericht zeugt von Anlaufschwierigkeiten: Einige Unterrichtsstunden werden noch kombiniert erteilt, und der erwartete staatliche Zuschuß steht noch aus. Zwei Jahre später allerdings werden die Realklassen schon als »nützlich« bezeichnet; das Vertrauen, das die Eltern in dieses Institut setzten, sei dadurch bewiesen, daß ein Drittel der Schüler Realschüler sei. 1840 werden die Realklassen in Minden staatlich anerkannt und erhalten die Berechtigung zur Abschlußprüfung; 1841 werden die ersten Schüler geprüft, zur Prüfung am Ostertermin hat sich ein Schüler gemeldet.

Diese Entwicklung bedeutet nicht, daß die Realschule als Schulform allgemeine Anerkennung erhält. Auf bildungstheoretischer Ebene werden vielmehr von Vertretern der alten Sprachen in gleichem Maße Einwände gegen die realistische Bildung vorgetragen wie umgekehrt. Insgesamt aber scheinen sich die Gymnasialvertreter zu der Meinung des Mindener Direktors Imanuel zu bekennen, »daß gerade auf diesem Wege die wahrhaft humanistische Bildung für gewisse Richtungen nur gerettet werden könne!«[53]

In Preußen wächst die Anzahl der so definierten Realschulen schnell: 1832, in dem Jahr der Instruktion für die Prüfung an Realschulen, gibt es 124 anerkannte Gymnasien und neun Realschulen, zur Jahrhundertmitte sind die Gymnasien auf 142 angewachsen, die Realschulen auf 50[54]. Die Realschule erweist sich als »nützlich«, sei es nun auf Grund des Abgrenzungsinteresses des Gymnasiums, sei es auf Grund des den bürgerlichen Gewerben scheinbar näheren Curriculums.

Damit ist in der ersten Hälfte des 19. Jahrhunderts ein Prozeß eingeleitet, der die Grundzüge der Systembildung des Schulwesens erkennen läßt[55]. Das Gymnasium ist weithin vereinheitlicht und geregelt worden, das Jahrgangsklassensystem bestimmt den Klassenaufbau, ein offizieller Lehrplan legt den Fächerkanon fest, das Lehramt ist durch Ausbildung und Prüfung reglementiert. Zugleich aber ist mit der Gründung der Realschulen ein weiterer Schritt zur Systembildung getan, denn die Realschule definiert sich durch ihre Abgrenzung vom Gymnasium; Bildungsziele wie Lehrinhalte werden aus dem Vergleich mit dem Gymnasium legitimiert. Konsequenterweise wird daher die Realschule in den gleichen Institutionalisierungsprozeß einbezogen, der das Gymnasium prägt, vor allem mit Hilfe des Berechtigungswesens. Bestimmte Klassenstufen auf dem Gymnasium und die Reifeprüfung der Realschule eröffnen bestimmte Laufbahnen und Berechtigungen. Dementsprechend werden Gymnasium und Realschule in eine Rangfolge zueinander gebracht, Grundlage für den Ausbau des Schulsystems zu einer hierarchischen Ordnung von Schultypen. Der hierin angelegte Konflikt um Gleichberechtigung wird die Schulpolitik in der zweiten Hälfte des 19. Jahrhunderts beschäftigen.

3. Der Ausbau des Bildungssystems: Höhere Schulen zwischen Revolution und Reichsgründung

3.1. Die Revolution von 1848 und die bildungspolitische Programmatik der Reaktion

Im Vormärz hat der preußische Staat die Entwicklung des Gymnasiums zu einer Staatsschule entscheidend vorangetrieben, mit Verordnungen und Normierungen für Lehrer, Schule und Unterricht. Zu Beginn der vierziger Jahre richteten sich die Bemühungen gezielt auf Wohlverhalten in christlichem Sinne; denn unter dem Einfluß konservativer Kirchenkreise war die Befürchtung gewachsen, die neuhumanistisch orientierten Philologen könnten die Jugend in unkirchliche Bahnen lenken, sie der Theologie abspenstig machen und sie zu freiheitlich denkenden Menschen erziehen, mit kritischer Distanz gegenüber dem Obrigkeitsstaat. Minister v. Eichhorn nahm diese Befürchtungen auf und verordnete im Jahre 1843 monatliche Konferenzen der Berliner Gymnasiallehrer, »in denen zu gegenseitiger Stärkung gesinnungskräftige Vorträge gehalten werden sollten«, damit »in unserer wissensstolzen Zeit« der »Geist der Demut« erhalten bleibe[1].

Das Jahr 1848 bringt jedoch nicht die gewünschte demutsvolle Betrachtung der Obrigkeit, sondern eine Revolution mit liberalen und nationalen Forderungen und in deren Gefolge eine selbstbewußte Lehrerbewegung. Auf Lehrerversammlungen werden Refomen für Schulwesen und Lehrerausbildung gefordert. Die höheren Schulen in ihrer bestehenden Form werden dabei harter Kritik unterzogen, und zwar aus einem doppelten Grund[2]: Zum einen wird der Zwang zum Lateinsprechen und -schreiben kritisiert, der sich sogar auf die Realschulen erstreckt, und das in einer Zeit, in der das wissenschaftliche Umfeld der lateinischen Sprache abnimmt; zum andern zieht die untergeordnete Stellung der Realschulen die Kritik auf sich; unter fortschrittlichen Schulmännern besteht die Neigung, die Realschule als dem Gymnasium gleichwertig anzusehen. Forderungen dieser Art treffen jedoch nicht auf Zustimmung bei der preußischen Verwaltung. Als die Revolution gescheitert ist und die liberalen oder sogar demokratischen Bestrebungen wieder unter Kontrolle der preußischen Regierung sind, liegen ihre Richtlinien in bezug auf die weitere Gestaltung der höheren Schulen fest: Weder läßt sie sich auf eine Reduzierung des Lateinunterrichts ein, der gemeinsam mit dem Deutsch- und Religionsunterricht zur Stärkung christlich-vaterländischer Gesinnung beitragen soll, noch wird sie einer Anerkennung der Realschulen zustimmen; gelten doch die Absolventen der Realschule als potentielle Angehörige »der Umsturz- und Fortschritts-Partei«[3], und ihrem Curricilum wird angelastet, zu Irreligiösität und Materialismus zu erziehen. Christliche, staatskonforme Gesinnung gilt es verstärkt zu fordern, und der Entwicklung der Realschulen ist besondere Aufmerksamkeit zu widmen.

3.1.1. Das Gymnasium mit Christentum und klassischer Bildung: Der Lehrplan von 1856

»Es liegt für den Christen und den Freund des klassischen Alterthums etwas ungemein Herzerhebendes in der Wahrnehmung, daß fast tausend Jahre hindurch, von Homer bis Seneca, jeder spätere Klassiker immer um einen Schritt dem Christenthum näher tritt«[4]. Dieser Rekurs von Theologen und Philologen auf *gemeinsame* Wurzeln ihrer Wissenschaften spiegelt die Situation nach der Revolution von 1848 wider. Nicht mehr die Emanzipationsbestrebungen der Schulverwaltung gegenüber der Kirche bestimmen ihr Verhältnis zueinander, es ist vielmehr das gemeinsame Bemühen zweier bereits etablierter Mächte, sich angesichts revolutionärer Bestrebungen gegenseitig Halt zu leihen: Halt für den preußischen Thron, Halt gegen Neuerer wie die Realisten. Schulpolitische Maßnahmen verstärken diese Gemeinsamkeit. 1851 wird in Gütersloh ein christliches Gymnasium gegründet, das sich des vollen königlichen Wohlwollens gewiß sein darf und zugleich bei den alten Gymnasien ein neu erwachendes Bewußtsein christlichen Selbstverständnisses zur Folge hat[5]; so besinnt sich das Gymnasium in Minden auf seine Tradition und nennt sich betont wieder »Evangelisches Gymnasium«.

Die Gründung des christlichen Gymnasiums in Gütersloh bleibt nicht der einzige Schritt zur Stärkung des christlichen Geistes in den höheren Schulen; man versucht vielmehr, die Zusammensetzung der Lehrerkollegien im christlichen Sinne zu beeinflussen. So werden den Theologen in den Lehramtsprüfungen erneut Pri-

vilegien gewährt, denn es ist »in vieler Beziehung wünschens-
werth, für das Lehramt an Gymn. Männer zu gewinnen, welche
durch gründliche theolog. Bildung zur Ertheilung des Reli-
gions-Unterrichts befähigt sind, zugleich aber, durch Übernahme
von anderen Unterrichtsfächern, in die Reihe der ordentl. Lehrer
einzutreten Beruf und Neigung haben«. Der »Eintritt solcher
Männer in die Lehrerkollegien«[6] soll möglichst gefördert werden;
für Kandidaten der Theologie wird daher eine bedingte Fakultas
für das Lehramt eingeführt, die den Unterricht in den Unter- und
Mittelklassen, in einzelnen Fächern auch in den Oberklassen,
durch Theologen zuläßt. Diese Intention widerspricht nicht nur
den Forderungen der Lehrerschaft während der Revolution von
1848; sie weist zugleich hinter die Bemühungen der preußischen
Reformzeit zurück, in der das examen pro facultate docendi eigens für den neu zu konstituierenden Lehrerstand eingeführt
worden war.

Daneben wird in dem neuen Lehrplan des Gymnasiums von
1856[7] der Religionsunterricht verstärkt. Die Stundentafel nennt
erstmals in der Geschichte des Gymnasiums Religion an erster
Stelle. Die Gesamtwochenstundenzahl für Religion wird von
achtzehn auf zwanzig erhöht; Sexta und Quinta erhalten statt
bisher zwei nunmehr drei Stunden Religionsunterricht in der Woche. Diese Erhöhung erscheint zwar relativ gering, sie muß jedoch
im Zusammenhang mit der generellen Leitlinie des Lehrplans gesehen werden, der *Konzentration* auf die gesinnungsbildenden
und staatstragenden Fächer Religion, Geschichte, Deutsch und
Latein. Sie machen fast 60% der gesamten Unterrichtsstunden
aus. Mit diesen Veränderungen am Lehrplan, einer Zeichen set-
zenden christlichen Neugründung und Privilegien für Theologen
in der Lehrerausbildung hofft die Ministerialbürokratie, jenes
christliche und königstreue Wohlverhalten fördern zu können,
das sie 1848 vermißt hatte.

Das Prinzip der *Konzentration* erhält jedoch über seine politische Richtung hinaus von pädagogischer Seite eine Legitimation.
Das im Lehrplan von 1837 geforderte Pensum habe, wie ein gutes
Jahrzehnt später festgestellt wird, keineswegs die geplante Entlastung der Schüler zur Folge gehabt; es sei vielmehr »in der Hand
der beaufsichtigenden Behörden« unvermerkt zu einem »Medu-
senhaupte« geworden, »vor dessen drohendem Anblick alles Lebendige erstarren muß«[8]. Die Überhäufung des Lehrplans und der

Schüler mit Wissensstoff habe einen trostlosen Zustand herbeigeführt; der »Reichthum des Geistes« sei es, »an dem wir zu Grunde
gegangen sind«, und wir »erkennen jetzt voll Beschämung und
Reue, daß auch in der Pädagogik nur die geistig Armen die Seligen
sind«[9]. Diese pädagogische Kritik kommt der Leitlinie des neuen
Lehrplans, der Konzentration auf wesentliche Fächer, entgegen.
Philosophische Propädeutik, zuvor mit vier Wochenstunden vertreten, fällt ersatzlos weg, die Stunden in Naturkunde werden von
zehn auf acht, nach Ermessen auch auf vier gekürzt. Damit sind
zwar jene Fächer reduziert, deren politische Auswirkungen in
dem restaurativen Klima als nicht kalkulierbar gelten; dem pädagogischen Argument der Überbürdung wie dem Ziel der Konzentration ist mit dieser Stundenkürzung aber noch nicht Genüge
getan, zumal der Französischunterricht um fünf Stunden auf insgesamt siebzehn Stunden erhöht wird, ferner in den drei unteren
Klassen jeweils mit einer neuen Fremdsprache begonnen wird.
Daneben bleiben die Anforderungen in den andern Fächern bestehen, auch der vielumstrittene lateinische Aufsatz zum Abitur.
    Eben diese Schwachstellen des neuen Lehrplans scheinen auch
dem Ministerium bewußt zu sein. So zielen die Ausführungsbestimmungen dahin, die Konzentration der Gegenstände durch didaktische und methodische Maßnahmen zu erreichen. Der »Mangel an Einheit in der Mannigfaltigkeit« soll behoben werden, ohne
die »Vielheit der Gegenstände« oder die Anforderungen anzuta-
sten. Zu diesem Zweck sollen die »innerlich am nächsten verwandten Lehrobjecte möglichst in Einer Hand liegen«; Lateinunterricht und Deutschunterricht werden entsprechend in den Unterklassen kombiniert unterrichtet, wobei auf den Lateinunterricht in der Regel fünfmal so viel Zeit verwandt werden soll wie
auf den Deutschunterricht. Darüber hinaus haben die Lehrer
durch Absprachen Sorge für einen einheitlichen Geist des Unterrichts zu tragen, ihnen wird es angelastet, wenn »z. B. die Äußerungen des Geschichtslehrers über die Geschichte des Alten und
Neuen Testaments und über die Thatsachen der Kirchengeschichte mit demjenigen in Widerspruch stehen, was der Reli-
gionslehrer oder auch der Lehrer des Deutschen bei der Bespre-
chung deutscher Aufsätze über dieselben Gegenstände vorträgt«.
Unterschiedliche wissenschaftliche Auffassungen könnten verunsichern; sie – etwa zur Einübung in kritisches Denken – auf wis-
senschaftspropädeutischer Ebene fruchtbar zu machen, wird

nicht in Erwägung gezogen; Ziel des Unterrichts ist vielmehr, »in der Seele des Schülers die Grundlage eines festen Wissens und sicherer Überzeugung«[10] zu bilden. Damit wird die auch von pädagogischer Seite artikulierte Kritik am Pensum nur sehr einseitig in den neuen Lehrplan aufgenommen: Die mißliebiger Inhalte verdächtigen Fächer werden gekürzt, die Anforderungen an die Schüler insgesamt jedoch nicht modifiziert.

Wie die »Einheit« des Unterrichts aussehen kann, wird an Aufsatzthemen der Zeit deutlich, die Themen aus der römischen Antike und vaterländischen Geschichte behandeln. Im Mindener Gymnasium werden im Jahre 1859/60 für die Prima folgende Aufgaben gestellt:

1) Virtutem in columen odimus, sublatam ex oculis quaerimus invidi. Hor. Od. III, 21,30. 2) Warum gehen die Helden der meisten Tragödien unter? 3) a. Stand des Krieges in Westfalen bis zum 31. Juli 1759, b. Die Schlacht bei Minden, c. Folgen der Schlacht bei Minden. 4) Warum hat Göthe den Sohn Alba's in seinem Egmont eingeführt? 5) Schilderung der *Feier* der Schlacht bei Minden am 1. August 1859. 6) Welche Bedeutung hatte die Unterwerfung Galliens durch Cäsar? 7) In wiefern war der Vertrag von Verdun für Deutschland von großer Bedeutung? 8) Warum wird der 10. Nov. 1859 so allgemein gefeiert? 9) In wiefern hat Schiller die Geschichte der Jungfrau von Orleans zu seinem Zwecke verändert? *oder:* Vater Arc's Wohnung und deren Umgebung. 10) Raimond. Eine Charakterschilderung nach Schiller's J. v. O. 11) Welche Folgen hatte es für den Fortgang der Menschenbildung, daß Rom Unter-Italien und später Griechenland eroberte?«[11] Nur vier der hier genannten Themen beziehen sich auf deutsche Dichter und deren Werke, eines davon auf die Feier des 100. Geburtstages von Schiller, die in Deutschland unter patriotischem Zeichen begangen wird. Das Thema: »Warum gehen die Helden der meisten Tragödien unter?« läßt Beispiele aus allen kulturellen Bereichen zu, jeweils drei Themen sind den Bereichen der römischen Antike – ein Thema wird sogar in lateinischer Sprache gestellt – und der vaterländischen Geschichte entnommen. Den Kernpunkt des Deutschunterrichts bildet – neben der deutschen Nationalliteratur – die römische Antike in Verbindung mit der vaterländischen Geschichte; der Deutschunterricht wird zu einem Fach, das die gewünschte Konzentration und Einheit herbeiführen kann.

3.1.2. Die Realschule voller Nützlichkeitskram und Materialismus? Der Lehrplan von 1859

Als der preußische Kultusminister Ladenberg 1849 eine Landes-schulkonferenz einberuft, die die Beratung zu dem von der Verfassung vorgesehenen Unterrichtsgesetz vorantreiben soll, werden 31 Lehrer gebeten, darunter zehn Realschulvertreter. Die Versammlung einigt sich, noch ganz unter dem Eindruck der Reformtendenzen, auf folgenden Vorschlag zum Schulaufbau: Einem gemeinsamen Unterbau, bestehend aus den ersten drei Klassen, dem sog. Untergymnasium, folgen zwei analog konstruierte Obergymnasien, von Tertia bis Prima, inhaltlich differenziert in ein Realgymnasium und ein Gymnasium. Das Curriculum des Realgymnasiums soll moderne Bildungselemente enthalten, Englisch und Französisch, Latein dagegen wahlfrei; als mögliche Berechtigungen werden der Besuch höherer Fachschulen und – unter der Voraussetzung des Lateinunterrichts – das Studium innerhalb der Philosophischen Fakultät genannt. Diese Vorschläge werden jedoch nicht realisiert. Die Kursusdauer für Realschüler wird vielmehr schon in Ladenbergs Plan auf acht Jahre gegenüber neun Jahren für Gymnasiasten festgelegt; entsprechend werden die vorgeschlagenen Berechtigungen gestrichen. Auch die Bezeichnungen Unter-, Ober- und Realgymnasium fehlen in offiziellen Verlautbarungen. Die Gleichstellung von Realschulen und Gymnasien scheitert damit selbst in einer Zeit, die neuen Entwicklungen zunächst günstig ist. Hat der Ladenbergsche Entwurf die Vorschläge der Schulkonferenz nur in modifizierter Form aufgenommen, legt Ladenbergs Nachfolger v. Raumer den Entwurf zum Unterrichtsgesetz völlig zu den Akten. Die Stellung der Realschulen im Schulsystem bleibt deshalb weiterhin formell an der Instruktion von 1832 orientiert[12].

Die ablehnende Haltung der Ministerialbürokratie gegenüber den Forderungen der Realschulvertreter kann jedoch kaum auf negativen Erfahrungen mit Realschulen beruhen. Im Gegenteil, Gymnasiallehrer, die, wie die Mindener, seit den vierziger Jahren die Kombination Realschule – Gymnasium praktizieren, plädieren für dieses Modell und fordern auf der Grundlage ihrer Erfahrung auch andere Anstalten zu »Muth und Selbstüberwindung« auf, den Streit zwischen Real- und Gymnasialvertretern nicht bloß durch eine »vom theoretischen Standpunkte aus geführte

Polemik«[13] gegen die Ladenbergschen Vorschläge zu entscheiden, sondern sich pragmatisch auf einen Versuch einzulassen. Vielmehr scheint die ministerielle Zurückweisung der neuen Realschulkonzeption die ablehnende Haltung all jener Gruppen auszudrücken, die sich gegen eine Schulform wehren, wodurch die Exklusivität des Gymnasiums untergraben werden könnte. Daneben haftet den Realschulabsolventen, vermutlich auch wegen der Äußerungen aus dem Ministerium Eichhorn, ein Geruch von Fortschritt und Umsturz an, ihre politische Loyalität dem preußischen Staat gegenüber wird angezweifelt, ein Vorwurf, der in der Reaktion auf 1848 an Aktualität gewinnt. Gymnasialvertreter nehmen diese Vorurteile auf und ergänzen sie: Realschulen seien »Nützlichkeitskramschulen«. Vom Gymnasium zur Realschule abgegangene Schüler seien »Burschen«, »die Niemand brauchen kann und die man loszuwerden Gott dankt«[14].

Wie aber sieht das Curriculum der Realschule in den vierziger und fünfziger Jahren aus? Gibt es Anlaß zu den Angriffen, die die Realschulen des Nützlichkeitskrams und der Umsturzgefahr bezichtigen? Da für die Realschulen im Gegensatz zu den Gymnasien kein fester Lehrplan besteht, sondern mit der Instruktion von 1832 lediglich, in einer Art Lernzielkatalog, die Anforderungen für die Abschlußprüfung festgelegt sind, erschließt sich der Lehrplan nur am Beispiel. An der Mindener Realschule verläuft der Kursus eines Realschülers in den vierziger Jahren und zu Beginn der fünfziger Jahre folgendermaßen: In den drei unteren Klassen, Sexta bis Quarta, werden Gymnasiasten und Realschüler gemeinsam unterrichtet, dann folgt für die Gymnasiasten ein sechsjähriger Aufbau mit den je zweijährigen Klassen Tertia, Sekunda und Prima; für die Realschüler ein vierjähriger Aufbau mit je zweijähriger Sekunda und Prima. Die wesentliche Differenz im Lehrplan der beiden Schultypen zeigt sich im altsprachlichen Unterricht. Sind 1841 für die Gymnasialklassen Tertia bis Prima 48 Jahreswochenstunden für Latein und 34 für Griechisch vorgesehen – das sind 44% des gesamten Stundendeputats –, stehen dem in den Realklassen nur sechs Stunden für Latein gegenüber, Griechisch fehlt. Die Stundenzahl für Latein wird zwar später erhöht, dennoch bleibt eine Differenz von ungefähr siebzig Jahreswochenstunden bestehen. Sie wird dafür genutzt, die Stundenzahlen aller anderen Fächer in der Realschule, trotz eines um zwei Jahre kürzeren Kurses, denen des Gymnasiums anzugleichen oder gar darüber hinaus zu gehen. So stehen den 24 Wochenstunden Mathematik im gymnasialen Zweig 28 Stunden im realen Zweig gegenüber; statt der sechs Stunden Naturwissenschaften auf dem Gymnasium werden auf der Realschule zwanzig Stunden gelehrt; der Anteil der Geschichts- und Geographiestunden liegt im realen Zweig um zwei Stunden höher, der Anteil des Französischunterrichts um vier Stunden. Anstelle von Hebräisch und Philosophischer Propädeutik haben die Realschüler zwölf Wochenstunden Englischunterricht[15]. Damit wird von der Realschule ein Curriculum angeboten, in dem auf alte Sprachen weithin verzichtet wird, während an ihrer Stelle moderne Sprachen und Naturwissenschaften den Schwerpunkt bilden. Die gesinnungsbildenden Fächer Deutsch, Religion und Geschichte werden meistens kombiniert mit den Gymnasialklassen unterrichtet: die Realsekunda mit der Gymnasialtertia und die Realprima mit der Gymnasialsekunda. Dabei erhalten die Realschüler Zusatzunterricht; in Deutsch dienen diese Stunden – insgesamt vier Wochenstunden – zu besonderen Übungen im Geschäftsstil; in Geschichte und Geographie der Handelsgeographie, der Brandenburgischen Geschichte und der Geographie des Vaterlands[16].

Legt man diesen Lehrplan mit dem beschriebenen mathematisch-naturwissenschaftlichen und neusprachlichen Schwerpunkt zugrunde, sind daraus die Vorwürfe gegenüber der Realschule nur schwer ableitbar. Der »Nützlichkeitskram« ließe sich allenfalls in jenem zusätzlichen Deutschunterricht erkennen, in dem der Geschäftsstil gepflegt wird; darüber hinaus aber sind weder Naturwissenschaften und Mathematik noch die modernen Sprachen – im Französischen werden vor allem Klassiker gelesen – zur unmittelbaren nutzbringenden Anwendung bestimmt. Noch weniger einsichtig ist der Vorwurf der mangelnden Staatstreue. Gerade die gesinnungsbildenden Fächer werden – wie in Minden, so vermutlich in den meisten Doppelanstalten – kombiniert mit den entsprechenden Gymnasialklassen unterrichtet; Vorwürfe, die der Realschule gemacht werden, müßten also gleichermaßen für das Gymnasium gelten. Die geäußerte Kritik am Curriculum der Realschulen entbehrt damit jeder Grundlage; sie ist vermutlich standespolitisch motiviert und in der traditionellen Meinung begründet, daß die alten Sprachen die einzigen Fächer mit Bildungswert sind.

Vorurteile gegenüber dem neuen Schultyp und Festhalten am

tradierten Gymnasium, das sich zur staatstragenden Schule entwickelt, kennzeichnen in der Reaktionszeit der fünfziger Jahre die Position der Ministerien. Die Realschule wird zum Spielball der Berechtigungspolitik. Das Handelsministerium macht 1850 die Zulassung zum Studium auf der Bauakademie abhängig vom Besuch eines Gymnasiums oder einer sechsklassigen Realschule, deren Oberklassen einen jeweils zweijährigen Kursus haben, »weil die Schüler einen angemessenen Zeitraum dazu verwandt haben müßten, um die für das Studium des Baufachs erforderlichen Kenntnisse zu ihrem dauernden Eigenthum zu machen und in ihrer geistigen Entwickelung und Gesammtbildung soweit vorzuschreiten, daß sie fähig würden, die wissenschaftlichen Vorträge der Bauakademie mit Erfolg zu benutzen«. Das Handelsministerium bedient sich hier scheinbar pädagogischer Argumente und wird damit zur Instanz, die über den Wert des Realschulcurriculums und über Berechtigungen der Absolventen entscheidet. Als aber bis zum Ende des Jahres 1855 25 Realschulen den Auflagen des Handelsministeriums nachgekommen sind, entzieht der Handelsminister den Realschulabsolventen die Berechtigung, auf der Bauakademie zu studieren. Dieses Recht bleibt für einige Jahre erneut ausschließlich Gymnasialabiturienten vorbehalten. Andere Wirtschaftsbereiche verfahren nach dem gleichen Muster und schränken den Zugang zu Laufbahnen, die den Realschülern nach der Instruktion von 1832 offenstanden, ein: So werden seit 1856 die Realschulabsolventen zwar noch zur Elevenprüfung im Bergfach, nicht aber mehr zur Referendar- und Assessorprüfung zugelassen, und im Postdienst wird seit 1857 für Gymnasialabiturienten die unentgeltliche Vorbereitungszeit auf ein Jahr gekürzt, für Realschüler beträgt sie weiterhin drei Jahre[17].

Angesichts dieser Berechtigungseinschränkungen und der ersten in den fünfziger Jahren vorgenommenen Umwandlung von Realschulen in Gymnasien wenden sich Realschulvertreter und Magistrate mit zahlreichen Petitionen an beide Häuser des Landtags. Die drängenden Forderungen der Städte, die als Schulträger aus finanziellen Gründen an einem gleichmäßig guten Schulbesuch in allen Klassen interessiert sind, diesen aber für die Oberklassen nur dann gewährleistet sehen, wenn den Schülern beim Abschluß gesellschaftlich anerkannte Berechtigungen verliehen werden, der Einfluß des Wirtschaftsbürgertums, vermutlich aber auch die Überzeugung der Ministerialbürokratie, mit dem Lehrplan von 1856 den gymnasialen Kanon gesichert zu haben, führen 1859 zu einer neuen Organisation der Realschulen[18]. Sie bringt eine Differenzierung der bisherigen Realschulen in neunjährige Realschulen I. Ordnung, mit Latein als Pflichtfach und entsprechenden Berechtigungen, und sieben- bis neunjährige Realschulen II. Ordnung, in denen Latein fakultativ unterrichtet und deren Lehrplan mit Rücksicht auf regionale Bedürfnisse, jedoch ohne Berechtigungen gestaltet wird. Für beide Schultypen gibt es, wie auch beim Gymnasium, entsprechende Proanstalten, die mit gleichem Lehrplan unterrichten, aber nicht über die oberen Klassen verfügen: für die Realschulen I. Ordnung die Höhere Bürgerschule mit Latein, für die Realschule II. Ordnung die Höhere Bürgerschule mit Latein im Aufbau.

Die Realschulen sind, wie schon 1832, als allgemeine Schulen definiert, die grundlegende Kenntnisse und allgemeine Bildung vermitteln; sie sind bemüht, sich nicht als »Nützlichkeitskramschulen« abqualifizieren zu lassen, sondern die »Idealität« ihrer Bildung zu betonen; selbst in offiziellen Erläuterungen wird mittlerweile zugestanden, daß sie »allmählich eine coordinierte Stellung zu den Gymnasien eingenommen« haben: Sie stellen sich der »Aufgabe der allgemeinen und der ethischen Bildung«, sie sind »eben so wie die Gymnasien vor allem deutsche und christliche Schulen«, legen aber »nach ihrer mehr der Gegenwart zugewandten Richtung ein größeres Gewicht auf eine wissenschaftliche Erkenntnis der objectiven und realen Erscheinungswelt und auf die Beschäftigung mit der Muttersprache, so wie mit den Sprachen der beiden wichtigsten europäischen Culturvölker«[19]. Um diesem Auftrag nachzukommen, benötigen sie auch die lateinische Sprache; sie leistet durch ihre Schriftsteller die Verbindung zwischen Altertum und Gegenwart, schafft die Grundlage für die neuen Sprachen, schult logisches Auffassungsvermögen wie mathematischen Verstand und wird nicht zuletzt im Geschäftsleben häufig gefordert.

Bei der Fächeraufteilung kommt dem Mathematikunterricht mit 47 Wochenstunden der größte Anteil zu; an zweiter Stelle steht der Lateinunterricht mit 44 Wochenstunden; der Anteil der Naturwissenschaften und der französischen Sprache beträgt je 34 Wochenstunden, Geographie und Geschichte sind mit 30, Deutsch ist mit 29, Englisch mit 20 und Zeichnen, das auch geometrisches und Freihandzeichnen vorsieht, ebenfalls mit 20 Wochenstunden vertreten[20]. Setzt man diese Stundenverteilung in Relation zu der in den vierziger und fünfziger Jahren in Minden vorherrschenden Praxis, zeigt sich eine stetige Erhöhung der Unterrichtsanteile von Latein, neuen Sprachen und Mathematik. Der Anteil der Naturwissenschaften nimmt nur geringfügig zu, der des Geschichts- und Geographieunterrichts ist gegenüber 1841 sogar kleiner geworden[21]. Damit hat sich der Schwerpunkt der Realschule von den eigentlichen Realien stärker auf moderne Sprachen, Latein und Mathematik verlagert; verglichen mit dem Gymnasium zeichnet sich die Realschule zwar weiterhin auch durch Naturwissenschaften aus, gemessen an ihrer eigenen Entwicklung hat sich dieser Schwerpunkt jedoch reduziert. Der gestiegene Anteil an Lateinstunden zeigt das Bemühen der Realschule um Anpassung an das Gymnasium und an jene etablierten alten Eliten, die Lateinkenntnisse zur Voraussetzung aller Bildung machen.

Die Prüfungsordnung der Realschule ist auf den Lehrplan ausgerichtet. Im Lateinischen muß der Abiturient in der Lage sein, unbekannte Stellen aus Cäsar, Sallust, Livius, Ovid und Virgil zu übersetzen, im Englischen und Französischen werden »grammatische und lexikalische Sicherheit des Verständnisses und eine entsprechende Fertigkeit im Übersetzen ausgewählter Stellen aus prosaischen und poetischen Werken der classischen Periode« erwartet. Ferner wird ein Aufsatz über ein leichtes historisches Thema verlangt, und ein Diktat aus dem Deutschen muß »ohne grobe Germanismen und erhebliche Verstöße gegen die Grammatik« übersetzt werden. Im mündlichen Sprachgebrauch werden einfache Inhaltsangaben und die Beantwortung englischer und französischer Fragen gefordert. Die Naturwissenschaften fordern in Physik »Bekanntschaft mit den Gesetzen des Gleichgewichts und der Bewegung, der Lehre von der Wärme, der Elektricität, dem Magnetismus, vom Schall und vom Licht«, in Chemie eine auf Experimente begründete Kenntnis von organischen und anorganischen Stoffen. In Mathematik soll dem Abiturienten das gesamte Pensum der oberen Klassen in Algebra, Geometrie, analytischer Geometrie und angewandter Mathematik verfügbar sein[22].

Im Vergleich zu der Prüfungsordnung von 1832 sind die Anforderungen nicht wesentlich erhöht worden. Das zeigt, wie hoch die Ziele in der Instruktion von 1832 gesteckt worden waren und wie notwendig es war, den ursprünglich auf sechs Jahre konzipierten, in der Schulpraxis aber in der Regel sieben, teilweise sogar acht Jahre umfassenden Kurs offiziell auf neun Jahre festzulegen. Trotz neunjähriger Kursusdauer aber, trotz des erhöhten Angebots im Lateinunterricht und der dem Gymnasium analogen Anforderungen wird die Berechtigungsfrage noch nicht zur Zufriedenheit der Realschulvertreter entschieden. Im Prinzip werden nur die Berechtigungen aus der Instruktion von 1832 wieder aufgenommen, lediglich der Einjährigenschein wird nicht erst nach einer Abschlußprüfung, wie 1832, sondern, analog zu den Gymnasien, nach halbjährigem Sekundabesuch gewährt. Während die Zulassungen zur Bauakademie und zum Bergfach wieder uneingeschränkte Geltung haben, bleiben die Fakultätsstudien – abgesehen von einer dreisemestrigen Immatrikulationsmöglichkeit an der Philosophischen Fakultät – den Realschulabiturienten verschlossen[23]. Diese Situation führt dazu, daß die Realschulvertreter nach 1859 stärker denn je um eine völlige Gleichberechtigung ihrer Anstalt mit dem Gymnasium kämpfen. Ein erster Erfolg, Anlaß für weitergehende Bemühungen, wird 1870 erreicht. Realschulabiturienten dürfen an den philosophischen Fakultäten studieren und das Staatsexamen machen, um Lehrer an Realschulen zu werden.

3.2. Schulentwicklung und Berechtigungswesen in gesellschafts- und standespolitischer Kritik

Mit der »Unterrichts- und Prüfungsordnung der Real- und höheren Bürgerschulen« von 1859 war die Schulverwaltung den Forderungen der Realschulvertreter nur teilweise nachgekommen, die Berechtigungsforderungen blieben weitgehend unerfüllt.

Wie aber werden die Realschulen nach der neuen Ordnung von der Schulbevölkerung aufgenommen? Zunächst einmal sind die Städte als Schulträger bemüht, den Forderungen der Schulverwaltung nachzukommen und ihre Schulen zu neunklassigen Anstalten auszubauen. Fast die Hälfte der 56 Anstalten, die nach der Instruktion von 1832 zu Entlassungsprüfungen berechtigt waren, entspricht den Vorgaben und wird sofort als Realschule I. Ordnung anerkannt, die restlichen werden zu Realschulen II. Ordnung[24]. In der Folgezeit stagniert die Entwicklung der beiden

Schultypen jedoch; bis 1867, dem Zeitpunkt, zu dem die Schulen der neu annektierten Gebiete noch nicht in der Statistik ausgewiesen werden, sind nur drei Anstalten hinzugekommen. Auch die Schülerzahl hat sich nur geringfügig erhöht; sie ist von 1860 bis 1867 nur um 1000, von knapp 17 000 auf gut 18 000, gestiegen. Im selben Zeitraum hat sich die Anzahl der gymnasialen Vollanstalten von 135 auf 155 erhöht; die Schülerzahl ist kontinuierlich angewachsen, von 37 000 auf 47 000. Die unterschiedlichen Wachstumsraten setzen sich auch nach Einschluß der neuen Gebiete – 1866 und 1870/71 – fort. Bis 1882, der nächsten großen Zäsur in der Geschichte der höheren Schulen, ist die Anzahl der Realschulen um weitere 27 gestiegen und hat sich damit, gemessen an der Ausgangssituation von 1859, um die Hälfte erhöht; entsprechend sind die Schülerzahlen um gut die Hälfte, auf fast 26 000, angestiegen. Die Anzahl der Gymnasien hat sich jedoch im selben Zeitraum auf 251 erhöht, ist also um 86% gestiegen, die Zahl ihrer Schüler hat sich verdoppelt und liegt nunmehr bei fast 75 000, ist also dreimal so hoch wie die der Realschüler[25].

Hier zeigt sich, daß die Realschulen, vom handel- und gewerbetreibenden Bürgertum gefordert und seit fünfzig Jahren institutionalisiert, trotz der in Preußen fortschreitenden wirtschaftlichen und technischen Entwicklung von der Schulbevölkerung nur teilweise akzeptiert werden. Das ist auf ihren Lehrplan zurückzuführen, der trotz seiner Schwerpunkte in den modernen Sprachen und in Mathematik mit dem geforderten Lateinunterricht keine ausreichende Alternative zum Gymnasiallehrplan bot und trotzdem die gewünschten Berechtigungen nicht einbrachte. Um so größer werden seit den sechziger – vor allem aber in den siebziger und achtziger Jahren – die Bemühungen der Realschullobby, die Berechtigungen der Realschule zu erweitern[26]. So setzt sich der Posener Magistrat schon 1867 in einer Petition für die Gleichstellung der Realschulabiturienten mit denen der Gymnasien bei der Zulassung zum Studium der Rechtswissenschaften und der Medizin ein. Die preußische Schulverwaltung ist diesen Forderungen gegenüber nicht aufgeschlossen. Die Petition bleibt unbeantwortet und wird amtlicherseits mit der Bemerkung versehen: »Ich glaube, die angemessenste Antwort ist – Schweigen«. Eine zweite Eingabe wird negativ beschieden[27].

Jenseits des amtlichen Schweigens aber setzt die große Diskussion ein. Altphilologen und Realschulmänner sind die Wortführer der beiden einander gegenüberstehenden Gruppen, deren standes- und gesellschaftspolitische Interessen sich hinter der Diskussion um Allgemeinbildung, formale Bildung und geistig-sittliche Bildung verbergen. So halten die Altphilologen weiterhin die allgemeine Bildung nur durch die alten Sprachen für erreichbar, nicht aber aufgrund einzelner Kenntnisse in Wissenschaften; ebenso gelten ihnen die alten Sprachen als geeignete Grundlage für die formale Bildung. Die Realschulmänner – in den Augen der Philologen nur unmittelbar Verwertbares lehrend – führen dagegen die Möglichkeiten des exemplarischen Lernens an einzelnen Gegenständen aus dem Bereich der Naturwissenschaften als grundlegend für formale Bildung an; das Lernen der alten Sprachen wird von ihnen zur Gedächtnisübung herabgestuft. Nicht zuletzt meinen die Altphilologen schließlich, allein die Vermittler jener geistig-sittlichen Bildung zu sein, die ein Student in der Universität benötigt, um die Wissenschaften in ihrer Idealität würdigen zu können und nicht dem schnöden Brotstudium zu verfallen. Diese Argumente sind bekannt, welche Interessen aber und welche Gruppen stehen dahinter?

Als 1876 die Interessenvertretung der Realschulanhänger, der »Deutsche Realschulmännerverein«, gegründet wird, rekrutieren sich seine Mitglieder nicht nur aus der Lehrerschaft, sondern vor allem aus dem städtischen Wirtschaftsbürgertum. Das städtische Interesse an einer vollen Auslastung der Realschulen – auch der Oberklassen – hat zum einen finanzielle Gründe: Schulen, deren Oberstufen nur wenig besucht werden, sind unrentabel. Doch nicht nur finanzielle Argumente bestimmen die Forderungen des Realschulmännervereins nach mehr Berechtigungen. Vor allem von Vertretern der Technik, wie des »Vereins Deutscher Ingenieure« (VDI), werden wissenschaftspolitische Gründe geltend gemacht. Es gilt, der Mißachtung der für die Entwicklung der Technik wichtigen Naturwissenschaften entgegenzutreten und die Aufhebung des Gymnasialmonopols für die Fakultätsstudien als gesellschaftliche Aufwertung von Technik und Naturwissenschaft zu erreichen. Diese Forderung wird, zumindest zeitweilig, von den Technischen Hochschulen unterstützt, weil sie sich in einem vergleichbaren Kampf um Gleichberechtigung mit den Universitäten befinden. Doch die Solidarität zwischen Technischen Hochschulen und Realschulen hat ihre Grenzen. Einerseits erscheint das Curriculum der Realschulen als angemessene Vorbereitung für ein technisches Studium, andererseits gibt es ein Interesse an Distanzierung, da das oberste Ziel die Gleichstellung mit den Universitäten ist. Eines der Mittel, diese Aufwertung zu erreichen, ist gerade die Forderung nach einer Vorbildung der TH-Studenten, die derjenigen der Universitätsstudenten entspricht – und das führt paradoxerweise zur Forderung des klassischen, an alten Sprachen orientierten Abiturs für Studenten an den Technischen Hochschulen. Das gleiche standespolitische Interesse, das die Realschullehrer veranlaßt, mehr Berechtigungen für ihre Absolventen zu fordern, um damit auch ihr eigenes professionelles Ansehen zu heben, zeigt sich bei den Dozenten der Technischen Hochschulen, die ihr soziales Prestige aus dem Ansehen der Vorbildung der Klientel gewinnen wollen. Darüber hinaus macht gerade die ambivalente Haltung der Technischen Hochschulen deutlich, wie weit die einzelnen Institutionen im höheren Bildungswesen schon miteinander verzahnt sind; die Stellung einzelner höherer Lehranstalten kann nicht mehr verändert werden, ohne daß sich das ganze Gefüge verändert. Das Bildungssystem hat seine Eigendynamik entfaltet.

Eine letzte Gruppe von Befürwortern der Gleichstellung der Realschulausbildung findet sich bei den liberalen Abgeordneten. Einer ihrer Wortführer ist Virchow, der den besonderen Wert des Curriculums der Realschulen hervorhebt: Gründliche naturwissenschaftliche Kenntnisse, strenge mathematische Schulung und Schärfung der Sinne bereiteten auf ein Medizinstudium weitaus besser vor als alte Sprachen; auch für ein Jurastudium stellten diese Fähigkeiten die notwendigen Grundlagen, und für ein Theologiestudium entschieden sich Realschulabiturienten vermutlich nur selten[28]. Daneben aber bestimmt ein weiteres Argument die Position der Liberalen: Meinen nämlich die konservativen Abgeordneten, weiterhin auf einem Gymnasialabitur für die Fakultätsstudien bestehen zu müssen, um damit eine vermeintlich soziale Exklusivität der zukünftigen Elite – zum Teil durch Selbstrekrutierung – sicherzustellen, verheißt die Aufwertung des Realabiturs den Liberalen soziale Öffnung des Studiums für die Mittelschicht. Alle diese Gruppen sind sich, aus unterschiedlichen Interessen, einig, wenn es gilt, das Berechtigungsmonopol des Gymnasiums zu durchbrechen; mit ihren Forderungen gehen jedoch verschiedene Gesamtkonzeptionen für die Realschule einher: Lateinloser Unterbau und eine vom altsprachlichen Gymnasium deutlich abgehobene, an neuen Sprachen und Naturwissenschaften orientierte Mittel- und Oberstufe oder aber inhaltliche Anpassung des Realschullehrplans an das gymnasiale Curriculum stehen zur Debatte.

Alle Reformvorschläge, die »eine vollgültige gleichberechtigte Bildung« fordern und den Realschulabiturienten »die geistige Reife für ein Universitätsstudium«[29] zusprechen, rufen freilich eine große Gegnerschaft auf den Plan, deren Wortführer die Altphilologen sind. Sie finden Unterstützung in den großen Standesorganisationen, an erster Stelle bei den Ärzten, deren exklusive Studienzulassung von Gymnasialabiturienten sich aus sachlichen Gründen besonderer Kritik ausgesetzt sieht und deren Verteidigungsanstrengung entsprechend groß ist. Zwar werden von seiten der Ärzte zahllose Klagen über die ungenügende Vorbereitung der Medizinstudenten laut, als jedoch die Zulassung der mit wesentlich mehr naturwissenschaftlichen Kenntnissen vorgebildeten Realschulabiturienten gefordert wird, zeigen die Mediziner eine realschulfeindliche Haltung. 1879 sprechen sich von 157 ärztlichen Organisationen nur zwei für die unbedingte und fünf für die bedingte Zulassung der Realschüler zum Medizinstudium aus; 150 sind dagegen[30], denn letztlich gelte der Arzt durch seine humanistische Bildung als vertrauenswürdig, sie sei der Garant für eine ethische Berufsausbildung und biete die Gewähr, daß der Arztberuf nicht dem schnöden Erwerb anheimfalle[31]. Hier zeigt sich dieselbe Paradoxie wie bei den Technischen Hochschulen. Die Mediziner sind den Realschulen in bezug auf deren Curriculum zwar gewogen, die Befürchtung jedoch, mit der Zulassung von Realschulabiturienten gegenüber denjenigen Fakultäten, die keine Realschüler zulassen, ihre Prestige zu verringern, läßt sie die Forderungen der Realschulanhänger ablehnen; deutlicher könnte das standespolitische Interesse kaum artikuliert werden. Weniger umstritten ist die exklusive gymnasiale Studienberechtigung bei den Juristen. Sie sehen sich nicht ständigen Legitimationszwängen ausgesetzt, setzen aber trotzdem zur Verteidigung an. Man meint befürchten zu müssen, daß die Juristenausbildung zu einer »Abrichtung für die Praxis«[32] werde, wenn die Kenntnis des antiken Lebens, die die historische und philosophische Grundlage gibt, ausbleibe. Auch hier werden scheinbar fachimmanente Gründe bemüht, wo es standespolitische Exklusivität zu verteidigen gilt.

Befürwortet wird das Ziel der Gymnasialvertreter auch von den Universitäten, deren konservative Professorenschaft das gymnasiale Berechtigungsprivileg verteidigt. Die Fakultäten vertreten in ihren Gutachten (1869) aber unterschiedliche Ansichten: Die medizinischen und philosophischen Fakultäten sind hinsichtlich der Realschulabiturienten gespalten; die juristischen und theologischen Fakultäten sprechen sich einstimmig gegen sie aus[33]. Sie werden gestützt von sozialkonservativen Abgeordneten wie Windthorst, der als Führer der Zentrumspartei die Realschule mit ihren modernen Bildungselementen am liebsten vernichtet sähe[34].

Diese Diskussion verdeutlicht, wie von unterschiedlichen gesellschaftlichen Gruppen verschiedene Forderungen an die höheren Schulen herangetragen werden. Dabei geht es den Realschulvertretern um ein anerkanntes Nebeneinander verschiedener Schultypen; die Gymnasialvertreter sind dagegen mehr an der Beibehaltung des alten Zustandes interessiert, der ihrer Klientel Privilegien und ihren Lehrern die exklusive soziale Stellung sichert. Zu diesem Zweck liegt ein Bündnis mit konservativen Kräften im Staat nahe. Die Erwartungen, die an die höheren Schulen gestellt werden, bleiben in der Schulverwaltung nicht ungehört. Sie hält sich zwar zunächst zurück, sieht sich aber zu Eingriffen und Steuerungsmaßnahmen gezwungen, als die bildungspolitische Kontroverse überlagert wird von der Überfüllungsdiskussion und -situation in den siebziger und achtziger Jahren.

3.2.1. Die Lehrpläne von 1882, eine Antwort auf Berechtigungsforderungen und Überfüllungskrise?

Während die ideologischen Gefechte um die Anerkennung der Realschule Schulmänner, Standesorganisationen und Kommunen beschäftigen, ruft eine neue Entwicklung im Bildungswesen Unruhe hervor: die Überfüllung der akademischen Karrieren. Allein schon die Diskussion dieser Thematik führt zu Ängsten, vermutlich auch zu Änderungen des Bildungsverhaltens. Sie nimmt damit erheblichen Einfluß auf die weitere Entwicklung des höheren Schulwesens. Waren die beginnenden siebziger Jahre, auf Grund der jahrzehntelangen restriktiven Berechtigungspolitik[35], von Mangelerscheinungen in allen akademischen Karrieren bestimmt, ist diese Mangellage durch den verstärkten Ausbau des höheren

Schulwesens, die Expansion der philosophischen Fakultät und die Zulassung von Realschulabiturienten zum Staatsexamen für das höhere Lehramt bis etwa 1880 weitgehend behoben und schlägt schnell in Überfüllung um. Im Jahre 1887 werden bereits fast 2000 anstellungsfähige Lehramtskandidaten gezählt, die nur als Hilfslehrer tätig oder gänzlich einkommenslos sind und sich vor allem aus Realschulabsolventen rekrutiert haben sollen[36]. In den achtziger Jahren wird daher die Begrenzung der Bildungsmöglichkeiten erneut propagiert; die Sorge vor gesellschaftsverändernden Konsequenzen einer allzu großen Bildungsbeteiligung führt zu restriktiven Maßnahmen.

Auch die Entscheidung in der Berechtigungsfrage steht in Zusammenhang mit der Überfüllungskrise. Hatten die Kultusminister sich in den siebziger Jahren in dieser Frage abwartend verhalten, waren sie zeitweise durchaus geneigt, den Realabiturienten die Berechtigung für das Medizinstudium zuzugestehen, ja hatte ein Plan, den Lateinunterricht in den Realschulen verstärken zu wollen, noch 1880 in Aussicht gestellt, daß eine baldige positive Regelung für die Realschulabgänger bevorstehe[37], hat sich diese Situation 1882 entscheidend verändert. Zwar gibt es neue Lehrpläne für Gymnasien und Realschulen, und der Realschule, nunmehr als Realgymnasium bezeichnet, wird im Zuge der Revision der Lateinunterricht erheblich erhöht; die erwünschten Berechtigungen jedoch bleiben aus. Kultusminister v. Goßler sieht sich »in Anbetracht des starken Andrangs zu den Universitätsstudien, der in amtlichen und nichtamtlichen Kreisen als höchst besorgniserregend empfunden werde«[38], dazu gezwungen, die Anerkennung den Realgymnasiasten zu verweigern: Die »Überproduktion von akademisch Gebildeten und von Schülern höherer Lehranstalten«[39] wird nunmehr zum Argument gegen die Zulassung der Realschulabiturienten.

Damit gerät die Zulassungsfrage eindeutig unter ein gesellschaftspolitisches Diktat. Die Ministerialbürokratie sieht in der Nichtanerkennung des Abiturs der Realgymnasien für ein Studium an den alten Fakultäten eine Möglichkeit, der befürchteten Überproduktion von Akademikern vorzubeugen. Daneben sollen neue Schultypen die befürchtete Gefahr des akademischen Proletariats vermeiden helfen. Wie aber sehen jene Alternativen aus, die sich in Schulformen und Lehrplänen zeigen?[40] Taugen die Lehrpläne als Steuerungsmittel, oder wird ihr Einfluß vom Gesetzgeber überschätzt? Betrachtet man die neuen Lehrplanprofile der einzelnen Schultypen, zeigt sich folgendes: Bei den Gymnasien wird vor allem ihre Konzentration auf die alten Sprachen wieder aufgehoben; besonders dem Lateinischen werden statt der bisherigen 86 Wochenstunden für die gesamte Schulzeit nur noch 77 Stunden zugebilligt, Realien und Französisch werden entsprechend aufgewertet. Die Erhöhung des naturwissenschaftlichen und neusprachlichen Anteils am Lehrplan ist ein Versuch, das Realgymnasium zu unterlaufen. Diese Konzession an die fortschreitende Entwicklung in Wirtschaft und Technik hält sich aber in Grenzen, denn trotz der Reduzierung der Lateinstunden bleiben die Prüfungsanforderungen im Lateinischen erhalten, auch der umstrittene lateinische Aufsatz.

Für das Realgymnasium werden umgekehrt die humanistischen Fächer verstärkt. Der Lateinunterricht wird von 44 auf 54 Wochenstunden erhöht; Abstriche werden bei den Fächern gemacht, die typisch für den Charakter des Realgymnasiums sind, den Realien und der Mathematik. Der Grund für diese Veränderung im Lehrplan der Realschulen liegt auf der Hand: Mit der Erhöhung des Lateinunterrichts hatte man gemeint, sich den ersehnten Zugang zur Universität verschaffen zu können, ein Plan, der vermutlich durch die Überfüllungskrise vereitelt worden ist. So haben die Realschulen nichts gewonnen, ihr Curriculum zeigt – abgesehen vom Griechischunterricht – kaum noch eine Alternative zu dem des Gymnasiums; die Berechtigungen sind jedoch ausgeblieben. Das ist eine ungünstige Ausgangssituation für die weitere Entwicklung des Realgymnasiums. Sie führt auf der Schulkonferenz von 1890 sogar zu dem Plan, das Realgymnasium abzuschaffen.

Vorerst aber verschärft die Konkurrenz eines dritten Schultyps, der Oberrealschule, die ungünstige Lage. Die Oberrealschule, hervorgegangen aus den ursprünglich berufsbildenden Provinzialgewerbeschulen sowie aus den lateinlosen Realschulen II. Ordnung, bietet mit ihrem Profil eine Alternative zu den beiden anderen neunjährigen höheren Schultypen. Die Schwerpunkte des Lehrplans liegen in den modernen Sprachen, in Mathematik und Naturwissenschaften; auf Lateinunterricht wird völlig verzichtet. Französisch steht mit 56 Stunden an der Spitze, Rechnen und Mathematik folgen mit 49 Stunden, Naturbeschreibung, Chemie und Physik mit 36 Stunden, Geschichte und Geographie mit 30 Stunden. Der Deutschunterricht ist ebenfalls mit 30 Wochenstunden vertreten, der Englischunterricht mit 26 Wochenstunden. Die Oberrealschule besitzt zwar ebensowenig Zugang zu den alten Fakultäten wie das Realgymnasium, zeichnet sich jedoch durch ihr eindeutig an Realien und modernen Sprachen orientiertes Curriculum aus; vor allem aber gewinnt sie auf dem Hintergrund der Überfüllungsdiskussion und der standespolitischen Forderungen der alten Eliten die Unterstützung von Ministerialbürokratie und Altphilologie. Ihr Lehrplan entspricht sicher dem immer wieder artikulierten Bedürfnis des Wirtschaftsbürgertums; ob er jedoch geeignet ist, potentielle Studierende der alten klassischen Fakultäten, deren Karrieren besonders überfüllt sind, vom Besuch des Gymnasiums abzuhalten und sie auf nichtakademische Berufe umzulenken, ist zu bezweifeln. Vermutlich ist die Klientel der Oberrealschule von ganz anderen Interessen bestimmt als die des Gymnasiums.

3.2.2. Das Schulsystem von 1882, eine Antwort auf die Überfüllungskrise?

Mit der Institutionalisierung der Realschulen nach dem Reglement von 1832 war der Prozeß der Systembildung im Schulwesen eingeleitet; Gymnasium und Realschule waren in ihrer Beziehung zueinander und in ihrer jeweiligen Verbindung mit Berechtigungen und Beschäftigungen definiert. Die neuen Lehrpläne von 1882 umfassen erstmals das gesamte höhere Schulwesen in einer einheitlichen Ordnung; die sieben Typen der höheren Schulen sind: drei neunjährige Vollanstalten (Gymnasium, Realgymnasium und Oberrealschule), drei entsprechende, siebenjährige Proanstalten (Progymnasium, Prorealgymnasium und Realschule) und schließlich die sechsjährige Höhere Bürgerschule mit dem Lehrplan der Realschule. Wo früher *ein* Gymnasium als *städtische Einheitsschule* zur Verfügung stand, das den Quarta- und Tertiaabgängern die Möglichkeit offenhielt, auch entgegen einer früheren Absicht ihren Schulbesuch zum Abitur hin zu verlängern, wird nunmehr eine breite Palette von Schultypen angeboten. Die Vermutung liegt nahe, daß die Schüler bildungsungewohnter Schichten bei diesem Angebot einen Schultyp wählen, der die Zulassung zu einem Universitätsstudium nicht ermöglicht. So wird vor allem von der Höheren Bürgerschule mit einem abgeschlossenen sechsjährigen Kursus »eine gewisse abgerundete Bildung«[41] suggeriert;

der Übergang zu einer Vollanstalt ist zwar möglich, wird allerdings durch organisatorische und psychische Barrieren erschwert; der Abgänger verläßt die Höhere Bürgerschule mit dem Bewußtsein, einen ihm angemessenen Abschluß erreicht zu haben, der nicht mehr ergänzungsbedürftig ist. Von den Vertretern der Kultusbürokratie wird dieses System verschiedener Schultypen als eine mögliche Kanalisierung von Schülerströmen verstanden, und zwar zur Abwehr der Überfüllung akademischer Karrieren, aber auch zur sozial selektiven Steuerung. Das Angebot der lateinlosen Schulen zielt insbesondere auf Schüler aus mittleren sozialen Schichten; damit sollte dieses Schulsystem zum Erhalt der etablierten staatskonformen Eliten beitragen und unerwünschten sozialen Aufstieg verhindern helfen.

Nun ist zwar einleuchtend, daß die soziale Zuweisung von einem System begünstigt wird, das, wie das Schulsystem des ausgehenden neunzehnten Jahrhunderts, einen hohen »Institutionalisierungsgrad für alle Teilbereiche des Bildungswesens« aufweist, einen hohen »Koppelungsgrad zwischen den verschiedenen Ebenen der sozialen Schicht- und Berufsstruktur und den formalen Schul- bzw. Hochschulabschlüssen« kennt. Ein derartiges Schulsystem, das die Bildungswege in verschiedenen Schultypen aufeinander abstimmt und letztlich »eine immer komplexere bildungstheoretische Begründung und Legitimation der Schultypen und ihrer Beziehungen zueinander«[42] liefert, vermag den Eindruck zu wecken, die einzelnen Schultypen seien funktional, sie entsprächen sowohl den Begabungen als auch den späteren Anforderungen. Abgesehen davon, daß dieser Eindruck der »Zweckrationalität« trügerisch ist – nicht pädagogisches Denken, sondern standes- und gesellschaftspolitische Interessen haben das Schulsystem in die Form von 1882 gebracht –, bleibt abzuwarten, in welcher Form die Schulbevölkerung auf die mit den unterschiedlichen Schultypen beabsichtigten Zwecke reagiert. Daß die Schultypen Schülerströme kanalsieren können, steht dabei außer Frage; ob diese Umschleusung jedoch schichtenspezifisch verläuft, kann man nur unter Berücksichtigung der langfristigen Entwicklung untersuchen.

3.3. Mit Gold- und Silberstreifenmützen für Christentum und Vaterland: Das Gymnasium in Minden

Der Entwicklungsprozeß der höheren Schulen im 19. Jahrhundert hat zu Normierung und Differenzierung durch Verordnungen, Lehrpläne und Schulneugründungen geführt. Wie aber verläuft dieser Prozeß in einzelnen Schulen? Wie wird der christliche Lehrplan realisiert? Welche Entwicklung nimmt die Realschule? Gilt sie in der Schulbevölkerung als Schultyp, der geringere Anforderungen an den Schüler stellt als ein Gymnasium und der demzufolge von weniger intelligenten Schülern besucht wird, »die man loszuwerden Gott dankt«? Kommen die Realschüler aus niederen sozialen Schichten als die Gymnasiasten? Die konkrete Schulrealität von Gymnasium und Realschule, ihre jeweilige Schülerschaft und deren soziale Herkunft, vor allem aber auch das geistige Klima der höheren Schule wird an der Doppelanstalt in Minden dargestellt.

Hier haben, nach anfänglicher Zurückhaltung des Direktors Imanuel, die Zeichen für die Realschule günstig gestanden: 1841 werden erstmals Prüfungen nach der Instruktion von 1832 abgehalten, und 1845 übertreffen die Schüler, die sich ab Tertia für den Besuch des realen Zweiges entscheiden, zahlenmäßig diejenigen, die den gymnasialen Zweig wählen. In der Reaktionszeit leidet die Mindener Realschule, wie alle Realschulen, an der wechselvollen Berechtigungspolitik. Werden die Realklassen noch 1849 von 54 Schülern besucht, die Gymnasialklassen dagegen nur von 44 Schülern, sinkt in der Folgezeit die Zahl der Realschüler und liegt in den Jahren 1856 bis 1860 rund 20% niedriger als die der Gymnasiasten[43]. Dieser Zustand, der den Mindener Magistrat wie andere Kommunen zu einer Eingabe an die beiden Häuser des Landtags veranlaßt, mit der Forderung nach erneuter Zulassungsberechtigung der Realschulabiturienten zur Bauakademie, ändert sich erst mit der neuen Ordnung für Realschulen von 1859. Die Mindener Schule wird als Realschule I. Ordnung anerkannt, und seit 1861 wendet sich das zahlenmäßige Verhältnis von Realschülern und Gymnasiasten wieder zugunsten der Realschüler; bis zum Ende der siebziger Jahre liegt ihr Anteil höher als der der Gymnasiasten.

Die Abiturientenzahlen beider Zweige zeigen jedoch das auf gesamtpreußischer wie auch auf lokaler Ebene von Realschulvertretern immer wieder beklagte Problem des frühzeitigen Abgangs, das für die Schullaufbahn der Realschüler besonders kennzeichnend ist. Zwar sind in den Bestimmungen von 1859 Lehrplan und innere Gliederung der Realschulen ausdrücklich auch auf Tertiaabgänger bezogen[44], wenn aber diese Berücksichtigung zu leeren Oberklassen führt, ist das weder im Sinne der Kommunen noch der Realschulvertreter. In Minden besucht kaum der vierte Teil der Realsekundaner die Realprima; aus der Gymnasialsekunda gehen dagegen mehr als die Hälfte der Schüler nach Prima über. Die Berechtigungspolitik schlägt sich hier konkret nieder: Schüler, die an ihren Schulbesuch ein Studium an der Universität anschließen wollen, sind auf den gymnasialen Zweig angewiesen; die dreisemestrige Immatrikulationsmöglichkeit für Realabiturienten an der Philosophischen Fakultät vermag ihnen kein Äquivalent zu bieten, denn sie führt vorläufig zu keinerlei Staatsexamina; die Studienberechtigung für Mathematik, Naturwissenschaften und moderne Sprachen mit anschließender Zulassung zum Staatsexamen tritt erst 1870 in Kraft. Erwartet man jedoch von den Realschülern, die sich später vorwiegend dem Kaufmannsstand und anderen praktischen Berufen widmen, daß sie, ohne Vorteile im Beschäftigungssystem erwarten zu dürfen, lediglich »zur Erweiterung und Befestigung ihrer Kenntnisse, so wie zur Durchbildung ihrer geistigen Kraft«[45], die Realschule weiterhin besuchen, bedürften sie vermutlich gerade jenes Idealismus, den ihnen die vorherrschende Philologenmeinung abspricht.

Wer aber sind die Schüler, die angesichts unterschiedlicher Berechtigungen die Goldstreifenmütze des Gymnasiums oder die Silberstreifenmütze der Realschule wählen? Nach welchen Kriterien fällt ihre Entscheidung? Gustav Bodensiek, ein ehemaliger Mindener Schüler, Sohn eines Kaufmanns, berichtet über den Zuweisungsprozeß: Als er 1872 von Melle nach Minden zieht, muß er vor dem Mindener Direktor eine Aufnahmeprüfung ablegen: einen deutschen Aufsatz schreiben, seine Kenntnisse in deutscher Grammatik überprüfen lassen, aus dem Französischen übersetzen und einige Rechenaufgaben lösen. Alles geht glatt, und eigentlich hätte er in die Quarta gehört – wenn seine Lateinkenntnisse nicht so schlecht gewesen wären, daß sie kaum für Sexta ausreichten. Bodensiek wird also der Quinta zugeteilt. Dort erlebt er wechselvolle Schultage; fast in allen Fächern Primus, bleibt er in Latein am untersten Ende sitzen, und als bei der Versetzung nach Quarta die Entscheidung für den Real- oder Gymnasialzweig fällt, lautet das Lehrerurteil, er käme »ganz glatt nach ›Real‹, aber nur so eben nach »›Gymnasial‹«. Bodensiek geht in den Realschulzweig, er ist es zufrieden und kann mit Hilfe eines neuen Lateinlehrers sogar seine Lateinleistungen erheblich verbessern[46]. Bei Bodensiek sind – so hat es den Anschein – die Leistungen im Lateinunterricht für die Schullaufbahn ausschlaggebend; sie werden für den Eintritt in den Gymnasialkurs so hoch bewertet, daß alle Leistungen in anderen Fächern nicht mehr zählen. Darüber hinaus bleibt jedoch die Frage, ob Bodensieks Besuch des Realzweiges nicht typisch ist für Schüler, die aus Handel und Gewerbe stammen, ob sich Gymnasial- und Realschüler klassenspezifisch und sozialgruppenspezifisch unterscheiden?

Eine Untersuchung dieses Zusammenhangs[47] bestätigt diese Vermutung für Bodensieks Zeit: Stammten im Vormärz 40% der Schüler, die in den Realzweig eintraten, aus der Oberschicht und 60% aus der Mittelschicht, hat sich bis 1875 das Sozialprofil der Realschule deutlicher ausgeprägt: Rund 80% ihrer Schüler rekrutieren sich aus dem Alten und Neuen Mittelstand, die Bildungs- und Besitzbürger stellen nur noch 15% ihrer Schülerschaft. Bodensieks Zuweisung zum Realschulzweig entspricht damit nicht nur seiner Leistung, sondern auch seiner Herkunft; der von ihm gewählte Schulzweig wird größtenteils von Kaufmanns- und Handwerkersöhnen besucht. Zwar rekrutieren sich auch die in das Gymnasium eintretenden Schüler zu gut zwei Dritteln aus der Mittelschicht, der Vergleich der beiden Anstalten läßt jedoch als Trend eine zunehmende Mittelschichtorientierung der Realschule erkennen. Gold- und Silberstreifenmützen stehen damit nicht nur für Schultypen, sondern auch für soziale Rangunterschiede innerhalb des Bürgertums.

Wie weit das Sozialprofil der Gymnasial- und Realzweige das Ansehen der beiden Zweige bestimmt, verdeutlicht Bodensiek an der Stellung seines Lehrers Kühl. Über ihn, der keine Fakultas für die Oberklassen hat, heißt es: »Die Herren Philologen respektierten ihn schon gar nicht, und er selbst sah in diesen nur elende Krämer eines toten Verbalwissens. Diesen Gegensatz verstanden wir von der Realabteilung sehr gut, denn unser Verhältnis zu den Goldstreifenmützen – wir hatten Silberstreifen – war ein ähnliches, darin hielten wir's also mit Kühl«[48]. Kühl muß sinnfällig erfahren, wie weit sich das klassische Gymnasium in dem Prozeß der Normierung und Reglementierung seines Kurses und seiner Lehrerschaft verfestigt hat; neue Schulformen wie die Realschule werden nicht als gleichwertig anerkannt, obwohl an die Realschüler analoge Anforderungen gestellt werden und sie in Minden in vieler Hinsicht Lern- und Schulerfahrungen gemeinsam mit den Gymnasiasten machen. So werden die Schüler in der Mindener Doppelanstalt nach der neuen Instruktion für Realschulen zwar nicht mehr drei Jahre wie zuvor, aber immerhin noch zwei Jahre lang zusammen unterrichtet, und neben diesem Unterricht bleiben ihnen eine Reihe weiterer Gemeinsamkeiten: Schulhaus, Etat, Stiftungen, Sammlungen, das Schulkuratorium und nicht zuletzt das Lehrerkollegium dienen jeweils der ganzen Schule, nicht nur der Gymnasial- oder Realabteilung[49]. Vor allem aber ist zu vermuten, daß alle Schüler, ob Träger von Gold- oder Silberstreifenmützen, zu gleicher Gesinnung und gleichem Bewußtsein erzogen werden.

Bei der Konzeption des Gymnasiallehrplans von 1856 hatte man lateinische Sprache, vaterländischen Geist und religiöse Gesinnung in den Mittelpunkt gestellt. Sie bildeten das Zentrum, um das Curriculum und Schulleben organisiert werden sollten. Christentum und Vaterland prägen jedoch auch die Realschule, die in der Ordnung von 1859 ausdrücklich als allgemeinbildende Schule auf *christlicher* Grundlage verstanden wird und für die die »Wahl der Lehrgegenstände und die Bestimmung des Lehrziels« sowohl »durch die Natur des menschlichen Geistes« bestimmt wird, »wie durch das Verhältnis ..., in welches derselbe zu Gott, zur Menschenwelt und zur Natur zu treten berufen ist«[50]. In Aufsatzthemen und Schulfeiern, Reden und Gesängen wird die Verpflichtung *beider* Schultypen auf Christentum und Vaterland deutlich. So wird der vaterländische Aspekt in Aufsatzthemen betont: »Die Schlacht bei Minden« und »Die Folgen des Vertrags zu Verdun« gehören über Jahre zum Repertoire der Aufsatzthemen für Prima, einerlei, ob in der Real- oder der Gymnasialprima.

Auch Schulfeiern vermitteln diesen Geist. Für Minden liegt aus dem Jahre 1880 ein Bericht über die 350-Jahr-Feier des Gymnasiums vor; sie ist beispielhaft für ein von christlicher Gesinnung und vaterländischer Treue geprägtes Schulleben. Die Festrede hält – stellvertretend für den erkrankten Direktor – der Oberlehrer Bußmann: Er hebt den Geist der Schule hervor, den »Geist *wissenschaftlichen Strebens*«, den »Geist *ernster Sittlichkeit* und *wah-*

rer, reiner Gottesfurcht«, den »Geist der *Vaterlandsliebe*, der
Liebe zu dem großen herrlichen *deutschen* Reiche wie zu unserm
engeren Vaterlande«, den Geist »der Liebe und Verehrung für
unseren *vielgeliebten, allverehrten Heldenkaiser*, welchen das
preußische Volk wie einen Vater liebt und ehrt, dessen Name hell
und rein klingt, soweit es Deutsche gibt, und klingen wird, so
lange das deutsche Volk sich selbst nicht untreu wird und seiner
Vergangenheit gedenkt«[51]. Am Vorabend des Festakts werden
Theaterstücke aus vier Jahrhunderten aufgeführt: »Der farent
schueler ins paradeis« von Hans Sachs, Szenen aus Andreas Gry-
phius' »Horribilicribifax Teutsch«, »Der Bürgergeneral« von
Goethe und Otto Elsners »Wacht am Rhein«[52]. Als Höhepunkt
der »Wacht am Rhein« erscheint Germania als lebendes Bild, ein
Auftritt, der nicht nur im Kreisblatt besonders gelobt wird, sondern auch teilnehmende Schüler beeindruckt haben muß; in dem
Brief eines damaligen Sekundaners an seine Brüder erhält er zumindest den gleichen Stellenwert wie der häufige Unterrichtsausfall für die Proben, das Kneipen im Anschluß an den Theater-
abend und der Festball. Die Feierlichkeiten mit Reden, Huldigun-
gen an Fahne und Vaterland, die vaterländische Wacht am Rhein,
patriotische Lieder und Unterrichtsausfall, alle diese prägenden
Elemente werden von Real- und Gymnasialschülern in gleicher
Weise erlebt; ihr politisches Bewußtsein wird davon bestimmt, und
ihre Erlebnisse gehen in ihre Erinnerung ein, unabhängig davon,
ob sie als Schüler Gold- oder Silberstreifenmützen getragen haben.

Angesichts dieser gemeinsamen Erziehung, die über Wissensvermittlung in einzelnen Unterrichtsfächern hinausgeht und den
christlich-vaterländischen Geist betont, wiegen die Unterschiede
in der Sozialstruktur der Schülerschaft eher gering. Die Unterschiede im Curriculum der beiden Schultypen werden durch analoge Voraussetzungen und Anforderungen aufgehoben. Die sich
über Jahrzehnte hinziehende, teilweise sehr polemisch geführte
Auseinandersetzung um Vorzüge und Nachteile der beiden
Schulformen kann durch deren Differenzen kaum hinreichend erklärt werden. Die Auseinandersetzungen sind daher eher Abbild
eines Spiegelgefechts zwischen der alten bildungsbürgerlichen
Elite und der neu heraufdrängenden Elite von Wirtschaftsbür-
gern, Technikern und Ingenieuren, die sich zwar mit andern Inhalten zu profilieren sucht, in ihrer Haltung zu Gott, Kaiser und
Reich jedoch keineswegs weniger fest steht.

4. Mit Imperialismus gegen die Sozialdemokratie: Höhere Schulen am Ende des Kaiserreichs

4.1. Die Schulkonferenz von 1890 und die neue nationalistische Basis

Ende der achtziger Jahre ist der Streit um eine Reform des höheren Schulwesens und um die Berechtigungen der einzelnen Schultypen auf seinem Höhepunkt angelangt. Die Anhänger einzelner Reformprogramme haben zur Durchsetzung ihrer bildungspolitischen Interessen Vereine gegründet. Neben den Realschulmännern haben sich die Vertreter der lateinlosen höheren Schulen formiert. Sie können bei den Gymnasien, im Unterschied zu den durch ihren hohen Anteil an Latein als Konkurrenz geltenden Realgymnasien, auf Unterstützung rechnen. Weitere schulpolitische Konzeptionen werden vom Deutschen *Einheitsschulverein* und vom *Verein für Schulreform* vertreten. Der Einheitsschulverein will durch Anpassung des Gymnasiums an die Forderungen der Gegenwart das Realgymnasium aufheben, der Verein für Schulreform dagegen fordert unter Führung von Friedrich Lange die radikalsten Veränderungen: Eine einheitliche sechsklassige Mittelschule, die zugleich als höhere Bürgerschule dient, soll den Unterbau für alle Formen höherer Schulen bilden. Ein solches Konzept verbannt die alten Sprachen in die oberen Klassen, und damit kommt auch für die Altphilologen die Zeit, sich zu formieren, um die Privilegien des Gymnasiums weiterhin zu erhalten[1].

In dieser Situation artikuliert sich die Forderung nach einer organisierten Debatte über die Schulreform[2]. Lehrerschaft wie Öffentlichkeit setzen, vor allem angesichts der Überfüllungssituation, ihre Hoffnungen auf eine Schulkonferenz, und Lange kann diese Forderung schon im Jahre 1887/88 mit 24 000 Unterschriften stützen. Das bildungspolitische Engagement Wilhelms II. gibt den letzten Ausschlag. Im Dezember 1890 findet in Berlin die von allen Seiten gewünschte Schulkonferenz statt. 44 Teilnehmer sind gebeten: Vertreter der drei Schulformen Gymnasium, Realgymnasium und Oberrealschule – die Protagonisten der Langeschen Einheitsschule fehlen jedoch –, Schul- und Regierungsräte, Professoren, Vertreter von Kirche, Wirtschaft und Militär sowie Abgeordnete. Die Funktionseliten sind versammelt, um über das Bestehen der drei höheren Schulen zu entscheiden, über Aufbau, Lehrpläne, Abschlüsse und Berechtigungen sowie die Ausbildung der Lehrer zu beraten[3]. Ob die Ministerialverwaltung Vorschläge zur Schulreform von dieser Konferenz erwartet, ist zweifelhaft; wie Friedrich Paulsen als einer der wenigen geladenen Realgymnasialvertreter mitteilt, sind die Teilnehmer so ausgewählt worden, daß die Rechtfertigung des antirealgymnasialen Kurses der Regierung gewährleistet war. Die Einberufung einer solchen Konferenz, die in der vordemokratischen Zeit des Wilhelminischen Deutschland Parlamentarismus suggeriert, dient letztlich der Legitimation festgelegter Richtungen.

Die Richtung der Bildungspolitik wird vom Kaiser höchstpersönlich ausgegeben. Er selbst eröffnet die Schulkonferenz und ergreift die Gelegenheit, um über sein im Maierlaß[4] formuliertes Programm hinaus »die Herren nicht im Zweifel darüber zu lassen, welches *Meine* Ansichten darüber sind«. Die vierzehn Fragen der Schulkonferenz nach der Struktur des Schulsystems verführen seiner Ansicht nach dazu, »die Sache zu schematisieren«[5], greift doch nur *eine* Frage das Problem auf, wie »die höheren Lehranstalten ... auf die *sittliche* Bildung ihrer Schüler«[6] einwirken könnten. Gerade das aber ist ein Ziel des Kaisers; ihm geht es um den *»Geist der Sache«*[7], um »Charakterbildung« und »Erziehung«[8], um Politisierung der Schule gegen die »Ausbreitung sozialistischer und kommunistischer Ideen«[9]. Die Jugend sei im nationalen Geiste anzufeuern, ihr sei klarzumachen, daß sie nach der Reichsgründung zur Erhaltung des neuen Staatswesens beizutragen habe. Der Unterricht aber komme diesem Auftrag nicht nach, im Gegenteil, es fehle den Schulen *»an der nationalen Basis«.* Wir müssen als Grundlage des Gymnasiums das Deutsche nehmen; wir sollen nationale junge Deutsche erziehen und nicht junge Griechen und Römer«. Zu diesem Zweck müsse anstelle des Lateinischen das Deutsche die Basis werden: »Der deutsche Aufsatz muß der Mittelpunkt sein, um den sich Alles dreht«, am deutschen Aufsatz erkenne man »das Maß der Geistesbildung des jungen Mannes«. Eine solche Geistesbildung aber, die das Bewußtsein des Stolzes auf die Errungenschaften des deutschen Volkes spiegelt, meint der Kaiser vergebens suchen zu müssen. Seiner Ansicht nach ist die Erziehung nicht ausreichend an der Treue zum Vaterland ausgerichtet, denn »warum tauchen so viele unklare, konfuse Weltverbesserer auf? Warum wird immer an unserer Regierung herumgenörgelt und auf das Ausland verwiesen?«[10] Diese Kritik an Staat und Regierung gibt der Kaiser an die Schulen weiter, ihre mangelhafte Erziehung betrachtet er als Grundlage allen Übels: Sie erziehen weder zu einem der Weltstellung Deutschlands angemessenen nationalen Bewußtsein, noch verdeutlichen sie im innenpolitischen Bereich, »daß ein geordnetes Staatswesen mit einer sicheren monarchischen Leistung die unerläßliche Vorbedingung für den Schutz und das Gedeihen des Einzelnen in seiner rechtlichen und wirtschaftlichen Existenz ist, daß dagegen die Lehren der Sozialdemokratie praktisch nicht ausführbar sind, und wenn sie es wären, die Freiheit des Einzelnen bis in seine Häuslichkeit hinein einem unerträglichen Zwange unterworfen würde«[11]. Kurz, die höheren Schulen erziehen nach Ansicht Seiner Majestät Nörgler und Unzufriedene, die vor allem dann eine Gefahr bilden, wenn ihre typischen akademischen Karrieren überfüllt sind.

Dieser Zustand aber ist in den achtziger Jahren eingetreten, wie der Kaiser polemisierend kritisiert: Die Gymnasien »haben das Übermenschliche geleistet und ... eine allzustarke Überproduktion der Gebildeten zu Wege gebracht, mehr wie die Nation vertragen kann, und mehr, wie die Leute selbst vertragen können. Da ist das Wort, das vom Fürsten Bismarck herrührt, richtig, das Wort von dem Abiturientenproletariat, welches wir haben. Die sämtlichen sog. Hungerkandidaten, namentlich die Herren Journalisten, das sind vielfach verkommene Gymnasiasten, das ist eine Gefahr für uns. Dieses Übermaß, das jetzt schon zu viel ist, gleichsam ein Rieselfeld, das nicht mehr aufnehmen kann, muß beseitigt werden. Ich werde daher kein Gymnasium mehr genehmigen, das nicht absolut seine Existenzberechtigung und Nothwendigkeit nachweisen kann. Wir haben schon genug«[12].

Die bildungspolitische Situation wird hier in doppelter Weise kritisiert: Die Schüler werden nicht in einem dem Hohenzollernstaat Wilhelms II. angemessenen Nationalgeist erzogen, und die akademischen Karrieren sind überfüllt. Das aber gibt Anlaß, die angebliche Gefahr des inneren Feindes, der Sozialdemokratie, heraufzubeschwören; die höhere Schule mit ihrem Curriculum und ihrer Abiturientenproduktion wird zu einem Politikum. Befürchtungen, wie von Bismarck artikuliert, »daß die Opposition von dem einfachen Fortschrittsmann bis hinab zum Sozialdemokraten und Kommunisten ihre gefährlichste Förderung aus den gebildeten Kreisen bezieht«[13], vor allem, wenn die aus Erziehung resultierenden Ansprüche an das Leben sich nicht erfüllen lassen; die Sorge, mit der großen Anzahl von Absolventen der höheren Schulen und Universitäten zur »Züchtung eines staatsgefährdenden Proletariats Gebildeter« beizutragen und aus unbefriedigten Ansprüchen »ähnliche Zustände, wie die, aus denen in Rußland der Nihilismus erwachsen ist«[14], zu begünstigen, bestimmen die Maßnahmen der Schul- und Gesellschaftspolitik. Das neue Deutsche Reich, hervorgegangen aus einer Einigung von oben, findet seine Identität in einer diffusen Abwehr von Proletariat, Sozialismus und Kommunismus bis hin zum Nihilismus; das Feindbild soll die bürgerlichen Kräfte zusammenhalten und zu einem deutschen Nationalbewußtsein beitragen.

Ein dritter Problemkreis, der ebenfalls schul- wie gesellschaftspolitische Bedeutung hat, wird vom Kaiser aufgenommen: die Frage der Überbürdung. Seit den Anfängen des neuhumanistischen Gymnasiums entzünden sich an der Überbürdung der Schüler heftige Diskussionen, erstmals in den dreißiger Jahren, als Lorinser den schlechten Gesundheitszustand der Jugend anprangerte und auf die Überlastung durch die Schule zurückführte. Wilhelm II. trägt zu diesem Problem aus seiner Schulzeit bei: »Ich kann aus eigener Erfahrung sagen, daß wir, trotzdem wir in Kassel ein sehr gutes Zimmer hatten, das Lehrerkonferenzzimmer, mit einseitigem schönen Licht und guter Ventilation, die auf Wunsch Meiner Mutter angebracht wurde, doch unter 21 Schülern 18 mit Brille hatten und 2 darunter, die mit der Brille nicht an die Tafel sehen konnten.« Das aber ist ein Zustand, den der Kaiser ändern will: »Ich suche nach Soldaten, wir wollen eine kräftige Generation haben, die auch als geistige Führer und Beamte dem Vaterlande dienen. Diese Masse der Kurzsichtigen ist meist nicht zu brauchen, denn ein Mann, der seine Augen nicht brauchen kann, wie will der nachher viel leisten?«[15]

In elitärer Arroganz wird hier vom deutschen Kaiser der vorbildliche Deutsche gezeichnet: Er soll gesund sein – ein körperliches Leiden wird nahezu zur Diffamierung –, leistungsbezogen denken und handeln sowie fähig sein, deutsches Denken in

Deutschland und in der Welt durchzusetzen. Dieses Programm gilt es mit Körperbildung – »jeder Lehrer, der gesund ist, muß turnen können, und jeden Tag soll er turnen«[16] – Gesinnungsbildung und sozialer Selektion einzulösen. Wilhelm II. lenkt mit diesen Schwerpunkten das Programm der Schulkonferenz in die von ihm gewünschte Richtung[17]. Der Kurswechsel in der Programmatik des Gymnasiums ist offenkundig: Statt der neuhumanistischen, über Wissenschaft auf die Vervollkommnung der Menschheit zielenden Bildung, statt der formalen Bildung an alten Sprachen im christlichen Geiste soll nun die deutsche Nation im Vordergrund des Denkens stehen, nach außen zur Weltgeltung, nach innen zur Stützung der Monarchie. Die Bedeutung des Lateinischen, dem trotz aller neuhumanistischen Reform seit dem Mittelalter die Vorrangstellung zukam, soll zugunsten des Deutschen zurückgehen, das Christentum verstärkt in den nationalen Gedanken eingefügt werden; Schule und Kirche sollen zusammen »die Jugend zu den Anforderungen Unseres modernen Staatslebens«[18] heranbilden. Naturwissenschaften und Technik jedoch, die zweifellos das moderne Staatsleben ebenso bestimmen wie Nationalismus und Christentum, finden angesichts der lautstarken Betonung von Deutschtum und Sozialistenabwehr in der Diskussion weniger Beachtung, obwohl sie weitreichende Impulse für die höheren Schulen hätten geben können. Sie setzen sich jedoch jenseits aller Programmatik auf der Schulkonferenz in den Oberrealschulen durch, die durch ihr an Naturwissenschaften und modernen Sprachen ausgerichtetes Curriculum immer mehr Anhänger gewinnen. Die weitere Schulentwicklung wird zeigen, wie weit die neuen Ideen in die Ergebnisse der Schulkonferenz eingehen, wie weit sie sich in Lehrpläne und Schultypen umsetzen lassen, vor allem aber, wie tragfähig sie in der Schulrealität sind.

4.1.1. Patriotischer Sinn und die Verdienste der Hohenzollern: Die Lehrpläne von 1892

Vergleicht man die emphatischen Reden des Kaisers mit den Ergebnissen der Schulkonferenz, orientieren sich diese an jenen technischen und organisatorischen Punkten, die der Kaiser als Schematismus bezeichnet hatte; sie lassen sich mühelos in die Richtung der Ministerialbürokratie einpassen. Die grundlegenden

Veränderungen, die in den Lehrplänen von 1892[19] ihren Niederschlag finden, treffen auf alle drei höheren Schultypen zu: Die
Gesamtzahl der Unterrichtsstunden wird durchschnittlich um
zwei Jahreswochenstunden pro Schuljahr verringert, und der Unterricht im Deutschen wird trotz dieser Reduzierung erhöht.
Diese Umstrukturierung geht vor allem zu Lasten der ersten
Fremdsprache, im Gymnasium und Realgymnasium zu Lasten
des Lateinischen, in der lateinlosen Oberrealschule wird das Französische reduziert. Der angeprangerten Überbürdung wird ferner
dadurch begegnet, daß die zweite Fremdsprache im Gymnasium
und Realgymnasium erst in Quarta – statt wie bisher in Quinta –
beginnt. Darüber hinaus wird ein Ausgleich zum bloßen Bücher-
wissen durch die verbindliche Einführung von drei Turnstunden
pro Woche erstrebt.
 Das klassische Gymnasium ist von diesen Veränderungen am
stärksten betroffen. Die Lateinstunden werden um fast 20% reduziert, von 77 Wochenstunden auf 62, der Griechischunterricht
wird um 10% gekürzt, von 40 auf 36 Wochenstunden. Erstmals
führen diese Kürzungen auch zu Veränderungen der Prüfungsanforderungen; der lateinische Aufsatz im Abitur fällt – endlich –
weg, ebenso werden die schriftlichen Arbeiten im Griechischen
und Französischen bei der Versetzung nach Prima abgeschafft.
Der Unterricht im Deutschen, der in der Unterstufe auch Ge-
schichtserzählungen mit einschließt, wird insgesamt um fünf Wochenstunden erhöht; darüber hinaus bleibt er bis Quarta eng mit
dem Lateinunterricht verbunden, aber nicht mehr, wie in dem
Lehrplan von 1856, um den Lateinunterricht zentriert[20]. Jedoch
auch für das Realgymnasium, dessen Existenz als utraquistische
Anstalt, an Realien wie am Lateinischen orientiert, in den Voten
auf der Schulkonferenz generell in Frage gestellt wird, sind die
Veränderungen von grundlegender Bedeutung. Zwar ist die Reduktion des Lateinunterrichts eigentlich im Sinne des realgymnasialen Bildungszieles; da jedoch der Ausbau des Lateinunterrichts
(1882) zumindest inoffiziell mit einer bevorstehenden Gleichberechtigung verbunden war, lassen die neuerliche Kürzung und die
anteilmäßige Fächerverteilung entsprechend dem Lehrplan von
1859 eine endgültige Fixierung des Berechtigungsgefälles zwischen Gymnasium und Realgymnasium vermuten. Für die Oberrealschule erweist sich diese Entwicklung dagegen als günstig. Ihr
werden die Berechtigungen des Realgymnasiums zuerkannt, aus-

genommen die Studienberechtigung für die modernen Sprachen[21]. Daneben werden in den Lehrplänen von 1892 die ersten Schulversuche bestätigt, in denen, auf einem gemeinsamen Unterbau aufbauend, mindestens zwei Schultypen miteinander kombiniert werden: das Altonaer System mit einer Kombination von Realgymnasium und Realschule, und das Frankfurter System mit der Kombination Gymnasium, Realgymnasium und Oberrealschule[22].

Der Kurswechsel, der für alle Typen höherer Schulen gilt, wird jedoch vor allem an den gesinnungsbildenden Fächern, ihren inhaltlichen Forderungen wie den entsprechenden Ausführungsbestimmungen, deutlich. So heißt es für den Deutschunterricht, seinem Auftrag könne nur ein Lehrer nachkommen, der »gestützt auf tieferes Verständnis unserer Sprache und deren Geschichte, getragen von Begeisterung für die Schätze unserer Literatur und erfüllt von patriotischem Sinn, die empfänglichen Herzen unserer Jugend für deutsche Sprache, deutsches Volksthum und deutsche Geistesgröße zu erwärmen versteht«. Ausreichende Leistungen im Deutschen werden von nun ab zur Voraussetzung für die Reifeprüfung; ein fester Lektürekanon wird verbindlich: Werke aus der deutschen Klassik, wie Wilhelm Tell, Jungfrau von Orleans, Minna von Barnhelm, Hermann und Dorothea, Wallenstein, Götz und Egmont stehen neben dem Nibelungenlied »unter Mittheilung von Proben aus dem Urtext«. Die klassische Literatur als Höhepunkt deutscher Nationalliteratur wie die großen identitätsstiftenden Epen der Nation werden zu unerläßlichen Bestandteilen des Unterrichts. Der Wandel vom Lateinischen zum Deutschen ist nicht zu übersehen.

Daneben kommt dem Geschichtsunterricht besondere Bedeutung zu: Mehrere Male im Verlauf seiner Schulzeit soll dem Schüler brandenburgisch-preußische Geschichte nahegebracht werden; die Lebensbilder der Herrscher wie auch die »Verdienste der Hohenzollern insbesondere um die Hebung des Bauern-, Bürger- und Arbeiterstandes« sollen berücksichtigt werden, immer im Hinblick darauf, die Errungenschaften des preußischen Staates in rechter Weise zur Stützung der Monarchie einzusetzen: »Je mehr hierbei jede Tendenz vermieden, vielmehr der gesammte Unterricht von ethischem und geschichtlichem Geiste durchdrungen und gegenüber den sozialen Forderungen der Jetztzeit auf die geschichtliche Entwicklung der Verhältnisse der Stände unter einander und der Lage des arbeitenden Standes insbesondere in objektiver Darstellung hingewiesen, der stetige Fortschritt zum Bessern und die Verderblichkeit aller gewaltsamen Versuche der Änderung sozialer Ordnungen aufgezeigt wird: um so eher wird bei dem gesunden Sinn unserer Jugend es gelingen, dieselbe zu einem Urtheil über das Verhängnisvolle gewisser sozialer Bestrebungen der Gegenwart zu befähigen«[23]. Der Politisierung gegen die Sozialdemokratie und für einen deutschen Nationalismus wird hier durch Unterrichtsinhalte und Lernziele Vorschub geleistet.

Diese Veränderungen in den Lehrplänen mögen zwar geeignet sein, Überbürdung zu verringern und nationales Bewußtsein stärker als bisher im Unterricht zu verankern, ob sie jedoch auch die Bedürfnisse von Wirtschaft und Armee abdecken, deren prägende Kraft auf die Gestaltung des Staates immer wieder unterstellt wird, ist zweifelhaft. So gilt »die Verbreitung moderner Fremdsprachen in den Kreisen der Armee« als eine »Lebensfrage«, nicht nur weil die internationale Militärliteratur und die Erfindungen auf dem Gebiet der Waffentechnik in England und Amerika große Aufmerksamkeit erfordern, sondern vor allem, weil »wir uns darauf gefaßt machen« müssen, »daß wir in einem großen europäischen Kriege der Zukunft Schulter an Schulter mit nicht-deutschsprechenden Völkern gegen nicht-deutschsprechende Nationen kämpfen werden«[24]. Der Anteil des Englischunterrichts im Gymnasium, immer noch die am stärksten frequentierte höhere Schule, bleibt jedoch gering. Die Gymnasiasten können fakultativ ab Obersekunda je zwei Stunden wöchentlich am Englischunterricht teilnehmen, aber nur dann, wenn sie nicht zugleich Hebräisch lernen wollen oder müssen. An Realgymnasien und Oberrealschulen wird zwar die Möglichkeit gegeben, Sprachenfolge und Stundenanteil von Französisch und Englisch je nach örtlichen Gegebenheiten miteinander zu vertauschen, insgesamt aber schlagen sich die Anforderungen der Zeit in bezug auf die Sprachenfrage nicht im Lehrplan nieder. Ähnlich steht es mit den Realien: Zwar fordern Vertreter der Wirtschaft wie Kaselowsky, Direktor der Berliner Maschinenbau-Aktiengesellschaft, »ein eingehenderes Studium der realen Wissenschaften« nicht nur für Mediziner, sondern auch für Juristen und höhere Verwaltungsbeamte, »damit dieselben, die in steter Fühlung mit dem gewerblichen Leben stehen, uns Gesetze schaffen und danach Recht sprechen, auch unsere Bedürfnisse, unsere Wünsche und unser Können besser verstehen lernen«[25]. Jedoch auch dieser Forderung wird nicht nachgekommen; nicht nur, daß die Stundenzahlen für die Realien in keinem der drei höheren Schultypen erhöht werden, sondern auch die Zulassung der Realschulabiturienten zu den Fakultätsstudien Medizin, Jura und Theologie bleibt weiterhin versagt. Die Anpassung an die von Wirtschaft und Technik ausgehenden Erfordernisse erfolgt nur langsam.

Daß diese Lehrpläne in vieler Hinsicht nicht den Anforderungen der Zeit entsprechen, ist deutlich. Der erste massive Widerspruch kommt jedoch nicht von Wirtschaft und Militär, sondern von der Seite der Altphilologen: Sie sind nicht bereit, sich auf die Kürzungen des Lateinunterrichts einzulassen. Schon 1895 erreichen die Gymnasialdirektoren eine Vermehrung der Wochenstunden in Latein ab Obersekunda, ein Trend, der sich in dem nächsten, bereits neun Jahre später vorgelegten Lehrplan fortsetzt; die Schule bleibt, trotz des neuen nationalen Geistes, dem tradierten Curriculum verhaftet. Ob daneben die angestrebte Politisierung im Sinne eines neuen deutschen Bewußtseins in den gesinnungsbildenden Fächern gelingt, kann nur nach einem Blick auf die Schulrealität beurteilt werden.

4.1.2. Die Abwehr von Sozialdemokratie und Überfüllung: Neue Schulen für den Mittelstand

Mit den neuen Lehrplänen sollte dem Problem der Überbürdung und dem angeblichen Fehlen des nationalen Geistes abgeholfen werden; um jedoch das vorrangige sozialpolitische Problem der Überfüllung zu lösen, bedurfte es weitergehender Veränderungen im Schulsystem. Bevor diese Frage nicht geklärt war, werde die bildungspolitische Diskussion nicht zur Ruhe kommen, das war den Teilnehmern der Schulkonferenz klar; und einzelne, wie Schenckendorff, der bildungspolitische Sprecher der Nationalliberalen, konnten sogar eindeutig angeben, wie diese Frage gelöst werden sollte: Es gelte, »die Gymnasien und Hochschulen von dem ungesunden Andrange zu befreien, und diesen freigewordenen Bildungsstrom dem Bürgerstande, der heute Gottlob noch fest und treu zu Kaiser und Reich steht, zuzuführen!«[26]

In der preußischen Reformzeit, am Anfang des Jahrhunderts, hatte man allen Menschen im Prinzip die gleiche Bildung vermitteln und jeden nach seiner Anlage und seiner Fähigkeit fördern wollen; am Ende des Jahrhunderts jedoch, als sich im Verlauf von nur zwanzig Jahren die Studentenzahl verdoppelt hat, während die Bevölkerung nur um 20% gewachsen ist, wird diese Entwicklung nicht positiv als Schritt auf dem Wege zur Minderung sozialer Ungleichheit gedeutet, sondern zum Anlaß der Befürchtung »eines geistigen Proletariats« genommen, dessen Rekrutierungsbasis der Mittelstand sei. Besonders den Mittelstand aber gilt es zu erhalten, denn er ist, wie Schenckendorf ausführt, »heute auch in sozialer Hinsicht noch die eigentliche feste Burg, die gegen den Andrang der sozialistischen Umtriebe schützt. Deshalb, meine ich, haben wir alle Veranlassung, den Mittelstand zu stärken und zu stützen und ihm eine Bildung zuzuführen, die geeignet ist für eine Ausrüstung, wie sie unseren modernen Lebensverhältnissen und unserem Kulturzustande entspricht«[27]. Das aber kann nur heißen, daß dem Mittelstand spezifische Bildungsangebote gemacht werden, die ihn davon abhalten, auf das Gymnasium zu drängen.

Im wesentlichen sind es drei Maßnahmen, mit denen man versucht, der Überfüllung Herr zu werden und den sozialen Aufstieg zu kanalisieren: Die erste Maßnahme ist – auch hinsichtlich ihrer Wirksamkeit – die fragwürdigste: Dem Realgymnasium wird die Existenzberechtigung abgesprochen. Apodiktisch hatte der Kaiser in seiner Eröffnungsrede vorgegeben: »Die Realschulen sind eine Halbheit, man erreicht mit ihnen nur Halbheit der Bildung, und das Ganze giebt Halbheit für das Leben nachher«[28]. Diese kaiserliche Entschiedenheit erstaunt umso mehr, als seit 1877 in den Kadettenanstalten nach dem realgymnasialen Lehrplan unterrichtet wird. Offensichtlich glaubt man, mit der Abschaffung dieses Schultyps die akademische Überfüllung steuern und zugleich die Söhne »ungebildeter Eltern«[29] von den Universitäten fernhalten zu können. Diese Entscheidung trägt noch einmal der Vorrangstellung der alten Elite Rechnung.

Die Kontinuität bereits bestehender Schulformen wird dabei aber erheblich unterschätzt: Zwar folgen einige Städte, wie Minden, den Empfehlungen der Schulverwaltung und wandeln ihr Realgymnasium in eine lateinlose (Ober-)Realschule um, insgesamt aber setzen die Proteste seitens der Städte (als Träger der Realgymnasien), des Realschulmännervereins und des VDI so massiv ein, daß 1892 allen Verlautbarungen zum Trotz auch für die Realgymnasien neue Lehrpläne erscheinen. Darüber hinaus zeigt das Schulbesuchsverhalten die Bedeutung der Realgymnasien: Ihre Schülerzahl geht zwar in den Jahren 1891-1900 entsprechend der Reduktion der Anstalten von 86 auf 76 zurück, die Abiturientenzahl steigt jedoch um 40%, von rund 500 auf rund 700, obwohl die Berechtigungen für die Abiturienten der Realschule nicht erweitert werden. Im gleichen Zeitraum steigt die Anzahl der Gymnasialabiturienten nur um knapp 30%, von gut 3600 auf rund 4700[30]. Die geplante Steuerung der Überfüllung akademischer Karrieren durch den Abbau von Realgymnasien erweist sich angesichts der Steigerung der Abiturientenzahlen als Fehlurteil; zumindest aber läßt sich der Abbau des Realgymnasiums kaum in kurzer Zeit durchsetzen. Die Schüler, die sich beim Schuleintritt für diesen Schultyp entschieden haben, machen in der Regel auch den von ihnen angestrebten Abschluß. Zwar sinkt die Sextanerquote der Realgymnasien in den Jahren 1890 bis 1900 erheblich[31], ein Ergebnis der Befürchtung, daß das Realgymnasium seinen Schülern keine Chancen mehr bieten kann. Daß aber überhaupt noch Sextaner in das Realgymnasium eingeschult werden, ist vermutlich einer gewissen Beharrlichkeit und Kontinuität im Bildungsverhalten zuzuschreiben. Es läßt sich auf Grund patriotischer Kaiserreden und staatlich geschürter Überfüllungsdiskussion nicht steuern, wenn die vorgesehenen Veränderungen nicht auch einem Bedürfnis der beteiligten Eltern und Schüler entsprechen oder aber dieses Bedürfnis wecken können.

Eine Steuerungsmaßnahme, die effektiver zu sein scheint, ist das Angebot sechsjähriger Schulen für den Bürgerstand. Schon 1882 war zu diesem Zweck das Schulsystem durch die sechsjährige Höhere Bürgerschule (neben den siebenjährigen Proanstalten) erweitert worden; jetzt werden alle Nicht-Vollanstalten in bezug auf ihre Kursusdauer und ihre Berechtigungen vereinheitlicht. Die Höhere Bürgerschule und die Proanstalt für die Oberrealschule werden zu einer sechsjährigen lateinlosen Realschule zusammengefaßt, die siebenjährigen Proanstalten für Gymnasium und Realgymnasium auf eine Kursusdauer von sechs Jahren reduziert. Entsprechend werden Berechtigungen, die zuvor an einen siebenjährigen Schulbesuch und Primareife gebunden waren, wie der Eintritt in den Subalterndienst, jetzt mit der Abschlußprüfung nach sechsjährigem Schulbesuch gewährt. Die sechsjährige Höhere Bürgerschule erhält als Realschule zugleich eine weitere Aufwertung. Das sog. »Einjährige« muß nach der neuen Ordnung an allen Schulen gleichermaßen durch eine Prüfung erworben werden; die bisherige Regelung, bei mehr als sechsjährigen Schulen die Versetzung von Unter- nach Obersekunda als ausreichend anzuerkennen, eine Prüfung dagegen nur der Höheren Bürgerschule nach Abschluß ihres sechsjährigen Kurses abzuverlangen, wird aufgehoben[32]. In den nächsten Jahren nehmen die sechsklassigen höheren Schulen, insbesondere die lateinlosen, einen großen Aufschwung. Ob der Anstieg der Schülerzahlen aber Indiz für eine Umschleusung von Gymnasiasten aus dem Mittelstand auf sechsjährige Schulen ist, oder ob er zusätzliche Aufstiegsmöglichkeiten für neue Schichten dokumentiert, die ohne dieses Angebot nie eine höhere Schule besucht hätten, ist damit noch nicht geklärt.

Eine dritte Maßnahme, die das Vorgehen gegen die Überfüllung flankieren soll, ist die Verteuerung der Bildung. Das Schulgeld für die einzelnen Schulformen wird nach dem Grad der von ihnen verliehenen Berechtigungen erhöht, die Studiengebühren werden angehoben, Stundung der Studiengebühren wird nicht mehr gestattet[33].

Insgesamt ist damit auf der Dezemberkonferenz von 1890 mit viel Pathos und Engagement ein nationalistisches Programm verkündet worden: Dem großen Feind im Innern, der Sozialdemokratie mit ihren Emanzipationsbestrebungen für das Proletariat, gilt es, eine starke vaterländische Gesinnung entgegenzusetzen; als Bollwerk wird ein breiter Mittelstand angestrebt, der, um als Mittelstand erhalten zu bleiben, Schulen besuchen soll, die nicht zum Studium berechtigen. Das Berechtigungsgefälle zwischen den einzelnen Vollanstalten bleibt jedoch bestehen, und es ist abzusehen, daß diese Ungleichheit in den folgenden Jahren immer wieder für Zündstoff sorgen wird.

4.2. Die Schulkonferenz von 1900 und die Gleichberechtigung der höheren Schulen

Der Ausgang der Schulkonferenz von 1890 war für weite Kreise von Wirtschaft, Armee und Technik unbefriedigend, die Interessenlage des Besitzbürgertums nicht genügend berücksichtigt. Daher kommt es nach der Konferenz erneut zu einem Ansturm der Real- und Reformschulanhänger: VDI, Realschulmännerverein,

Verein für Schulreform und Verein zur Förderung des lateinlosen höheren Schulwesens gehen gemeinsam vor; ihren Forderungskatalog haben sie inzwischen erweitert. Es geht nunmehr um gleiche Berechtigungen für alle neunklassigen Schulen und um eine Reformschule mit einem gemeinsamen lateinlosen Unterbau. Die Veränderung des Umfeldes für bildungspolitische Entscheidungen ist ihren Forderungen günstig. So spricht sich die 71. Versammlung der Gesellschaft Deutscher Naturforscher für die Gleichberechtigung aller drei Schultypen für alle Studiengänge aus, und selbst der Preußische Ärzteverein, ein eher konservativ argumentierendes Gremium, ist bereit, einer Zulassung von Realabiturienten zum Medizinstudium zuzustimmen, vorausgesetzt, deren Zulassung gilt gleichermaßen für das Jurastudium. Auch diese Studienberechtigung, bisher ein unangetastetes Tabu, wird mittlerweile öffentlich diskutiert, eingeleitet durch die Frankfurter Petition von 1898, die von Industriellen, kommunalen Verwaltungen, aber auch von 43 Juristen getragen wird. Die Funktionseliten zeigen sich nicht nur den Ansprüchen der Realanstalten gegenüber aufgeschlossener, sie klagen sogar den Mangel an realistischer Bildung ein. Angesichts dieser veränderten Kräftekonstellation werden selbst die Philologen zu Kompromissen gezwungen: Die Erwägung des Kultusministers v. Studt, die Gymnasiasten zwischen Griechisch und Englisch wählen zu lassen, und das drohende Gespenst der Reformschule (mit einem lateinlosen Unterbau, Latein ab Tertia, Griechisch erst von Untersekunda an) bringen ihre Position ins Wanken. Solche Reformen würden das alte humanistische Gymnasium auflösen, sie zwingen daher – und sei es auch nur aus taktischen Gründen – zum Einlenken[34].

Als es im Juni 1900 zur nächsten Schulkonferenz kommt, haben die Realanstalten hinter den Kulissen noch weitere Verbündete gewonnen: den Kaiser und das Kadettenkorps. Nachdem der Kaiser zehn Jahre zuvor den Realgymnasien die Existenzberechtigung abgesprochen hatte, bekundet er nunmehr seine Absicht, »den Abiturienten des Kadettenkorps am 6. Mai 1900, dem Tage der Großjährigkeitserklärung Seiner Kaiserlichen und Königlichen Hoheit des Kronprinzen, die Berechtigungen zu verleihen, welche das humanistische Gymnasium für die Zulassung zu gewissen Berufsarten bisher allein besessen hat«[35]. Von militärischen Kreisen wird diese Initiative begrüßt, fürchtet man doch um die Frequentierung der Kadettenanstalten, wenn den Absolventen außer dem Offiziersberuf keine andere Berufslaufbahn offensteht. Wenn man jedoch den Kadettenanstalten, die nach dem Lehrplan der Realgymnasien unterrichten, die allgemeine Studienberechtigung zusteht, kann man sie den Realgymnasien und Oberrealschulen nicht mehr verweigern.

Unter diesen Auspizien kommt die Junikonferenz zustande. An erster Stelle der zu beratenden Fragen steht die Berechtigungsfrage, ein Zeichen für das Bestreben des Ministeriums, diese Frage nun definitiv zu klären. Unter den 34 Teilnehmern sind drei Vertreter des Militärs, fünf Professoren der Technischen Hochschulen und der Direktor des Frankfurter Goethegymnasiums[36], jener Reformschule, die nach dem sog. Frankfurter Modell unterrichtet; das macht eine pro-realistische Entscheidung in der Berechtigungsfrage wahrscheinlich. Bereits bei der Eröffnung der Konferenz bestätigt sich diese Annahme. Kultusminister v. Studt macht die wesentlichen Vorgaben: Die Erweiterung des realistischen Wissens sei, behauptet er wider besseres Wissen, von Seiner Majestät bereits 1890 angestrebt, leider jedoch in den vergangenen zehn Jahren nicht entsprechend gefördert worden. Dabei sei die Frage der Realien im Unterricht eine »hochbedeutsame ... für die wirtschaftliche Weiterentwicklung«, und sie habe »durch das Wachsen« der »internationalen Beziehungen und durch das weitere Aufblühen der deutschen Seemacht« an »Wichtigkeit noch zugenommen«[37]. Die Vermehrung der Kenntnisse in den Realien sei unerläßlich, sie sei entweder durch Erhöhung des Anteils der Realien in den Gymnasien zu erreichen, was jedoch zur Veränderung des Charakters der Gymnasien führen würde, oder aber – und das ist der angestrebte Weg – durch eine Anerkennung des Abschlusses der Realschulen.

Damit ist das wichtigste Ergebnis der Konferenz, das im Allerhöchsten Erlaß vom 26. November 1900[38] kodifiziert wird, schon genannt: Die Abschlüsse der drei höheren Schulen werden für alle Studiengänge als gleichberechtigt anerkannt. Für einzelne Studienfächer sind allerdings Ergänzungsprüfungen für Realgymnasiasten und Oberrealschüler vorgesehen; sie werden für jedes Fach gesondert bestimmt. Das Gymnasium büßt mit dieser Neuregelung zwar seine fast hundert Jahre währende privilegierte Stellung der Vorbereitung zur Universität ein, es bleibt jedoch in seinem Grundcharakter erhalten. Weder wird Englisch wahlweise anstelle von Griechisch eingeführt, noch wird ein gemeinsamer Unterbau aller Schultypen, der den Beginn des Griechischunterrichts auf die Oberstufe verlagert hätte, favorisiert; lediglich die Reformanstalten nach dem Frankfurter und dem Altonaer Modell werden auf breiterer Grundlage fortgeführt; 1902 sind es 35 Anstalten in Preußen[39]. Die neuen Lehrpläne[40], 1901 infolge der Konferenz verabschiedet, bringen nur unwesentliche Änderungen: Gymnasium und Realgymnasium erhalten, auf die gesamte Schulzeit bezogen, jeweils sechs Stunden mehr Lateinunterricht – dieser Trend hatte sich schon in den neunziger Jahren angebahnt –, und in der Oberrealschule werden der Geschichts- und Geographieunterricht um vier Stunden verstärkt. Die einschneidende Veränderung ist die Studienberechtigung für alle höheren Schulen, die Beendigung eines nahezu vierzig Jahre schwelenden Streits. Für diese Entscheidung, die im Jahre 1900 ohne großes Pathos gefällt wird, hatte offensichtlich die Zeit gearbeitet; den Anforderungen von Wirtschaft, Technik und Militär konnten sich auch konservative Bildungsbürger nicht mehr widersetzen. Darüber hinaus hatte die Diskussion über die drei Schultypen die Öffentlichkeit so lange beschäftigt, waren Für und Wider so ausgiebig erörtert worden, daß die Realanstalten allein durch die Diskussion etabliert wurden. Die normative Kraft des Faktischen hat dazu beigetragen, ihnen Geltung zu verschaffen.

Bei alledem bleibt jedoch die Frage, wieso Überfüllungskrise und Abwehr gegen Sozialdemokratie, Argumente, die zur Legitimation restriktiver Entscheidungen gegen die Realanstalten bemüht worden waren, nun kaum noch eine Rolle spielen. Sind mittlerweile die Gefahren eines akademischen Proletariats gebannt, und ist die gemeinsame Abgrenzung von Oberschicht und Mittelstand gegen das echte Proletariat so groß geworden, daß dessen Emanzipationsbewegung nicht mehr die Angst des preußischen Staates vor einer Gesellschaftsveränderung entfacht? Vermutlich ist die Panik, in die die preußische Regierung 1890 gerät, als das Sozialistengesetz ausläuft, längst der festen Überzeugung des Staates gewichen, der Sozialdemokratie mit anderen Mitteln Herr werden zu können. Ob jedoch darüber hinaus auch die Überfüllung zurückgegangen ist, ob die Steuerungsmaßnahmen eine schichtenspezifische Verteilung der Schüler im gewünschten Sinne bewirkt haben, ist nur anhand von Schülerströmen und dem Besuch einzelner Schultypen festzustellen.

In den Jahren 1889/90, zum Zeitpunkt der ersten Schulkonferenz, hat die Überfüllungskrise im Bewußtsein von Verwaltung und Öffentlichkeit ihren Höhepunkt erreicht. Mit vielen Maßnahmen, von restriktiver Berechtigungspolitik bis zur geplanten Abschaffung eines Schultyps, wird versucht, das Schulbesuchsverhalten zu steuern. Welche Auswirkungen aber haben diese Versuche auf das Bildungsverhalten der höheren Schüler im Kaiserreich? Wie verändert sich die Schultypenwahl, welche Veränderungen sind in bezug auf die Verweildauer festzustellen[41]?

Betrachtet man zunächst den relativen Schulbesuch der schulpflichtigen höheren Schüler – damit ist der Schulbesuch der Sextaner bis Untertertianer gemeint, gemessen an den zehn- bis dreizehnjährigen männlichen Jugendlichen –, geht dieser Anteil zwischen 1883 und 1898 von 7,5% auf 6,5% zurück. Vor allem die neunjährigen Anstalten sind von dem Rückgang betroffen, auf den sechsjährigen Anstalten steigen die Schülerzahlen bald wieder an und fallen hier erst 1908 erneut ab. Möglicherweise ist dieser Befund ein Ergebnis der Umschleusungsversuche der Ministerialbürokratie; besuchen also potentielle Frühabgänger aus der Mittelschicht angesichts der Überfüllungskrise eher eine Schule, die einen mittleren Abschluß bietet, als eine neunklassige Anstalt, deren Abschluß, das Abitur, doch nur in überfüllte akademische Karrieren führt?

Das Bildungsverhalten der nicht mehr schulpflichtigen höheren Schüler, der vierzehn- bis achtzehnjährigen, kann zu einer ähnlichen Vermutung führen. Ihr Anteil geht zwar ebenfalls in den Jahren um 1890 zurück, wird aber drei Jahre später schon wieder aufgefangen und führt von da ab zu einem Anstieg. Differenziert man auch hier zwischen sechsjährigen und neunjährigen Anstalten, ist der Aufschwung – zwischen 1900 und 1910 von 3,5% auf 4,5% – vor allem auf die Schüler der neunjährigen Schulen zurückzuführen; auf den sechsjährigen Schulen bleibt ihr Anteil nahezu konstant. Das kann einmal mehr darauf schließen lassen, daß die Frühabgänger, wie intendiert, von den Gymnasien auf sechsjährige höhere Schulen umgeschleust werden; diejenigen Schüler jedoch, die über ihre Schulpflicht hinaus eine höhere Schule besuchen wollen, wählen eine neunjährige Vollanstalt. Die Trennung der beiden Populationen, der Gymnasiasten mit Abiturneigung und derer, die bisher ihre Schulpflicht auf dem Gymnasium absolvierten (und bei denen auf diese Weise eine weitergehende Aufstiegsmotivation entstehen konnte), wäre damit vollzogen[42].

Ein weiteres Indiz jedoch läßt Zweifel an dieser Interpretation aufkommen. Betrachtet man nämlich die schulstufenspezifische Verteilung der höheren Schüler, müßte sich bei einer gelungenen Umschleusung jener Schüler, die das Gymnasium voraussichtlich mit dem Einjährigen oder noch eher verlassen, der Anteil der Oberstufenschüler im Verhältnis zu dem der Schüler in Unter- und Mittelstufe erheblich erhöht haben. Nun ist der Anteil der Oberstufenschüler im Jahr 1914 gegenüber 1882 zwar geringfügig, um 2%, gestiegen; die Verteilung der Schüler auf die einzelnen Schulstufen ist aber nach wie vor ungleich: 1914 besuchen 45,5% die Unterstufe, 36% die Mittelstufe und nur 18,6%, also weniger als ein Fünftel, die Oberstufe. Hätte die Umschleusungsstrategie funktioniert, hätte sich der Anteil der Oberstufenschüler an der Gesamtschülerschaft wesentlich stärker – bis zu einem Drittel – erhöhen müssen[43].

Neben diesen Befunden, die die Überfüllungsdiskussion und die geplante Umschleusung aufnehmen, lassen sich jedoch auch einige generelle Ergebnisse feststellen. So vollzieht sich ungeachtet aller restriktiven Steuerungsversuche der Ministerialbürokratie und trotz zeitweiliger Überfüllung akademischer Karrieren seit Anfang der neunziger Jahre ein Aufschwung im höheren Bildungswesen; die Sextanerquote aller höheren Schüler steigt bis 1910 von etwa 6,5% auf fast 9% an, für die Sextaner der Vollanstalten von gut 4% auf gut 6%[44]. Wirtschaftliche und technische Modernisierung und eine möglicherweise daraus resultierende steigende Nachfrage beeinflussen das Schulbesuchsverhalten ebenso wie Maßnahmen der Schulverwaltung. Auch das unterschiedliche Anwachsen der einzelnen Typen der höheren Schulen läßt auf Einflüsse von Wirtschaft und Technik schließen: Sind 1882 noch 72% aller höheren Vollanstalten Gymnasien, nimmt diese herausragende Stellung seit 1900, dem Zeitpunkt der Gleichberechtigung, kontinuierlich ab: 1914 sind nur noch 54% aller Anstalten Gymnasien humanistischen Typs, 29% sind Realgymnasien und 17% lateinlose Oberrealschulen. Die gleiche Entwicklung zeigt sich auch bei den Nicht-Vollanstalten. Seit der Gleichberechtigung aller Untersekundaabschlüsse auf höheren Lehranstalten steigt die Anzahl der lateinlosen Realanstalten sprunghaft an; betrug ihr Anteil an den Proanstalten 1882 12%, ist er bis 1914 auf 72% angewachsen[45]. Hier deutet sich ein Trend an, der sich im Laufe des 20. Jahrhunderts verstärken wird: die zunehmende Durchsetzung der realen Bildung auf Kosten der altsprachlichen.

Diese Ergebnisse lassen einen Rückschluß auf unmittelbare Steuerung des Bildungswesens durch Maßnahmen der Ministerialbürokratie nicht zu. Eher ist zu vermuten, daß sich sowohl das Schulsystem als auch das Schulbesuchsverhalten in Abhängigkeit von Berufschancen und von Rücksichten auf den sozialen Status entwickeln. Hier schließt sich die vieldiskutierte Frage nach dem schichtenspezifischen Bildungsverhalten an. Hat die Umschleusungsstrategie, was immer ihr bescheidener zahlenmäßiger Erfolg war, ihr soziales Ziel erreicht und den Aufstieg des Mittelstandes über Bildung gebremst? Die Mindener Verhältnisse lassen Antworten zu.

4.2.2. Gebildete und Besitzende gegen die nachdringenden Massen? Bildungsverhalten der Schüler in Minden

Die neurotische Überfüllungsdiskussion der 1880/90er Jahre richtete sich unter dem Stichwort vom »geistigen Proletariat« nicht nur auf eine Entlastung der akademischen Karrieren zugunsten der traditionellen Bildungsschichten, sondern forderte mit der sechsjährigen Realschule ein alternatives Bildungsangebot für den in seinen Grenzen zu haltenden Mittelstand. Unverkennbar zeigt die Umschleusungsstrategie der Schulverwaltung sozial selektive Züge. Paulsen als kritischer Historiker beobachtet das Bündnis von »Besitz und Bildung« in dieser Bewegung: »Das Gymnasium, die Schule für die oberen Gesellschaftsschichten, das ist die Vorstellung, die sich in den Köpfen der Bourgeoisie mehr und mehr festzusetzen scheint; nach oben keine Grenze: der hohe und niedere Adel, bis zu den regierenden Häusern hinauf, gehört auch ins Gymnasium; aber nach unten ist eine Abgrenzung wünschenswert: Söhne von ungebildeten und unbemittelten Leuten, die gehören doch eigentlich nicht aufs Gymnasium«[46].

Die Realisierung dieser schichtenspezifisch bedingten Schulzuweisung wird in erster Linie vom lokalen Schulangebot abhängig gewesen sein, denn die geplante Bildungsbegrenzung durch Umschleusung des Mittelstandes kann sich nur da auswirken, wo mehrere höhere Schultypen vorhanden sind. In Minden ist dies der Fall. Hier besteht seit 1840, in Kombination mit dem Gymnasium, eine florierende Realschule, die auf Grund ihrer guten Ausstattung nach der allgemeinen Neuregelung von 1859 sofort als Realschule I. Ordnung bestätigt wird. Im Zuge der wechselvollen Berechtigungspolitik geht ihre Schülerzahl jedoch zurück, und 1896 wird sie infolge der Empfehlungen der Schulkonferenz von 1890 in eine Realschule umgewandelt, 1904 wird ihre Weiterentwicklung zur Oberrealschule genehmigt. Neben der Realanstalt besteht in Minden seit dem Vormärz eine Bürgerschule; sie bietet zwar eine inhaltliche Alternative zu den höheren Schulen, verleiht jedoch keinerlei Berechtigungen. Für die Umschleusungsstrategie ist daher vor allem die Verteilung der Mindener Schüler auf die drei *höheren* Schultypen: Gymnasium, Realgymnasium und (Ober-)Realschule von Interesse. Lassen sich schichtenspezifische Unterschiede bei der Verteilung der Schüler auf diese Schultypen feststellen? Kommt es insbesondere zu einer zunehmenden Konzentration der Mittelschicht auf die realen Schultypen, mit der Folge, daß sich der elitäre Charakter des klassischen Gymnasiums verstärkt?

Während des Vormärz war die Realschule in Minden durchaus als Schule für die *Oberschicht* interessant; als jedoch die Realschule durch bildungspolitische Maßnahmen in die Krise gerät, zieht sich die Oberschicht aus der Realschule zurück. Von den Söhnen des Besitz- und Bildungsbürgertums, die um die Jahrhundertwende in Minden eine höhere Schule besuchen, wählen über 90% das Gymnasium. Das auslaufende Realgymnasium wird nur noch von knapp 3% dieser Schüler besucht, für die neu eingerichtete Oberrealschule können sich nur knapp 5% von ihnen entscheiden[47]. Damit gilt für die Oberschichtschüler mehr denn je das alte Gymnasium als bevorzugter Schultyp unter den höheren Schulen. Anders steht es mit den Schülern aus der *Mittelschicht*: Sie lassen sich zwar – ungeachtet aller restriktiven Postulate – keinesfalls vom Gymnasium verdrängen, obwohl einem großen Teil von ihnen die unberechtigte Mittelschule als Alternative gilt. Die relative Bevorzugung des Gymnasiums geht jedoch zurück. Besuchten sie im frühen Kaiserreich, ähnlich wie die Schüler aus der Oberschicht, zu vier Fünfteln den Gymnasial- und nur zu einem Fünftel den Realzweig, wählen sie um die Jahrhundertwende nur noch zu drei Fünfteln das Gymnasium, zu einem Drittel treten sie in die Oberrealschule ein, und ein letzter Rest ist noch auf dem Realgymnasium zu finden.

Das Sozialprofil der Schultypen bestätigt die Tendenz einer gemäßigten schichtenspezifischen Differenzierung. Zwar stammen auch um die Jahrhundertwende noch immer gut zwei Drittel der eintretenden Gymnasiasten aus der Mittelschicht, im frühen Kaiserreich zählten jedoch drei Viertel der aufgenommenen Schüler zur Mittelschicht. Das Gynnasium wird stärker als bisher von Schülern aus der Oberschicht geprägt. War für die Söhne der Besitz- und Bildungsbürger im frühen Kaiserreich das Realgymnasium mit seinem utraquistischen Bildungsangebot auch von Interesse, nehmen sie die Oberrealschule kaum wahr; sie orientieren sich vielmehr stärker denn je am Gymnasium, vermutlich sowohl zur Bewahrung ihrer Privilegien als auch zur Vermeidung sozialen Abstiegs. Das Sozialprofil der Realschule ist dagegen zu mehr als 90% von Mittelschichtschülern geprägt. Damit haben sich in Minden am Ende des 19. Jahrhunderts sowohl das schichtenspezifische Bildungsverhalten als auch das Sozialprofil der einzelnen Schultypen geändert, das Gymnasium ist mehr als bisher der Oberschicht zuzuordnen, das Realgymnasium und insbesondere die Oberrealschule mehr der Mittelschicht – ein Ergebnis der restriktiven Programmatik?

Neben den Veränderungen im Schulbesuchsverhalten und im Sozialprofil der Schultypen ist jedoch vor allem von Interesse, ob korrespondierend dazu Veränderungen im Curriculum der Schultypen zu verzeichnen sind. Sind die verschiedenen Typen der höheren Schulen schichtenspezifisch geprägt und unterscheidet sich das Schulklima je nach der sozialen Herkunft der Schülerschaft? Werden die vornehmlich der Mittelschicht entstammenden Oberrealschüler auf andere Bildungsziele hin erzogen als die sich stärker aus der Oberschicht rekrutierenden Gymnasiasten? Die beiden Anstalten in Minden geben auch hier das Exempel; nach ihrem Lehrplan und ihrem Schulleben wird gefragt.

4.3. Das Abendland im Lehrplan, die Hohenzollern im Herzen und Kriegsdienst im Handeln: Das Gymnasium in Minden

»Die Antike als Einheit und als Ideal ist dahin; die Wissenschaft selbst hat diesen Glauben zerstört. Dagegen ist unseren Blicken kenntlich geworden eine anderthalbtausendjährige Periode der Weltkultur«. Mit dieser Aussage des Altphilologen v. Wilamowitz-Möllendorff kündigt sich um die Jahrhundertwende eine neue Betrachtungsweise der Antike an: Griechisch und Latein als Wurzeln des *deutschen* Kulturgutes. Für das wilhelminische Deutschland bietet diese Sicht eine Chance, sich im Rekurs auf die Grundlagen des Abendlandes seiner Identität zu versichern: »Platon im griechischen, Goethe im deutschen, Paulus im Religionsunterrichte, diese drei Herzenskündiger zusammen wirkend werden unseren Söhnen die Seele mit einem Geiste stärken, der sie gegen die Ansteckung durch die schlimmsten Gifte der Gegenwart immun macht«[48]. Die Antike wird dazu verwandt, den nationalen deutschen Geist zu stärken; ihr wird die Kraft zugeschrieben, vor den Verführungen der Zeit bewahren zu können, und vermutlich sind das nicht nur sittliche, sondern vor allem politische Verführungen.

Die kulturgeschichtliche Betrachtungsweise im Dienste der Hohenzollern prägt auch die neuen Lehrpläne; es gilt, geschichtlichen Sinn zu wecken, Kultur als Gewachsenes zu vermitteln. Im historischen Denken soll sich den Schülern ihr Lebenskreis erschließen. So soll der Deutschunterricht, erteilt von Lehrern von »vaterländischem Sinne, die Herzen unserer Jugend für deutsche Sprache, deutsches Volkstum und deutsche Geistesgröße«[49] erwärmen; der Religionsunterricht die Schüler »durch Erziehung in Gottes Wort zu charaktervollen christlichen Persönlichkeiten« heranbilden, die später »einen ihrer Lebensstellung entsprechenden heilsamen Einfluß innerhalb unseres Volkslebens«[50] ausüben können; und der Geschichtsunterricht über das Verständnis der Kultur hinaus die »Verdienste der Hohenzollern« in gebührender Weise hervorheben, sowohl für die Gründung des deutschen Reiches wie auch um die Hebung des »Bauern-, Bürger- und Arbeiterstandes«[51]. Nationales Denken im wilhelminischen Deutschland und das Bewußtsein, in der Tradition des christlichen

Abendlandes zu stehen, gehen ineinander über. Die Aufsatzthemen, die den Mindener Gymnasiasten und Realschülern um die Jahrhundertwende gestellt werden, verdeutlichen diese Grundhaltung. Die Primaner haben ebenso über »Grund und Berechtigung des Nationalstolzes« zu schreiben wie zu dem Urteil des Horaz über Achill[52] Stellung zu nehmen. »Deutschland, Land des Pfluges, Land des Lichtes, Land des Schwertes und Gedichtes« steht neben »Ringe, Deutscher, nach römischer Kraft, nach griechischer Schönheit. Beides gelang dir, doch nie glückte der gallische Sprung«[53]. Die historische Vermittlung abendländischer Kultur und deutschen Geisteslebens wird schulpolitisch dazu genutzt, die Kluft zwischen Gymnasiasten und Realschülern zu verkleinern, sind doch die »Erziehungsaufgaben ... dieselben«, und auch der Unterricht beruht »auf denselben Faktoren, die jede wahre Kultur bedingen, dem Christentum, dem Altertum und dem Volkstum«. Auf dieser Grundlage können Gymnasien und Realanstalten »ohne Schulpolitik und Schulstreit« zusammenarbeiten und sich ihren »Gottesfrieden«[54] erhalten.

Die Betonung kulturgeschichtlicher Reflexion, der Rückgriff auf allgemein menschliche Werte, und Abiturreden, die bis zu drei Vierteln aus Horaz bestehen[55], könnten vermuten lassen, die Schulrealität sei von der nationalistischen Programmatik ausgenommen. Das aber ist weit gefehlt, das Schulleben ist und bleibt auf den Hohenzollernstaat ausgerichtet. So werden die Herbsttage des Jahres 1888, in denen »Se. Majestät der Kaiser und König Wilhelm II.« sein Hauptquartier in der Nähe des Mindener Gymnasiums hat, zu »hohen Festtagen«, die allen »unvergeßlich sein« werden[56]. Die Forderungen an den Geschichtsunterricht, die Geschichte Preußens und Deutschlands in den Vordergrund zu stellen, gewinnen hier sinnliche Qualität; handelnd – mit Fackelzug und Spalierbildungen – können die internalisierten Werte präsentiert werden. Patriotisches Denken, Fühlen und Handeln hervorzurufen, ist auch Zweck der vaterländischen Gedenk- und Erinnerungstage, zu denen »die Geburts- und Todestage der in Gott ruhenden Kaiser Wilhelm I. und Friedrich« erklärt werden. Entsprechend »dem Begriffe der Pflicht ..., von dem die verklärten Herrscher bis zu ihren letzten Atemzügen durchdrungen gewesen sind«, sollen die Tage zwar nicht »in festlicher Muße«, wohl aber in einer Feierstunde begangen werden, in der »die Gemüter der zusammengehörenden Schuljugend in Gottesfurcht gesammelt und in der Betrachtung der Taten und Tugenden Kaiser Wilhelms I. und Kaiser Friedrichs erhoben und mit dankbarer und treuer Gesinnung gegen König und Vaterland erfüllt werden«[57]. Die Zahl der Gedenktage ist groß; im Schuljahr 1891/92 wird in Minden am 15. Juni die Erinnerungsfeier an den Sterbetag Kaiser Friedrichs III. begangen; am 23. September das Sedansfest; am Abend desselben Tages die Erinnerungsfeier an den Geburtstag Theodor Körners, eine Feier, die den Patriotismus der Freiheitskriege in den Dienst der wilhelminischen Zeit stellt; am 17. Oktober die Gedächtnisfeier für Kaiser Friedrich III. mit einer Rede über die »Mitwirkung des Kronprinzen Friedrich an der Wiederaufrichtung des deutschen Reiches«; am 27. Januar die Geburtstagsfeier Kaiser Wilhelms II.; am 9. März die Gedächtnisfeier und am 22. März die Erinnerungsfeier an den Geburtstag Kaiser Wilhelms I.[58].

Auch die außerschulische Lektüre der Gymnasiasten in Minden, belegt durch Neuanschaffungen des Gymnasiums für die Schülerbibliothek, ist durch patriotische Akzente bestimmt: Lebensbilder von Königin Luise bis zum »Heldenkaiser« finden sich neben Titeln wie »Erinnerungen eines kriegsfreiwilligen Gymnasiasten« von Jösting und »Deutschlands Seemacht« von Wislicenus[59]. Der preußische Staat und die Hohenzollern prägen das Schulleben mit einer Evidenz, die ebenso wenig angezweifelt wird wie die immer wieder artikulierte Verbindung von Thron und Altar. Innenpolitische Konflikte, Forderungen von Sozialdemokratie und Arbeiterschaft haben in diesem Weltbild keinen Platz, sie werden ahistorisch über die Personen der Hohenzollern harmonisiert. Der Geschichtsunterricht hat deutlich zu machen, wie die Hohenzollern zur Hebung des Arbeiterstandes beigetragen haben, der Rekurs auf Antike und Christentum als Wurzeln deutschen Denkens legitimiert zugleich ihr Handeln und entzieht es der Kritik.

Diese allumfassende Erziehung im nationalen Sinne macht eine besondere Kontrolle des politischen Wohlverhaltens überflüssig. Die Gymnasiallehrer sind durch ihre berufliche Sozialisation so eingebunden in Vaterland und Königstreue, so »durchdrungen von dem Bewußtsein, den Schülern in ernster geistiger Arbeit, sittlicher Selbstbeherrschung und idealer Lebensauffassung als Vorbild und Beispiel voranleuchten«[60] zu wollen, daß Sympathien zur Sozialdemokratie aus diesen Kreisen nahezu unvorstellbar sind. Zwar besteht in Minden von einigen Lehrern die Meinung, »sie seien liberal oder gar Demokraten«, aber »solch schwere Vorwürfe« werden »nur im Flüsterton vorgebracht«[61]. Bei den Schülern werden keine der Sozialdemokratie nahestehenden Ideen befürchtet; die soziale Kontrolle ersetzt die politische. So gebietet es der wilhelminische Geschmack, daß selbst Sextaner im Sommer »anständig« gekleidet zur Schule kommen, nicht nur mit Hose und Hemd angetan. »Matrosenanzüge mit Bluse waren schicklich, man lebte ja in der wachsenden Marinebegeisterung der Zeit«[62]. Auch Ausgehzeiten werden kontrolliert: Kein Schüler – bis hinauf zum Primaner – darf sich ohne Begleitung Erwachsener außerhalb einer je nach Jahreszeit von der Schule festgelegten Zeit, in der Regel 6 Uhr abends, auf den Straßen sehen lassen[63]. Kenntlich sind die Schüler durch ihre Mützen, die zwar ihren besonderen Status anzeigen, zugleich aber auch die Kontrolle erleichtern. Die Zugriffe auf die Person der Schüler, die sich in Kleiderordnung und Freizeitreglementierung ausdrücken, sind Zeichen für die Verlagerung der politischen Kontrolle in den Bereich des sittlichen Wohlverhaltens. Selbst Schülerverbindungen werden weniger um einer potentiellen politischen Gefahr wegen verboten, sondern der sittlichen Gefährdung wegen[64]. Das wilhelminische Denken ist internalisiert und prägt alle Lebensbereiche; Vaterlandstreue wird kontrolliert über sittliches Verhalten. Durch die ständige Präsenz der Hohenzollern, durch die Übernahme wilhelminischen Stils und durch die Reglementierungen des Privatlebens der Schüler, deren Einhaltung die Lehrer überwachen, gewinnt diese Schule ihre politische Funktion. Die Zustimmung zum wilhelminischen Deutschland ist für alle Typen höherer Schulen in gleichem Maße verbindlich, sie gilt für die neue Wirtschafts- und Technikelite ebenso wie für das alte Bildungsbürgertum, vor allem aber ist sie für alle diese gesellschaftlichen Gruppen des Bürgertums so umfassend, daß besondere Hinweise zur Abwehr von Sozialdemokraten und Umstürzlern nicht mehr nötig sind.

Zum Kriegsbeginn hin verstärkt sich die Politisierung und erhält zugleich eine andere Qualität. An die Stelle der zuvor gepflegten wilhelminischen Schicklichkeit und Hohenzollernverehrung tritt nun das Bewußtsein der Auserwähltheit des deutschen Volkes, ein Sozialimperialismus, der vom Kaiser gefördert und vom Bürgertum, das sich mit Flottenpolitik und Kolonialismus identifiziert, willig aufgenommen wird. Auch das Erziehungsziel wird diesem

Denken untergeordnet. Wie der Mindener Direktor Windel in seiner Antrittsrede im Jahre 1911 ausführt, gilt es, die Schüler auf der Grundlage von »Gottesfurcht und Vaterlandsliebe zu arbeitsfreudigen und charakterfesten Männern« zu erziehen, »Männer aufzubauen gegen künftige Zeiten«[65], damit die Größe des deutschen Volkes gewahrt bleibt. Die Vervollkommnung des Individuums, das über seine Individualität zur Vervollkommnung der Menschheit beitragen soll, ist weniger denn je gefragt. Auch die politischen Hoffnungen haben sich verändert. Als Bismarck 1832 das Graue Kloster verließ, war er, wenn nicht Republikaner, so doch überzeugt, »daß die Republik die vernünftigste Staatsform sei«[66]. Für Windel, den Mindener Direktor, ist das ein hartes Wort, für ihn ist der Kaiser der Führer, die Volksgemeinschaft die Gefolgschaft, und dieses Führer-Gefolgschaftsverhältnis prägt das öffentliche Leben, die Beziehungen vom Schulleiter zu den Lehrern, ebenso wie das Verhältnis Lehrer – Schüler[67].

Als der Erste Weltkrieg ausbricht, können sich alle angestrebten Tugenden, wie Gehorsam, Härte, Arbeitsfreudigkeit bewähren und ihre Erfüllung in der konkreten Situation finden. Das Bedauern über »eine leichte Schule«, die als »soziales Verbrechen«[68] angesehen wird, und das Bedauern über den »Zug der Zeit«, der zu »feminin«[69] ist, lassen sich angesichts des Krieges scheinbar sogar legitimieren. Der Ausbruch des Krieges ist eine gewaltige Bewegung; sie »beseelte«, wie Windel im Jahresbericht von 1915 schreibt, »die Herzen der Lehrenden und Lernenden. Keiner, selbst der kleine Sextaner, wird diese *hochgeziten* unseres Volkes je vergessen«[70]. Der Krieg ist »ein heiliger Krieg«, ein »Kreuzzug«[71]; für die Jugend »bedeutet er ein königliches Geschenk«, ihr Leben hat, wie das Leben aller Deutschen, »mit einem Mal einen heiligen Sinn bekommen«. War es bisher »nur ein Ausbreiten der Macht und des Reichtums, nur Sichern und Mehren des Erworbenen, ein Wachsen des Leibes, bei dem die Seele darbte«[72], ist jetzt die große Idee da, für die es zu kämpfen lohnt. Das Bewußtsein der Tragik einer Nation, die nicht durch politische Emanzipation zu sich findet, sondern durch einen Krieg gegen andere Völker, der verherrlicht und zur gerechten Sache erklärt wird, das Bewußtsein gar der Tragik eines Krieges, der von Primanern den »Heldentod« fordert, ist nicht im entferntesten von diesem Gymnasiallehrer zu erwarten.

Dabei fühlen sich die Deutschen, nicht zuletzt durch Reden wie die Windels, von Sendungsbewußtsein und Auserwähltheit getragen; sie führen den Krieg aus der Gewißheit eines »höher stehenden Kulturvolkes«; durch den Kampf gegen die kulturlosen Ostslawen, gegen die Franzosen, denen jede »Innerlichkeit« abgeht, und gegen die Engländer mit ihrer »niedrigen Habsucht«[73] ist der Krieg gerechtfertigt. Den Deutschen ist auferlegt worden, einen Kampf zu führen, der entscheiden wird, ob in Zukunft »das Wesen der Welt-Imperien ... mit seinem öden geschäftsmäßigen Einerlei, mit seiner Vernichtung aller Eigenart« vorherrschen solle oder ob das deutsche Wesen, dessen Urbild der Goethesche Faust verkörpert, den Gegenpol zu dem »praktischen Geschäfts-Egoismus des Engländers«[74] und dem glatten Esprit des Franzosen bilden soll. Für den deutschen Charakter gilt es zu kämpfen. Das, was jedoch die »Seelenmarter« ausmacht, ist der Umstand, »daß unser geliebtes und bestes Blut, die Kraft unseres Volkes, der Stolz und die Hoffnung unserer Geschlechter gegen bezahlte Söldner der Engländer, die vielfach den Abhub der Menschheit darstellen, ja gegen Bestien in Menschengestalt, wie gegen Senegalneger, Gurkhas, Siks, in Kampf und Tod gehen«[75] muß.

In dem Bewußtsein, der deutsche Charakter zeichne Deutschland vor allen Völkern aus, er berechtige die Deutschen nicht nur zum Krieg, sondern verlange ihn geradezu, melden sich Oberprimen geschlossen zum Kriegsdienst, sammeln Schüler Geld für Kriegsanleihen, helfen beim »Ernteeinsatz«, erfreuen zu Weihnachten »ihre im Felde stehenden Kameraden durch sinnig ausgedachte Liebesgaben«[76] und spielen ihre Kriegsspiele so lange, bis sie endlich für das Vaterland kämpfen dürfen. Die Begeisterung ergreift alle Schichten gleichermaßen, gilt für alle Schüler gleichermaßen und beherrscht alle Curricula, die der Gymnasien und Realschulen ebenso wie die der Volksschulen. Unterschiede zwischen den höheren Schulen sind angesichts des überschäumenden Nationalismus nicht mehr von Bedeutung. Es ist unwichtig geworden, ob alte Sprachen oder Technik und moderne Sprachen die Unterrichtsinhalte bestimmen; das Paradigma des Sozialimperialismus und Nationalismus, in der Schulkonferenz von 1890 bereits angelegt, wird jetzt zum entscheidenden Moment. Diese Bewußtseinsinhalte, im Geschichtsunterricht vermittelt, darüber hinaus aber auch im ganzen Schulleben präsent, prägen die Schüler. Sie sind ebenso verfügbar wie Pflichterfüllung und Gehorsam. Sie sind abrufbar, so wie die Schüler einrufbar sind. In Minden melden sich alle Oberprimaner freiwillig, von den Schülern aus unteren Gymnasialklassen sind es 43, von denen aus unteren Realklassen 40 Schüler[77].

So kommt es in einer Zeit, in der die Steuerung der Schule durch den Staat längst fragwürdig geworden ist, zu einer großen Übereinstimmung von Staat und höherer Schule. Vorkriegspolitik und Kriegsausbruch kommen dem Identifikationsbedürfnis des Bürgertums entgegen, sie fördern die Entwicklung vom »Volk der Denker und Träumer ... zu einem Volk in Waffen«[78] und festigen zugleich das Bewußtsein der Besonderheit des deutschen Volkes, das über die Zeit des Ersten Weltkriegs hinausreicht und die weitere Entwicklung in Schule und Gesellschaft beeinflußt.

5. Freiheit und Deutschtum, Demokratie und Konservatismus: Höhere Schulen in der Weimarer Republik

5.1. Freiheit, Einheit, Kulturnation: Die Weimarer Schulpolitik in großen Gedanken und kleinen Kompromissen

Als der Erste Weltkrieg, dessen Ausbruch weithin als identitätsstiftend und sinngebend empfunden wurde, beendet und die Hohenzollern-Dynastie militärisch und politisch zusammengebrochen ist, besinnt man sich auf die geistige und kulturelle Kraft und die liberale Tradition des deutschen Volkes; aus ihr heraus soll Deutschland neu gestaltet werden. Der Erziehung kommt dabei, wie in allen Umbruchs- und Aufbruchszeiten, eine tragende Rolle zu; sie soll das »Heilmittel der gegenwärtigen Krise« sein, »wichtiger selbst als alle politischen und wirtschaftlichen Maßnahmen«[1]. So wendet sich der preußische Kultusminister Haenisch schon im November 1918 mit Aufrufen an Lehrer- und Schülerschaft, in denen der neue Geist der Freiheit verkündet und der Geist des Friedens beschworen wird. Nie wieder soll die Schule »zur Stätte der Völkerverhetzung und Kriegsverherrlichung« werden. Die Auseinandersetzung mit den innenpolitischen Umwälzungen wird den einzelnen Lehrern überlassen: Ihre möglichen Schwierigkeiten mit der neuen Regierung werden großzügig toleriert und ihre Leistungen in der Monarchie als verdienstvoll anerkannt; zugleich aber werden sie aufgefordert, nicht nur dem Vergangenen nachzutrauern und am Gegenwärtigen zu zweifeln, sondern an der Gestaltung des Neuen mitzuwirken. »Jetzt aber gilt es, diese Arbeit mit einem neuen Geist der Freiheit zu durchdringen. Es gilt jetzt, alle positiven Kräfte in unserem Volksleben aufzurufen, alle schlummernden zu wecken, alle gefesselten zu entbinden. Hier wartet gerade der Schule eine schöne und große Aufgabe, nämlich die Heranbildung eines neugearteten Geschlechts, eines Geschlechts von hohem Opfermut und Adel der Gesinnung, von unbestechlicher Wahrhaftigkeit und Gerechtigkeit, von unerschütterlichem sittlichem Mut und Idealismus«.

Dafür aber ist Freiheit Voraussetzung: »Durch unser ganzes Erziehungssystem muß ein neuer Geist von Freiheit wehen«[2]. Freiheit wird auch den Schülern zugestanden, sind sie doch aus der Schule »in schöner Begeisterung ... hinausgestürmt in den Krieg, um ihr junges Leben dem Vaterland zu weihen. ... Eine Jugend, die so ihre Treue mit ihrem Blut besiegelt hat, können und wollen wir nicht mehr als eine unreife und unmündige Masse behandeln«, sie soll vielmehr teilhaben »an der neuen Freiheit und Selbstbestimmung unseres Volkes«, und daran knüpft sich die Hoffnung, »daß vieles, was unter einem veralteten und toten System der Unfreiheit ... noch hungern, kranken und verkrüppeln mußte, in der neuen Welt der Freiheit gesunden und aufblühen wird«[3].

So sehr aber die neue Freiheit als Voraussetzung für das Neue beschworen wird, so sehr die Erziehung zur konstitutiven Grundlage des neuen deutschen Reiches erklärt wird, so unscharf bleibt die Formulierung ihrer Ziele und Aufgaben: »Am Willen zum Deutschtum muß die neue Erziehung einsetzen. Wir müssen ausgehen von dem Begriff einer großen deutschen Kulturnation. Ihr Wesen müssen wir ergründen«. Dieser Begriff der »Kulturnation« ist so umfassend, daß sich mit ihm, wie es C. H. Becker, dem späteren preußischen Kultusminister vorschwebt, zwar »alle Parteien und Weltanschauungen einverstanden erklären«[4] können, zugleich aber kann ein derart weit gefaßter Begriff für konkrete Schulreform kaum die Richtung weisen. Die Frage nach der Art der inneren Erneuerung läßt sich durch Formeln wie Freiheit oder Kulturnation nicht bestimmen.

Daneben aber stellen die Mittel und Wege, die dem neuen Staat bei der Durchsetzung einer Schulreform zur Verfügung stehen, ein Problem dar. In der preußischen Monarchie war das Schulwesen »eine Art dynastischer pädagogischer Provinz« mit bürokratischem Sachverstand und unmittelbarer Verantwortung des Kultusministers dem Landesherrn gegenüber, ja, Eingriffe des Landesherrn, wie die von Kaiser Wilhelm II., waren durchaus möglich; in der Weimarer Republik wird es zum »Gegenstand parteipolitischer Auseinandersetzungen«[5]. Darüber hinaus erhält das Reich in verfassungsrechtlicher Hinsicht erstmalig neben den Ländern eine Kompetenz für Schulpolitik. Damit wird das Reformgeschäft aber nicht leichter. Entkonfessionalisierung der Schule, Einheitsschule, Arbeitsunterricht und Staatsbürgerkunde als leitende Unterrichtsprinzipien – so hatten die großen bildungspolitischen Forderungen schon während der Zeit des Kaiserreichs gelautet. In der Weimarer Reichsverfassung, in der diese Ziele gesetzlich fixiert werden sollen, kommen jedoch lediglich Kompromisse zustande. Zwar werden Staat und Kirche grundsätzlich voneinander getrennt – auch im Bereich des niederen Schulwesens wird damit die kirchliche Schulaufsicht abgeschafft –, aber hier können, trotz der generellen Erklärung der christlichen Simultanschule zur Regelschule, Bekenntnisschulen bis zur weiteren Regelung durch ein Reichsschulgesetz bestehen bleiben. Da das Reichsschulgesetz nicht über Entwürfe hinausgerät, wirkt sich der Kompromiß in der Verfassung als Sperre für Veränderungen zugunsten einer christlichen Simultanschule aus. Auch die Forderung nach einer Einheitsschule wird in der Formulierung, daß das »Schulwesen organisch auszugestalten«[6] sei, inhaltsleer. Einheitlich für alle Schüler wird nur die gemeinsame Grundschule geregelt; die privaten dreiklassigen Vorschulen, teilweise eng verbunden mit den höheren Schulen, werden durch obligatorische, in der Regel vierjährige Grundschulen für alle Schüler ersetzt. Damit verlängert sich die Schulzeit für die höheren Schüler zwar um ein Jahr, darüber hinaus aber wird die Existenz der höheren Schulen und ihrer Schüler nicht tangiert.

Gegensätzliche Positionen, Suche nach Kompromissen oder auch nur unverbundenes Nebeneinander eines breiten Spektrums unterschiedlicher Meinungen kennzeichnen auch ein weiteres Gremium: die 1920 einberufene Reichsschulkonferenz, die neue Wege für Schule und Erziehung aufzeigen und die Neugestaltung des Schulwesens vorantreiben soll. Mit über 700 Teilnehmern, Vertretern von Regierungen und Gemeinden, Berufs- und Standesvertretern vom Deutschen Fröbelverband für Kindergärten bis zum Verband Deutscher Hochschulen, Vertretern der Jugendbewegung wie pädagogischer, schulpolitischer, religiöser und wirtschaftlicher Vereinigungen und einer Reihe von Einzelpersonen[7] wächst sie sich zu einer »achttägigen Massenschlacht«[8] aus: Ihre großen Themen – Einheitsschule, Staatsbürgerkunde, Arbeitsunterricht und Lehrerbildung – werden nicht bis zu einem Konsens erörtert, die Vertreter der einzelnen Richtungen stehen »nebeneinander wie auf dem Jahrmarkt die Drehorgeln, jeder schreit so laut wie möglich sein Lied«[9]; eine Linie für die Reichsschulgesetzgebung ist nicht zu erkennen.

Eine dritte Instanz zur Regelung des Schulwesens ist der Reichsschulausschuß, seit 1923 Ausschuß für das Unterrichtswesen und in der Bundesrepublik in dem Institut der Kultusministerkonferenz aufgenommen. Die Kultusminister der Länder und der zuständige Reichsminister versuchen hier, eine gewisse Einheitlichkeit im Bildungswesen herzustellen. Jedoch auch in diesem Gremium kommt es nicht zu Vereinbarungen von großer Tragweite: In den Ländern sind unterschiedliche Parteien an der Regierung beteiligt, deren bildungspolitische Vorstellungen sich kaum vereinbaren lassen, darüber hinaus beteiligt sich das Reich nicht an den finanziellen Folgen der Reformen, und die Länder weigern sich, sich durch Reichsgesetze zu Schulreformen zwingen zu lassen, deren Lasten sie allein zu tragen haben. So wird ab 1924 den Ländern die Regelung des Schulwesens faktisch überlassen[10].

Die reichseinheitliche Schulreform ist damit wieder, wie schon 1848, gescheitert: Kompromisse, das Abwarten von Reichsregelungen, unterschiedliche Traditionen der Länder und eine Vielfalt pädagogischer Bewegungen, nicht zuletzt aber auch die schlechte Finanzlage des Reiches haben sie verhindert. In Preußen, dem größten und bevölkerungsreichsten Land, das wegweisend für Reformen ist, wird daher, wie auch in anderen Ländern, eine Reform des höheren Schulwesens in eigener Regie angestrebt. Zwar sind hier die alten Strukturen in der Verwaltung ebenso bestehen geblieben, wie die personelle Kontinuität bei den Schulaufsichtsbeamten aufrechterhalten worden ist[11], aber der Druck der Reformer wie auch die Klagen gegen Lernschule und Überbürdung der Schüler mit zu vielen Gegenständen sind groß genug, um eine Reform des höheren Schulwesens einzuleiten. Wie weit aber diese Reform eine Erziehung zur Freiheit und in Freiheit mit der Erneuerung der Einheit in der Kulturnation verbindet, wie weit sie darüber hinaus die republikanische Verfassung sowohl durch staatsbürgerliche Erziehung wie auch durch Chancengleichheit im Bildungssystem stützen kann, wird zu prüfen sein.

5.1.1. Einheit oder Mannigfaltigkeit? Grundzüge der preußischen Richtlinien von 1925

Als 1871 das Deutsche Reich gegründet wird, ist mit dieser Staatsgründung von oben keineswegs eine innere Einheit des deutschen Volkes erreicht, ja, es ist die große Klage von Kulturkritikern wie Nietzsche, daß die Gründung des Deutschen Reiches eine Niederlage des deutschen Geistes nach sich gezogen habe. Kultur, verstanden als »Einheit des künstlerischen Stils in allen Lebensäußerungen des Volkes«, sei im Deutschen Reich, wo selbst die Bildungsanstalten durch vieles Wissen und Gelernthaben lediglich »Barbarei« hervorbrächten, nicht zu finden; das chaotische Durcheinander dessen, was gelernt werden solle, bringe eine »Jahrmarktsbuntheit« hervor, die Schulen seien »Pflanzstätten gelehrter Fettsucht«, Bildung sei mit »der hypertrophischen Anschwellung eines ungesunden Leibes« zu vergleichen, und was sich deutsche Kultur nenne, sei nichts als »ein kosmopolitisches Aggregat«[12].

So gilt es denn, nach Ansicht von Schulreformern wie Hans Richert, die die Kulturkritik der Kaiserzeit aufnehmen, den echten deutschen Geist, der »in der von Staats wegen geförderten Bildung ein Fremdling, ein edler Verbannter« sei, zu erwecken; ein Vorhaben, das nur »aus einer tiefen und gewaltigen Erneuerung des deutschen Geistes hervorgehen« kann. Das Nebeneinander von einzelnen Gegenständen, die bisher gelehrt worden seien, könne eine solche Erneuerung nicht bewirken; es gerate allenfalls zu einem »Widereinander« oder einer »Neutralisation«[13], mache aber eine Einheit im Lehrplan und in der Erziehung unmöglich. Zwar muß auch von den Kritikern zugegeben werden, daß die Spezialisierung deutscher Bildung immerhin zu einer großen Kriegsleistung geführt habe; das aber sei, erklärt Hans Richert 1920 in seiner bildungspolitischen Programmatik, die er später unter dem Kultusminister Boelitz (DVP) in ihren wesentlichen Zügen auch in die preußische Bildungsreform einbringt, mehr gewesen als die Addition geistiger Kräfte: »Der Krieg schuf die große Synthese, in der sich in freiem Gehorsam die gesteigerten Individualitäten und Gruppen zusammenfanden. Sie gaben dabei nicht auf, sondern erfuhren eine Kräftigung ohnegleichen, da aus der Beziehung zu dem Zentralen ungeahnte Kräfte in die einzelnen Teile des Organismus strömten. Das Aggregat der Volkskräfte wurde ein Kraftsystem«[14].

Das einheitsstiftende Moment des Krieges, dessen Beschwörung im Jahre 1920 heute geradezu pervers anmutet, gilt aber nicht mehr für die Nachkriegszeit. Die Kontroversen um die Weimarer Verfassung machen die unterschiedlichen parteipolitischen Standpunkte deutlich genug. Um so mehr aber ist es vonnöten, für die Schule eine einheitliche Geistesströmung zu finden, und Richert beschwört, ungeachtet andersartiger geschichtlicher Erfahrungen, die Existenz eines solchen verbindenden Ideals: »Sind wir überhaupt noch eine Volksgemeinschaft, so werden wir es finden. Wir haben in Krieg und Not es doch erlebt, daß wir alle Kinder der einen Mutter Germania sind. Wir haben es doch erlebt, daß wir eine von andern verschiedene Geistesart haben, daß der Genius der Menschheit im deutschen Menschen sich in besonderer Form offenbart, daß wir als ein Urvolk in unserer Wesenheit nicht zugrunde gehen dürfen, wenn die Menschheit nicht einen unersetzlichen Verlust erleiden soll«[15].

Mit Hochmut und Dünkel zugleich, eingegossen in irrationale Vorstellungen vom deutschen Kulturmenschen, dessen Wesen für die gesamte Menschheit von unübertroffener Bedeutung ist, wird die deutsche Kultur hypostasiert; sie soll eine für alle Menschen evidente Einheit schaffen. Diese Vorstellung von der Einheit muß jedoch mit den Vorwürfen der Kulturkritiker von der Zersplitterung und Vereinzelung in Einklang gebracht werden. Richert betont daher neben der Einheit, deren Konturen vage und wenig scharf umrissen bleiben, die Mannigfaltigkeit des deutschen Geistes. »Die Einheit des deutschen Geistes, die wir als Ideal erstreben, ist keine Einerleiheit. Der deutsche Mensch hat sich in verschiedenen Idealtypen ausgewirkt. Die deutsche Seele ist so reich, daß sie die Spannung verschieden gerichteter Geistesströmungen nicht nur erträgt, sondern fordert.« Das eben ist es, was sie von der »Einförmigkeit des romanischen Menschen«[16] so sehr unterscheidet, was unser Leben so reich macht. Diesen Reichtum zu erhalten, ist sowohl Verpflichtung gegen die Geschichte als auch Notwendigkeit aus dem Charakter der Deutschen heraus.

Hier ist Richerts Ansatzpunkt für eine Neukonzeption der höheren Schule: Wir brauchen »Menschen, die die verschiedenen Geistesmächte unserer Vergangenheit in der Tiefe durchlebt haben, die fähig sind, uns wieder zu den Quellen dieser Mächte zu führen, die uns die Rückkehr zu ihnen dadurch offen halten, daß sie als treue Hüter diese Schätze verwalten und dafür sorgen, daß im Fortbildungsprozeß diese Kräfte wirksam bleiben, daß wir wertvolles Erbgut nicht leichtfertig verschleudern«. Es gilt also, Menschen zu erziehen, die »im deutschen Geist« einig, »in der Mannigfaltigkeit des deutschen Wesens« aber durchaus differenziert sein können. »Darum ist es ein Wahn«, zu glauben, »eine Schulart könne *die* Bildungsanstalt sein«[17]: »Wir brauchen endlich eine Mannigfaltigkeit der höhern Schulen nach verschiedenen Formen der Lebensgemeinschaft und nach Differenzierung des Lebensstils«[18]. Diese Auffassung legitimiert die verschiedenen Typen höherer Schulen, wie sie sich im Kaiserreich entwickelt haben, ebenso wie die Neugründung der Weimarer Zeit: die Deutsche Oberschule. Jeder Typ der höheren Schule vertritt einen bestimmten »Kulturbezirk«[19]: Dem Gymnasium wird – vermittelt durch Griechisch und Latein – die antike Kultur zugewiesen; dem Realgymnasium die westeuropäische, deren Wurzeln in der römischen Antike zwar hervorgehoben, jedoch den geistigen Errungenschaften der modernen Völker untergeordnet werden; die Oberrealschule hat ihren Schwerpunkt in den Naturwissenschaften und die Deutsche Oberschule soll in besonderem Maße die deutsche Kultur pflegen. Dabei ist die Einheit dieser Typen zu wahren eine Aufgabe, die den kulturkundlichen Fächern Deutsch, Geschichte, Erdkunde, Religion und Philosophie zukommt, die überliefern das deutsche Bildungsgut und machen als »Kernfächer«[20] etwa ein Drittel der Wochenstunden aus. Sie sollen den jeweiligen Idealtyp der Schule ergänzen »und sich dem eigentümlichen Bildungsgedanken dienend einordnen«[21].

Über diese didaktische Konstruktion von speziellem Bildungsprofil und kulturkundlichen Kernfächern hinaus wird versucht, die Einheit im Bildungswesen durch Unterrichtsprinzipien zu fördern, die die methodische Arbeit für alle Schultypen in gleicher Weise bestimmen[22]. Die den einzelnen Schularten zugewiesenen Kulturbereiche sollen in »Konzentration« dargestellt, der bisherige Fachunterricht soll durch einen »organischen Gesamtunterricht«[23] ersetzt werden. Methodische Forderungen wie fächerübergreifender Unterricht, der eine gemeinsame Planung der beteiligten Lehrer einschließt, und Epochenunterricht erhalten hier ihre Grundlagen. Der Unterricht insgesamt ist als Arbeitsunterricht zu gestalten; er soll nicht zum rezeptiven Lernen, sondern zum selbständigen Arbeiten erziehen. Entsprechend dieser Konzeption von Unterricht wird auch die Zielsetzung für die häuslichen Arbeiten verändert: Sie sollen sich sinnvoll an den Unterricht anschließen und können in freiwillig übernommenen Arbeiten der Schüler bestehen und deren Interessenrichtungen aufnehmen. Das sind Grundsätze, von denen man hofft, sie könnten die Hausarbeiten ihres Zwangscharakters entheben und zu einer »Versittlichung der Hausarbeit«[24] führen. Bei all diesen Maßnah-

men ist die jeweilige Entwicklungsstufe der Schüler angemessen
zu berücksichtigen; älteren Schülern räumen die Richtlinien ein
Mitspracherecht bei Stoffauswahl und Zielsetzung des Unter
richts ein. Daneben wird auf freie Arbeitsgemeinschaften für
Schüler zur »Vertiefung und Ergänzung der von der betreffenden
Schulart zu leistenden Bildungsarbeit«[25] Wert gelegt. Auch den
Lehrern werden über die Konferenzen hinaus freie Arbeitsge
meinschaften empfohlen: zur Ausarbeitung des Lehrplans der
Schule – die Richtlinien lassen hier viel Bewegungsfreiheit –, zur
Diskussion der Themen in den Schülerarbeitsgemeinschaften wie
zu gegenseitigen Hospitationen, in denen Unterricht im Kolle
genkreise einer kritischen Reflexion unterzogen werden soll.
Diese Arbeitsgemeinschaften sollen nicht auf das Kollegium einer
Schule beschränkt bleiben, sondern Kollegen anderer Schulen und
Schularten einbeziehen.

Diese Prinzipien sind sowohl an pädagogischen wie politischen
Konzeptionen orientiert: Sie nehmen mit der Entwicklungsbezo
genheit des Unterrichts und der Einführung des Arbeitsunter
richts die reformpädagogische Diskussion auf, die sich gegen die
alte Paukschule wendet; zugleich aber tragen die neuen Formen
des Schullebens – zumindest formal – den Anforderungen einer
Demokratie Rechnung: Selbsttätigkeit, Arbeitsgemeinschaften,
ergänzt durch Schülerselbstverwaltung und Elternvertretung, ver
weisen auf die antizipierte Eigenverantwortung und Mündigkeit
des Staatsbürgers. Über allem aber steht die dritte bestimmende
Komponente: der große Glaube an die Kraft und Einheit der
deutschen Kultur, die »mit innerer Triebkraft, unter Regen und
Sonnenschein, Donner und Blitz, Sturm und Drang großer ge
schichtlicher Ereignisse aus dem Mutterschoß vaterländischer
Erde«[26] hervorgeht. Hier wird organisches Wachstum erwartet,
rationale Auseinandersetzung um eine kulturelle Einheit dagegen
ausgeschlossen.

Ungeachtet der pädagogischen und politischen Konzepte, durch
die in allen Schultypen die gleiche Grundhaltung erzeugt werden
soll, ungeachtet des geistigen Zusammenhangs verschiedener Kul
turbezirke, ist auf der konkreten Ebene von Schule weniger Ein
heitlichkeit als vielmehr Pluralismus zu erkennen. Weder die phi
losophischen Überhöhungen der ganzen Mannigfaltigkeit, ge
spickt mit deutschtümelnden Versiegenheiten, noch die einheitli
chen reformpädagogischen Forderungen vermögen das zu än

ern. Die Einheitsschulforderung ist in kleinen methodischen Verbesserungen und großen Ideen von Einheit der Geisteskultur und des Kulturstaats aufgegangen. Der viel beschworene Kulturstaat vereint zwar, in Richerts Worten, alle von Mutter Germania geborenen Kinder; ob aber diese geistesgeschichtliche Einheitsvorstellung auf die verschiedenen Schultypen übertragbar ist und deren Einheit in der Mannigfaltigkeit deutlich werden läßt, bleibt fraglich.

Darüber hinaus wirft das Vorgehen, gesellschaftliche Institutionen wie Schultypen aus geistesgeschichtlichem Philosophieren heraus zu legitimieren, methodische Bedenken auf. Das Beispiel der staatsbürgerlichen Erziehung in der Weimarer Republik soll die konkretisieren.

5.1.2. Weimarer Staat oder Deutschtum? Staatsbürgerkunde und staatsbürgerliche Erziehung

Mit der Gründung der Weimarer Republik hatten sich die Rahmenbedingungen für das Verhältnis von Staat und Gesellschaft geändert. Alle Gewalt sollte vom Volke ausgehen, Grund genug, das bisher obrigkeitsstaatlich regierte Volk zur Wahrnehmung seiner Rechte und Pflichten zu erziehen. Staatsbürgerkunde als Unterrichtsfach und »staatsbürgerliche Gesinnung ... im Geiste des deutschen Volkstums und der Völkerversöhnung«[27] als Ziel von Schule und Unterricht werden in der Verfassung verankert. Aber ebenso wie für den Begriff der Einheitsschule in der Diskussion der Parteien und Verbände ein Minimalkonsens gesucht werden mußte, der weitergehende Intentionen der Einheitsschule verwässerte, wird auch für die staatsbürgerliche Erziehung nach einem Konsens gesucht, der den verschiedenen gesellschaftlichen Kräften – von den deutschnationalen bis zu den sozialdemokratischen und kommunistischen – erlaubt, sich damit zu identifizieren; ein Vorgehen, das um so schwieriger ist, als ein Konsens über die republikanisch-demokratische Staatsidee noch nicht gefunden ist[28].

Entsprechend weit und vage werden die Ziele des Faches Staatsbürgerkunde für die höheren Schulen formuliert: Geschichte und Staatsbürgerkunde sollen »dazu beitragen, den jungen Menschen wurzelfest im Heimatboden, im deutschen Volkstum und im Staat zu machen«; Geschichte wie »Eigenart und Bedeutung des deutschen Volkes« sollen vermittelt werden; die »staatlichen Ordnungen«, die »sozialen und wirtschaftlichen Einrichtungen« wie auch »der ganze Reichtum« deutscher »Kultur«[29] werden als gleichwertige Unterrichtsinhalte genannt. Fürstengeschichte wird weitgehend reduziert, dafür aber soll – und dieses besondere Ziel wird auch in den Richtlinien für Deutsch und Erdkunde erwähnt – dem Deutschtum im Ausland, in den abgetretenen Gebieten, Rechnung getragen werden: Das Deutschtum ist »die große geistige Einheit, die weit über die … Reichsgrenzen hinausreicht«[30]. So gilt es, »Tatbereitschaft«, »politisches Verantwortungsgefühl« und »sittliche[n] Wille[n]«[31] zu Erhaltung und Ausbau von Staat und Kultur zu wecken.

Diese Ziele werden auch mit der staatsbürgerlichen Erziehung – Unterrichtsprinzip aller sprachlichen Fächer – verfolgt. Sie soll im Geschichts- und Staatsbürgerkundeunterricht für »lebendige Staatsgesinnung, Vaterlandsliebe und Gemeinsinn« sorgen. Zwei Bedingungen werden dafür vorausgesetzt: Zum einen soll »das gesamte Leben der Schule von staatsbürgerlichem Geist durchdrungen sein« – eine Forderung, der etwa durch die Schülerselbstverwaltung nachzukommen versucht wird –, zum anderen aber soll »jede Parteipolitik dem Schulleben ferngehalten« werden. Zwar wird von dem reifen Schüler erwartet, nicht »wehrlos und kritiklos jeder politischen (im weitesten Sinne) Tagesmeinung ausgeliefert«[32] zu sein, aber wenn die Schüler hineingezogen werden »in das Chaos der Gegenwartsströmungen, dann ist das stille Wachsen, dann ist das ruhige Wachstum im Sinne Goethes unmöglich. Dann wird die Schule ein Sprechsaal, ein Parlament! eine Wahlversammlung. Dann wird das Charivari … ärger als zuvor«[33]. Damit wird der konkrete Staat dem Unterricht entzogen, er läßt sich allenfalls aus dem Hinweis auf die Kenntnis der Verfassung der Weimarer Republik erkennen; darüber hinaus jedoch wird er als Ideal vorgestellt, das mehr ist »als Familie und Beruf, mehr als ein Interessen- und Zweckverband«. Der Staat ist ein Wert, der für alle Staatsbürger einsichtig sein müßte, weil er die Idee des Rechts- und Kulturstaats verkörpert und damit gleichsam auf die Humanität »als die höchste Vollendung und wertvollste Frucht eines tüchtigen Volkes«[34] verweist.

Reale Politik, scharfe Diskussion und das mühsame Ringen um einen Konsens sind damit aus dem Klassenzimmer verbannt; statt dessen wird die Erziehung zu Toleranz und Duldsamkeit als »eine der vornehmsten Aufgaben des Geschichtsunterrichts«[35] genannt. Nun ist zwar gerade diese Zielsetzung nach den Hetzreden im Ersten Weltkrieg nur zu begrüßen, sie birgt aber auch die Gefahr einer abgehobenen Harmonisierung aller Standpunkte, einer Einigung auf ein realitätsfernes Ideal, wie das der *Idee* des Staates. Vor diesem Hintergrund ist die Kritik der Sozialdemokratie nur zu berechtigt, die die Schulreform in der Weimarer Republik für »schwebend und unbestimmt« hält und kritisiert, daß der »Staat an sich, den die Richtlinien nennen, ... eine Abstraktion« sei, »staatsbürgerliche Erziehung« jedoch »nur zu einem bestimmten, lebendigen Staate mit seiner besonderen Eigenart hinführen«[36] könne.

In gleicher Weise, idealisierend und mit gefühlsbetonten Worten, bestimmt das Prinzip der staatsbürgerlichen Erziehung auch die kulturkundlichen Fächer: »Liebe zur Heimat und das Gefühl der Gemeinschaft mit allen Volksgenossen« werden vom Deutschunterricht als Beitrag gefordert. Die »Erziehung zum Gemeinsinn« soll die Lektüreauswahl bestimmen, damit der Schüler sich auch in die Nöte der Stände einfühlen kann, »zu denen er im Leben keine unmittelbare Beziehung hat«; und »die Erziehung zur Staatsgesinnung« soll durch Werke gefördert werden, »welche die oft tragischen Probleme behandeln, die aus dem Verhältnis des Individuums zur Gemeinschaft entspringen«. Daran knüpft sich die Erwartung, daß die »Häufigkeit dieser Probleme in der deutschen Literatur ... die Schüler ebenso zur Anerkennung der überragenden Bedeutung des Staates führen« wird »wie zur Einsicht, daß in dem individualistischen Grundzug des deutschen Wesens gewisse innere Widerstände gegen die Ausbildung einer entschlossenen Staatsgesinnung liegen«[37].

Die Probleme von Weimar werden hier nicht auf soziale und ökonomische Bedingungen zurückgeführt, sondern in das ursprüngliche Wesen und den Charakter der Deutschen verlagert. Damit werden sie legitimiert; eine Überwindung dieses Charakterzuges wird nicht angestrebt, weil ihm – nicht zuletzt durch seine Objektivierung in der Kultur – etwas Unabänderliches anhaftet. Kultur wird zum Angelpunkt der Deutschen und ihrer Identität: Sie bildet die Grundlage zu dem »echten und gebildeten Nationalbewußtsein ..., das des eigenen Wesens wie seiner Grenzen bewußt, an sich selbst glaubt und sich selber treu bleibt, ohne das Fremde zu verachten«. Der Streit der Stände, Stämme und

Konfessionen soll dahinter zurücktreten; große Dichtungen und die deutsche Sprache sind die verbindenden Elemente, »ein sicheres und gemeinsames Gut aller Deutschen«[38].

Die Tendenz ist deutlich: Die gemeinsame deutsche Kultur Quelle für die Erneuerung des deutschen Volkes, soll die Verbundenheit der Volksgenossen stärken und Heimatliebe und Nationalgefühl fördern. Darüber hinaus wird versucht, durch das Verständnis der Idee des Staates als Kultur- und Rechtsstaat den sittlichen Willen des Individuums zu wecken und es zu befähigen, zu einer Versittlichung der Lebensbereiche beizutragen. Sowohl Deutschkundebewegung als auch Wertphilosophie finden in Formulierung und Zielsetzung ihren Niederschlag; nur nicht die konkrete Situation der Republik mit Arbeitslosigkeit und Inflation, mit ständigen Neuwahlen und andauernder Hohenzollernverehrung.

In der Hohenzollern-Monarchie wurden die politischen Ziele des Geschichtsunterrichts direkt benannt: die Würdigung des Lebens und der Taten der Hohenzollern waren in Richtlinien und Erlassen festgelegt. Für die Weimarer Republik verbietet sich eine solche kodifizierte Indoktrination; die Staatsbürger sollen aus eigener Einsicht den Staat bejahen und seinen Wert erkennen. Allerdings sind das zu vermittelnde Staatsideal und die politische Realität so weit entfernt voneinander, daß Lücken entstehen, die sich mit zeitgenössischen Gedanken jeder Art füllen lassen. Die Deutschkundebewegung, die mit ihrer Betonung des deutschen Wesens ein paar Jahre später von den Nationalsozialisten aufgegriffen wird und sich in deren Ideologie problemlos einpassen läßt[39], bietet sich auch für die Staatsbürgerkunde in der Weimarer Zeit an. Sie mag scheinbar dazu beitragen, die angeschlagene – oder noch nie richtig ausgebildete – Identität der Deutschen wieder herzustellen; sie schiebt sich zu diesem Zweck jedoch mit so viel Irrationalismus und ohne kritischen Diskurs zwischen Staatsideal und politische Realität, daß sie mithilft, unkontrolliert und verdeckt die Wege zu bereiten für eine Schule und Erziehung, deren Ziele totalitär auf die Erwähltheit des deutschen Volkes ausgerichtet sind.

5.2. Chancengleichheit und Bildungsbeteiligung: Höhere Schulen in Weimar

»Für die Aufnahme eines Kindes in eine bestimmte Schule sind seine Anlage und Neigung, nicht die wirtschaftliche und gesellschaftliche Stellung ... seiner Eltern maßgebend«[40]. Neben der Einführung der allgemeinen Grundschule ist diese Aussage, die in der Realität erst eingelöst werden muß, der einzige Niederschlag der Forderung nach sozialer Chancengerechtigkeit in der Weimarer Verfassung. Die Vorstellungen der Schulreformer, vor allem der Sozialdemokraten, mit einem stufenförmigen Schulaufbau, Kurs- und Kernfächern und unterschiedlichen Abgangsmöglichkeiten eine »elastische Einheitsschule«[41] zu schaffen, hatten keine Mehrheit gefunden. Die Diskussion um die Einheitsschule wurde vielmehr umgelenkt auf die »organische Einheit« der einzelnen Schultypen.

Jedoch, eine Demokratie, der ein egalitäres Gesellschaftsverständnis zugrunde liegt, kann sich den Forderungen nach Chancengerechtigkeit und materieller Öffnung der höheren Schulen für Schüler aus allen Schichten nicht verschließen. In der Weimarer Schulpolitik wird daher das Spektrum der Schulen für männliche Schüler um die Deutsche Oberschule und die Aufbauschule erweitert, zwei Typen, die in besonderem Maße helfen sollen, Bildungsbarrieren für Kinder aus Mittel- und Unterschichten, besonders aber für die Landbevölkerung, zu überwinden. Vor allem aber wird das höhere Mädchenschulwesen voll ausgebaut. Damit wird den weiblichen Schulpflichtigen – formal – die gleiche Chance gegeben, an höherer Bildung teilzuhaben und Berechtigungen zu erlangen wie den männlichen Schulpflichtigen. Für beide Gruppen bleibt jedoch die Frage, inwieweit die Bildungsangebote im höheren Schulwesen während der Weimarer Zeit von den Schülern gemäß ihrer »Anlage und Neigung« wahrgenommen werden. Die Strukturierung des höheren Schulwesens in Weimar, der Anteil der höheren Schüler an der Gesamtbevölkerung und ihre Verteilung auf einzelne Schultypen, vor allem im Hinblick auf die für eine Demokratie unentbehrliche Chancengleichheit, werden im folgenden dargestellt.

5.2.1. Unverbrauchte Kräfte in völkischer Ursprünglichkeit als Bildungsreserven: Höhere Knabenschulen in Weimar und das Bildungsverhalten der Knaben

Mit viel Nachdruck wird in der Weimarer Republik die Einheit im höheren Schulwesen betont. Die schulische Situation zeigt jedoch ein breites Spektrum von Schulformen. Durch Tradition und Weimarer Neugründungen sind allein für die männlichen Schulpflichtigen dreizehn verschiedene Schultypen vorhanden: das Gymnasium mit der Variante des Reformgymnasiums, das Realgymnasium mit dem Reformrealgymnasium, die Oberrealschule, die diesen fünf Typen entsprechenden Proanstalten und die Weimarer Neugründungen, Deutsche Oberschule und Aufbauschule als Deutsche Oberschule oder Oberrealschule. Gymnasium und Realgymnasium beginnen, in alter Tradition, in Sexta mit Latein, alle andern Typen mit einer modernen Fremdsprache, die nach örtlichen Bedürfnissen variiert und damit weitere Unterschiede zwischen den einzelnen Typen schafft. Ungefähr 60% der Anstalten beginnen mit Französisch, ungefähr 40% mit Englisch[42]; die Vereinbarung der Länder von 1932 zugunsten des Französischen wird von den norddeutschen Ländern abgelehnt[43]. Um das System der höheren Schulen noch vielfältiger zu gestalten, sind nur noch die Hälfte der preußischen höheren Schulen selbständige Anstalten[44]. Die Entwicklung kombinierter Modelle, wie sie im neunzehnten Jahrhundert mit dem Altonaer und dem Frankfurter Modell begonnen hat, setzt sich zunehmend durch. Besonders die Reformanstalten sind durch den Beginn mit einer modernen Fremdsprache geeignet, über einem gemeinsamen Unterbau mehrere Schultypen in einem Anstaltskomplex miteinander zu verbinden.

Neben diesen tradierten Typen stehen die Weimarer Neugründungen, die grundständige neunjährige Deutsche Oberschule und die Aufbauschule, die begabte Volksschüler nach sieben Jahren Volksschulunterricht in sechs Jahren zum Abitur führen soll. In zweierlei Hinsicht nehmen die Deutschen Oberschulen den Gedanken der Einheit auf: Zum einen bezieht ihr Curriculum in besonderer Weise die kulturelle Einheit ein; das Ganze des deutschen Lebens steht im Vordergrund: »Aus dem Fremden ist ihr wesentlich nur das wichtig, was Inhalt oder Formprinzip des Deutschen geworden ist«. So wird die zweite Fremdsprache, die jedoch 1925 durch Ländervereinigung als verbindlich erklärt wird, zunächst nicht nur aus Gründen der Chancengerechtigkeit abgelehnt, sondern auch, weil sie dem Schwerpunkt dieses Schultyps im Deutschtum entgegensteht, werden doch selbst die Naturwissenschaften durch ihren gewaltigen »Beitrag zur deutschen Geistesgeschichte, ihre zentrale Stellung in der deutschen Philosophie«[45] im Dienste der deutschen Idee gesehen.

Darüber hinaus aber sollen die Deutschen Oberschulen auch der sozialen Einheit dienen: Sie sind als »natürliche Fortsetzung der Volksschule zu betrachten«. Dieser »große Gedanke der inneren Bildungseinheit mit der Volksschule« konkretisiert sich besonders in der Aufbauschule, »denn hier wird anerkannt, daß die Volksschule auch und gerade auf dem Lande und in der kleinen Stadt Schüler bildet, die durch den ungebrochenen Zusammenhang mit Heimat und Gemeinschaft, erfüllt von den Bildungsgütern der Volksschule, nunmehr mit gesammelter Kraft in sechs Jahren eine den andern Schulen gleichwertige und gleichberechtigte Reife erlangen können«[46]. Mit dieser bildungsfördernden Aufgabe übernehmen die Aufbauschulen in gewisser Weise die bisherige Funktion der Präparandenanstalten und Seminare, die bis zur Akademisierung der Volksschullehrerausbildung in der Weimarer Zeit begabten Volksschülern eine Bildungschance gaben, indem sie sie auf den Volksschullehrerberuf vorbereiteten. Ihr Standort auf dem Lande ist damit vorgegeben; es ist ein Beginn, das Stadt-Land-Gefälle bei der Bildungsbeteiligung abzubauen. Daneben ist dieser Standort ideologisch motiviert: »In Dorf und Kleinstadt besitzt unser Volk nicht nur unverbrauchte latente Kräfte, den Jungbrunnen, aus dem es immer wieder das reine Quellwasser seiner völkischen Ursprünglichkeit schöpfen kann. Es besitzt hier Kräfte ganz anderer, ja grundsätzlich entgegengesetzter Art, als sie in der vorherrschenden Großstadtkultur und dem von ihr geformten Großstadtmenschen aller Schichten wirksam sind. ... Die Segensmächte aber unserer ländlichen Volksschichten können sich in der Kinderseele nur in ruhigem, stillem Wachstum entwickeln. Die Kinder müssen tief einwurzeln in den Naturformen und Gemeinschaftsformen ihrer Umwelt, damit sie zu instinktsicherer Triebkraft und zu reflektionsloser Sicherheit erstarken; denn nicht in der Form des Unterrichtsstoffes, sondern nur als Lebensformen wirken sich diese Mächte aus«[47]. Der gesellschaftlichen und ökonomischen Realität der hochindustrialisierten deutschen Republik wird mit dieser Konzeption bewußt gegengesteuert, die ländliche Lebensform wird als Quelle aller Erneuerung gepriesen. Heimat, Volk, Ursprünglichkeit, Instinkt statt Reflexion lauten die Parolen. Der Schultyp der Deutschen Oberschule ist sowohl von seinem deutschkundlich bestimmten Bildungsprofil als auch von seinem bildungsfördernden Auftrag für die Landbevölkerung geradezu prädestiniert, das neue Ideal zu realisieren. Deutschtum vermittelnd und Bildungschancen öffnend, müßte sich, könnte man vermuten, diese Schulform in der Weimarer Zeit durchgesetzt haben.

In der Schulrealität ergibt sich jedoch ein anderes Bild: Die grundständige Deutsche Oberschule spielt in der Weimarer Zeit keine Rolle. Wichtiger dagegen wird die Aufbauschule; knapp ein Zehntel aller höheren Schulen sind Aufbauschulen, die meisten gehen nach dem Lehrplan der Deutschen Oberschule vor. Die dominierende Anstalt bleibt aber, wenn auch mit abnehmender Tendenz, das altsprachliche Gymnasium. Daneben gewinnen das Reformrealgymnasium mit Latein ab Untertertia und die Oberrealschule an Bedeutung. Die Entwicklung des Reformrealgymnasiums als Variante des Realgymnasiums ist dabei besonders bemerkenswert, hatte das Realgymnasium doch zum Ende des 19. Jahrhunderts auslaufen sollen, wobei das Argument der eindeutigen Ausrichtung des Curriculums die Diskussion bestimmte. Gerade dieser Typ jedoch, der kompromißhaft neue Sprachen *und* Latein vereint, setzt sich durch; er wird in der Bundesrepublik als neusprachliches Gymnasium – mit Latein – zum vorherrschenden Schultyp werden[48]. Von den zahlreichen sechsjährigen höheren Schulen hat dagegen nur noch die Realschule Bedeutung; die anderen werden offensichtlich durch die Mittelschulen, denen 1927 mit der mittleren Reife auch eine Berechtigung zuerkannt wird, verdrängt[49].

Wie aber verhalten sich die Schüler? Ermöglicht ihnen die Demokratie mehr Bildungschancen als das Kaiserreich? Trägt sie zu einer sozial gerechteren Verteilung der Schüler aller Schichten auf höhere, mittlere und niedere Schulen bei? Der relative Schulbesuch der männlichen Sextaner in höheren Schulen – damit ist der Anteil der Sextaner am Geburtsjahrgang der 10jährigen gemeint – hatte im späten Kaiserreich bei ungefähr 8% gelegen[50], in der Weimarer Republik steigt diese Quote erheblich an; sie ist 1926 mit gut 16% doppelt so hoch wie im Kaiserreich, fällt jedoch 1931 wieder auf knapp 14% zurück und liegt in der NS-Zeit nur bei durchschnittlich 12%. Erst in der Bundesrepublik ist ein neuer, ins Gewicht fallender Anstieg zu verzeichnen[51]. Der erste Anstieg jedoch, nach jahrelanger Stagnation, fällt in die Zeit der Weimarer Republik.

Darüber hinaus aber ist die Verweildauer der Schüler auf höheren Schulen ein Kriterium für Bildungsexpansion; hier gibt das Bildungsverhalten derjenigen Schüler Aufschluß, die nicht mehr schulpflichtig sind, etwa die Population der Sekundaner. Ihr relativer Schulbesuch liegt im Kaiserreich bis zum Anfang des Jahrhunderts zwischen 3% und 4%, er steigt bis 1911 auf 7%. Dieser Population annähernd vergleichbar ist die der Schüler im neunten und zehnten Schuljahr, deren Anteil 1926 9% der entsprechenden Altersgruppen beträgt, 1931 sogar 15%. Auch der relative Schulbesuch der Schüler im elften bis dreizehnten Schuljahr steigt an: von gut 3% im Jahre 1911 auf fast 7% im Jahre 1931[52]. Das mag ein weiteres Indiz für Bildungsexpansion in der Weimarer Zeit sein. Auch hier geht die Entwicklung in der NS-Zeit zurück und setzt sich erst in der Bundesrepublik entscheidend fort.

An dritter Stelle ist die Chancengleichheit zu überprüfen. Hat die Weimarer Republik ihrem demokratischen Auftrag entsprochen und nicht nur *mehr* Bildung verteilt, sondern sie auch gerechter für Schüler aller Schichten verteilt? Aller Aktualität dieser Frage zum Trotz ergibt sich aus der Forschungslage auch für diese Zeit keine unmittelbare Antwort: Einzig das Sozialprofil der höheren Schulen kann wiederum Indiz sein: So sind im Jahre 1921 die höheren Schulen zu 22% von Schülern aus der Oberschicht besucht worden, zu 67%, also zu gut zwei Dritteln, von Schülern aus der Mittelschicht und zu 9% von Schülern aus der Unterschicht. 1931 hat sich in Preußen der Anteil der Unterschichtkinder auf 13% erhöht; er ist auf allen tradierten Schulformen gestiegen, am stärksten allerdings – von 13% auf 22% – auf der Oberrealschule. Daneben prägen die Unterschichtkinder besonders die Weimarer Neugründungen Deutsche Oberschule und Aufbauschule. Hier liegt ihr Anteil bei 18% bzw. 25%[53].

Insgesamt läßt damit das Bildungsverhalten der Schüler die Folgerung zu, daß in der Weimarer Republik mehr Bildung verteilt wird. Darüber hinaus läßt das Sozialprofil der höheren Schulen vermuten, daß die Forderung nach Bildungschancen für alle Schüler, ohne Ansehen der gesellschaftlichen Stellung ihrer Eltern, von einer allmählich zunehmenden Rekrutierung von höheren Schülern aus der Unterschicht begleitet wird, am stärksten auf den lateinlosen Schultypen. Die Weimarer Schulpolitik zeigt hier offensichtlich erste Erfolge. Unabhängig davon findet in der Weimarer Zeit eine Bildungsexpansion ganz anderer Art statt, nämlich die auf dem Gebiet des höheren Mädchenschulwesens.

5.2.2. Von der gesellschaftlichen Beschäftigung höherer Töchter zur höheren Frauenbildung für die Gesellschaft: Höhere Mädchenschulen und das Bildungsverhalten der Mädchen

»Es gilt dem Weibe eine der Geistesbildung des Mannes in der *Allgemeinheit der Art und der Interessen* ebenbürtige Bildung zu ermöglichen, damit der deutsche Mann nicht durch die geistige Kurzsichtigkeit und Engherzigkeit seiner Frau an dem häuslichen Herde gelangweilt und in seiner Hingabe an höhere Interessen gelähmt werde, daß ihm vielmehr das Weib mit Verständnis dieser Interessen und der Wärme des Gefühls für dieselben zur Seite stehe«[54]. Mit diesen Worten, Fazit einer Denkschrift, die 1872 aus einer Konferenz von Lehrerinnen und Lehrern über die zukünftige Gestaltung der höheren Mädchenschulen hervorging und die Richtlinien für die ersten ministeriellen Bestimmungen abgab, wird in traditioneller Weise der Mann als der alleinige Träger höherer Interessen bezeichnet; die Bildung der Frau ist nur insoweit zuzulassen, als sie dem Manne dienlich sein kann. Von allem etwas, aber keinesfalls zu viel zu wissen; »Oberflächlichkeit und ästhetische Sentimentalität«[55], wie die emanzipierte Frauenbewegung kritisch konstatiert, das sind die Ziele der höheren Mädchenbildung, ausgerichtet auf die Rolle der Frau als dienende Gefährtin ihres Mannes und Mutter ihrer Kinder.

Bei aller Kritik, die die bürgerliche Frauenbewegung an den 1872 geforderten Bildungszielen übt, anerkennt sie jedoch, daß auf derselben Konferenz Ansätze formuliert werden, die die Entwicklung des höheren Mädchenschulwesens vorantreiben: Normierung und Einordnung in das höhere Schulwesen sind die grundlegenden Forderungen; zehn Jahreskurse mit einer einheitlichen Bildung in den Wissenschaften und zwei fremden Sprachen sollen verbindlich werden; die höheren Mädchenschulen sollen derselben staatlichen Schulaufsichtsbehörde unterstellt sein wie die

Knabenschulen, und der Direktor und die Lehrkräfte in den oberen Klassen sollen wissenschaftlich gebildet sein und dieselben staatlich verbrieften Rechte haben wie die Lehrer einer höheren Knabenschule[56]. Forderungen dieser Art sind kennzeichnend bei dem Prozeß der Institutionalisierung eines neuen Schultyps: Die Vielfalt unreglementierter Schulen soll normiert werden, und zwar mit Hilfe des Staates, dem Aufsicht und Kontrolle über die neue Schulform angedient werden, der zugleich aber auch die entsprechenden Berechtigungen verleihen soll.

Der Staat kommt diesem Anliegen nur zögernd nach: Normierungen im Bereich des Bildungswesens haben Konsequenzen, wie den Ausbau der normierten Schulen und die Sorge für die entsprechende Ausbildung der Lehrkräfte. So bleiben denn auch die ersten ministeriellen Bestimmungen für das höhere Mädchenschulwesen aus dem Jahre 1894 hinter den gestellten Forderungen, teilweise sogar hinter der Realität zurück: Während die höheren Mädchenschulen schon weitgehend zehnjährig sind, wird hier nur eine Kursdauer von neun Jahren verbindlich gemacht; eine Fortbildung in einem zehnten Schuljahr, etwa zur Vorbereitung für das Lehrerinnenseminar, wird zwar nicht ausgeschlossen, entbehrt aber jeder Verbindlichkeit. Die Kritik an diesem Rückfall hinter die vielerorts bereits bestehenden Verhältnisse seitens der organisierten Mädchenschulpädagogen liegt auf der Hand, gerät doch die Mädchenschule durch einen nur neunjährigen Kurs völlig in die Gefahr einer Verflachung der Bildung, die geforderten Stoffe können allenfalls zum »Kinderbrei« aufbereitet präsentiert, nicht aber intensiv behandelt werden[57].

Lediglich in bezug auf die Lehrkräfte zeichnet sich ein bescheidener Erfolg für die Sache der Frau ab: Die Bestimmungen von 1894 erkennen an, daß ihr Einfluß auf die Leitung der Mädchenschulen prinzipiell von Wichtigkeit ist. Wenn dieses Zugeständnis auch nicht dazu führt, Frauen Leitungspositionen einzuräumen, bleibt doch wenigstens eine etatmäßige Stelle an der Oberstufe für eine wissenschaftlich gebildete Oberlehrerin vorbehalten. Deren Ausbildung aber liegt in jener Zeit, in der die Männer befürchten, daß »das viele Wissen … den Damen, namentlich den jüngeren, leicht zur Versuchung«[58] werde, zum Glück in den Händen der Lehrerinnen selbst. Sie ergreifen ihrerseits die Chance, der geforderten Wissenschaftlichkeit Genüge zu tun und ihre Standards, als Vorgabe für eine spätere staatliche Normierung, entsprechend hoch zu setzen⁵⁹.

Die Form der höheren Mädchenschule, wie sie in den Bestimmungen von 1894 festgelegt ist, befriedigt jedoch in keiner Weise die Bedürfnisse jener Frauen, die einen gelehrten Beruf ergreifen wollen und einen Abschluß anstreben, der zum Hochschulzugang berechtigt. Ihre Möglichkeiten, die Hochschulreife zu erlangen, sind bisher nicht institutionalisiert und damit weitgehend von Initiativen der bürgerlichen Frauenbewegung und des Allgemeinen Deutschen Lehrerinnenvereins abhängig. So gibt es in Berlin seit 1889 Realkurse, später auch Gymnasialkurse, die, auf dem Pensum der höheren Mädchenschulen aufbauend, ihre Schülerinnen in ungefähr vier Jahren zur Hochschulreife führen. Im Jahre 1896 legen die ersten Absolventinnen dieser Kurse unter staatlicher Aufsicht die Reifeprüfung ab; sie haben damit formal die Berechtigung zum Hochschulstudium erworben, bleiben aber – zumindest in Preußen – beim Besuch der Universität weiterhin von der speziellen Erlaubnis des Kultusministers und des jeweiligen Dozenten abhängig⁶⁰, ein Zustand, der umso dringender der Änderung bedarf, je mehr Frauen auf diese Weise die Hochschulreife erworben haben.

Erst mit den grundlegenden Reformen von 1908 wird in Preußen den Frauen offiziell der Zugang zum Studium gewährt. Diese Genehmigung ist Teil der Normierung und Institutionalisierung des höheren Mädchenschulwesens, das nicht mehr allein für die typische höhere Mädchenschule mit ihrem zehnjährigen Kurs, sondern darüber hinaus auch für die zur Hochschulreife führenden Wege geregelt wird. Die höhere Mädchenschule wird seit 1908 – sofern sie den gesetzlichen Bedingungen nachkommt – als *Lyzeum* bezeichnet. Ihr Lehrplan ist dem der Realschule von 1882 vergleichbar; während deren Kursus seit 1892 jedoch nur noch sechsjährig ist, meint man, für die Mädchen neben den drei Vorklassen sieben Hauptklassen einrichten zu müssen; außerdem werden mehr Deutsch- und Religionsstunden, dafür weniger Mathematikstunden erteilt⁶¹. Wenigstens die Hälfte des Unterrichts in wissenschaftlichen Fächern der Mittel- und Oberstufe muß in den Händen akademisch gebildeter Lehrerinnen und Lehrer liegen⁶². Institutionalisierung und Anerkennung dieses neuen Schultyps werden damit an die Qualifikation der Lehrer gebunden; das ist eine Bedingung, auf die sich der Lehrerinnenverein mit seinen Initiativen bei der Ausbildung wissenschaftlich ausgebildeten

Nachwuchses seit Jahren eingestellt hat.

Diese zehnjährige Schulform ist zunächst die Regel; daneben werden Weiterbildungsmöglichkeiten für Frauen geschaffen: zum einen »eine Ergänzung ihrer Bildung in der Richtung der künftigen Lebensaufgaben einer deutschen Frau, ihre Einführung in den Pflichtenkreis des häuslichen wie des weiteren Gemeinschaftslebens, in die Elemente der Kindererziehung und Kinderpflege, in Hauswirtschaft, Gesundheitslehre, Wohlfahrtskunde sowie in die Gebiete der Barmherzigkeit und Nächstenliebe«[63]. Diese Aufgaben, die dem traditionellen Frauenbild entsprechen, soll das *Oberlyzeum* übernehmen, das entweder in zwei Frauenklassen der »Weiterführung der allgemeinen Frauenbildung« dient und den Frauen dazu verhilft, »ihrem inneren Leben einen würdigen Inhalt zu geben«[64], oder als höheres Lehrerinnenseminar in drei Jahren wissenschaftlichen Unterrichts mit einem anschließenden praktischen Jahr die Befähigung für das Lehramt an mittleren Mädchenschulen und Lyzeen verleiht. Das ist der bisherige klassische Weg der höheren beruflichen Mädchenbildung. Zum andern aber wird mit der *Studienanstalt* die Vorbereitung zur Hochschulreife normiert, und zwar analog zu den höheren Schulen für Jungen. Das Lyzeum bildet den Unterbau; ab Untertertia jedoch zweigen – lateinführend – der gymnasiale und der realgymnasiale Kurs ab, ab Obertertia der lateinlose Oberrealkurs. Die Reifeprüfung der Studienanstalt verleiht die den höheren Lehranstalten für die männliche Jugend entsprechenden Berechtigungen, außerdem das Recht zum Eintritt in die Seminarklasse eines Oberlyzeums. Damit sind erstmals Schulzweige institutionalisiert worden, die dem höheren Schulwesen für die männliche Jugend entsprechen; hier hat für Frauen die eigene selbständige Auseinandersetzung mit den Wissenschaften ihren Platz, nicht mehr das Wohlbefinden der Männer.

In der Weimarer Zeit kommt es zu einer erneuten Reform, nicht zuletzt aus organisatorischen Gründen: Die Einführung der vierjährigen Grundschule hätte den Lyzealkurs ohne Neugestaltung auf elf Jahre verlängert, und die Akademisierung der Lehrerausbildung ersetzt das Oberlyzeum in seiner Funktion als höheres Lehrerinnenseminar. Unter diesen neuen Bedingungen baut sich auf der vierjährigen Grundschule nun ein sechsjähriger lyzealer Kurs auf, der seine Entsprechung – jetzt auch in der Kursdauer – in der Realschule hat. Dieses Lyzeum bleibt weiterhin sowohl

Grundlage für die Frauenbildung – die Frauenschule und die Frauenoberschule – wie auch für die verschiedenen Zweige der Studienanstalt. Neben diesen Formen aus der Zeit des Kaiserreichs werden in der Mädchenschulreform von 1923 jedoch auch grundständige höhere Mädchenschulen institutionalisiert: das Oberlyzeum, ein neusprachlicher Schultyp ohne Latein, der keine Entsprechung bei den Jungenschulen hat, und ein oberreales und ein reformrealgymnasiales Oberlyzeum, die analogen Formen zu den sich zunehmend durchsetzenden Typen höherer Jungenschulen. Dazu kommen natürlich die in der Weimarer Zeit mit so viel Pathos propagierte Deutsche Oberschule und, ab Klasse 8, die Aufbauschule[65]. Die Vielfältigkeit des Knabenschulwesens wird hier noch überboten, einmal durch die besonderen Formen der Frauenbildung, zum andern durch das neusprachliche Oberlyzeum.

Die Entwicklung der 1826 in Minden gegründeten höheren Töchterschule konkretisiert einen Ausschnitt aus diesem Prozeß: Ihre Geschichte ist einerseits durch das Bemühen geprägt, den Charakter der *höheren* Bildung zu betonen – nur so sind gesellschaftliche Anerkennung und finanzielle Unterstützung seitens der Stadt zu erwarten. Andrerseits aber bangt man vor zu weitreichenden Bildungsansprüchen, die mit der traditionellen Rolle der Frau und ihren Aufgaben nicht übereinstimmen könnten. So erhält die Mindener Töchterschule zwar schon 1854 eine Selecta als Oberstufenklasse, und neben dem Französischen wird das Englische eingeführt, aber noch gegen Ende des Jahrhunderts lehnt der Direktor die Verbindung der Töchterschule mit einem Lehrerinnenseminar mit der Begründung ab, die Intellektualisierung könne der Gemütsbildung schaden[66]. Diese Haltung prägt die Geschichte der Schule auch weiterhin: Zwar hält man in Minden, auch nach den Bestimmungen von 1894, an dem bereits vorhandenen zehnjährigen Kurs fest, aber 1908 wird keinesfalls die Gelegenheit zur Einrichtung einer Studienanstalt ergriffen, sondern der traditionelle Weg der Frauenbildung beschritten: Ein Lyzeum mit Oberlyzeum, Lehrerinnenseminar und Frauenschule, wird eingerichtet. Diese Tradition setzt sich in der Weimarer Zeit fort. Nach der Mädchenschulreform von 1923 wird die Anstalt, wie die meisten dieses Typs, zum Oberlyzeum umgewandelt; 1926 erreichten erstmals sechs Abiturientinnen die Hochschulreife[67]. Aber schon 1928 wird die Tradition der

Frauenbildung durch den erneuten Anschluß von Frauenklassen, die seit 1929 sogar zu einer dreijährigen Frauenoberschule ausgebaut werden, wieder aufgenommen. Der Antrag für diese Ergänzung, einstimmig von der Elternschaft gefaßt, hatte die dringende Notwendigkeit betont, den jungen Mädchen, die die Obersekundareife erworben haben und sich nicht wissenschaftlich weiterbilden wollen, »eine Fortbildung auf ethischem, wirtschaftlichem, sozialem und technischem Gebiet« zuteil werden zu lassen, »die für die Tätigkeit der zukünftigen Hausfrau, Mutter und Staatsbürgerin unerläßlich ist und die geeignete Vorstufe für die Ausbildung in den sozialen und technischen Frauenberufen bildet«[68]. Damit hat Minden jenen Weg aufgenommen, der der angeblich typisch fraulichen Veranlagung entspricht, möglicherweise ein Ergebnis der Mindener Klientel, auf die die These zutreffen könnte, daß die höhere Töchterschule eher einem gesellschaftlichen als einem unterrichtlichen Bedürfnis entsprach[69].

Wer aber sind nun die Schülerinnen, die eine höhere Schule besuchen? Auf die Frage nach ihrer sozialen Herkunft gibt es – noch weniger als bei den Jungen – eine über Einzelfälle hinausreichende Antwort. Für Minden läßt jedoch die soziale Herkunft der ersten Abiturientinnen den Schluß zu, daß das Reifezeugnis und damit vermutlich erst recht der Schulbesuch des Oberlyzeums keineswegs ausschließlich für die Oberschicht interessant war, sondern auch für Schülerinnen aus der Mittelschicht. Die Jahresberichte verzeichnen unter den ersten 21 Abiturientinnen der Jahre 1926-1928 vier Töchter von nichtakademisch gebildeten Lehrern, die Tochter eines Werkführers, die eines Büchsenmachers und die eines verstorbenen Postschaffners[70]. Die mit Berechtigungen verbundene Bildung gilt offensichtlich weniger als gesellschaftliches Ereignis, sondern eher als mobilitätsfördernd. Der Ausbau des Mädchenschulwesens – eine Forderung der Frauenbewegung und eine Notwendigkeit für die Demokratie – ermöglicht hier einzelnen Töchtern aus der Mittelschicht jene Bildung, die zuvor nur mit einem Ausmaß an privater Initiative möglich war, wie sie für Angehörige der Mittelschicht in der Regel nicht aufzubringen ist.

Wie viele Mädchen in der Weimarer Republik können diese Bildungschancen wahrnehmen? Wie bei den Jungen gibt hier der relative Schulbesuch Auskunft: Die Quote der weiblichen Sextaner auf höheren Schulen liegt 1921 bei gut 7%, sie steigt 1926 auf über 11% an, fällt jedoch 1931 – mutmaßlich unter dem Eindruck der Weltwirtschaftskrise – auf knapp 8% zurück und liegt in der NS-Zeit zwischen 5% und 6%. Zu einem kontinuierlichen Anstieg kommt es zwar erst in der Bundesrepublik, in der Weimarer Zeit liegt jedoch der Grundstein für die weibliche Bildung. Die Verweildauer der Schülerinnen auf höheren Schulen zeigt ihr erreichtes Bildungsniveau: Das neunte und zehnte Schuljahr wird in der Weimarer Zeit von 4%-5% eines Altersjahrgangs besucht – im Jahre 1931 schlägt sich die hohe Einschulungsquote von 1926 sogar in einem relativen Schulbesuch von 9% nieder –, die Oberstufe wird noch von 1%-2% eines Jahrgangs besucht[71]. Damit liegt der relative Schulbesuch der Mädchen ungefähr fünf Prozentpunkte niedriger als der der Jungen, in der Oberstufe nur drei bis vier Prozentpunkte. Diese Ergebnisse weisen den Anteil der Mädchen, die eine höhere Schule besuchen, zwar als gering aus; er ist jedoch nicht hoch genug einzuschätzen, wenn man bedenkt, daß die Institutionalisierung des Mädchenschulwesens erst wenige Jahre zurückliegt. Unter diesen Bedingungen ist er Indiz dafür, wie gesellschaftlich notwendig die Frauenbildung geworden war.

Die einzelnen Schultypen, auf denen Bildung erworben wird, lassen eine noch differenziertere Betrachtung des Bildungsverhaltens der Mädchen zu: 1921, also vor der Neuordnung der Weimarer Zeit, ist der vorherrschende Typ der höheren Mädchenschulen das grundständige Lyzeum, das die Jahrgänge 5-10 umfaßt. Die wenigen Schülerinnen, die die Hochschulreife erwerben, sind vorwiegend auf dem alten Oberlyzeum, in seiner Ausprägung als höheres Lehrerinnenseminar, oder in der realgymnasialen Studienanstalt zu finden. Zehn Jahre später hat sich das Bild gewandelt: Fast die Hälfte aller Schülerinnen besucht jetzt das grundständige Oberlyzeum, jenen neusprachlichen Schultyp, der sich bei den höheren Mädchenschulen durchsetzt. Betrachtet man die Schülerinnen der Oberstufe gesondert, bevorzugen sie ebenfalls zur Hälfte das Oberlyzeum; zu je 20% besuchen sie lateinführende Anstalten und Frauenschulen, zu knapp 10% die Deutsche Oberschule und die Aufbauschule[72]. Der Trend der Weimarer Zeit ist damit eindeutig auf das neusprachliche Oberlyzeum ausgerichtet; selbst der Anteil der Schülerinnen an Frauenschulen geht zurück. Er erlebt jedoch großen Aufschwung mit der NS-Ideologie und deren Begrenzung der intellektuellen Frauenbil-

dung unter der Parole: »Das Ziel der weiblichen Bildung hat unverrückbar die kommende Mutter zu sein«[73].

Wie diese Renaissance der Mutterideologie und der Frau als Die-
nerin ihres Mannes in Lehrplänen und Schulbüchern der Weimarer Zeit aller Institutionalisierung wissenschaftlicher Bildung zum
Trotz angelegt ist, zeigen die folgenden Ausführungen, die am
Beispiel des Mindener Schullebens untersuchen, inwieweit die
Schule der Weimarer Zeit einem Geist huldigt, der dem Nationalsozialismus den Weg ebnet.

5.3. Der Kaiser in Porta Westfalica und das »Volk ohne Raum«: Die höheren Schulen in Minden

Als mit dem Ende des Ersten Weltkriegs die Republik ausgerufen
wird, übernimmt die neue Regierung den Beamtenapparat aus der
Kaiserzeit; die Verarbeitung der politischen Umwälzung wird, im
Vertrauen darauf, daß der neue Staat als Wert anerkannt wird, den
einzelnen Beamten überlassen: Die neue Demokratie ist bemüht,
die »Empfindungen Andersdenkender«[74] zu respektieren, und
muß mit dieser Grundhaltung zusehen, wie monarchistisch-all-
deutsch denkende Chauvinisten sich weigern, die schwarz-rot-
goldene Fahne der Republik zu hissen[75], und Kommunisten sich
dagegen wehren, ihren Kindern das »nationale Gift« des Deutsch-
landliedes einimpfen zu lassen[76]. Die Ablehnung der Symbole der
Weimarer Republik verdeutlicht die ambivalente Haltung eines
großen Teils der Bevölkerung gegen den neuen Staat. Im Schulleben werden die ablehnenden Einstellungen besonders deutlich,
jedoch der preußische Kultusminister, »hoffend, daß das Vernünftige sich ohne Verbote und Gebote von selbst durchsetzen
werde«[77], greift erst entschieden ein, als es bei der Entfernung von
Symbolen aus der Kaiserzeit zu Unruhen unter den Schülern
kommt[78].

Auch die Mindener Schüler beteiligen sich an den Unruhen.
Zwar sind am Gymnasium offensichtlich selbst die Oberlehrer,
denen im allgemeinen eine konservative deutschnationale Gesinnung zugeschrieben wird, der Ansicht, die Kaiserbilder seien als
politisches Symbol zu entfernen; das aber ruft den Protest der
Primaner hervor. Sie, die nach Kriegsende das Mindener Infanterieregiment feierlich begrüßt, die Reden des Vertreters des Arbei-

ter- und Soldatenrates jedoch mit Pfiffen und faulen Äpfeln quittiert haben, weigern sich, ihren Klassenraum zu betreten, bevor nicht die Kaiserbilder wieder aufgehängt sind. Zur Bekräftigung ihrer Forderung treten sie in den Schulstreik und fahren zum Kaiserdenkmal an der Porta Westfalica, wo sie, als Zeichen ihrer politischen Gesinnung, am »Degenknauf des würdigen alten Kaisers« einen großen Eichenkranz mit schwarz-weiß-roter Schleife anbringen. Während ihrer Abwesenheit wird dieses Ereignis im Lehrerkollegium unter den Aspekten der »Lockerung der Zucht« und der »Unbotmäßigkeit« diskutiert. Ein Zusammenhang mit dem Deutschen Nationalen Jugendbund ist angeblich nicht nachzuweisen, und die politische Ebene des Vorfalls scheint dem Kollegium weniger brisant zu sein als die disziplinarische. Die jedoch ist mit den nachgeholten Unterrichtsstunden wieder bereinigt[79].

Der Vorfall zeigt, vor welche Probleme sich die Schule zu Beginn der Republik gestellt sieht. Mag es den Lehrern schon schwer genug fallen, ihren Beamtenpflichten gemäß die Anordnungen der neuen Regierung auszuführen, beharren die Schüler, die über Jahre zu unbedingter Treue zu dem kriegsführenden Hohenzollernstaat erzogen worden sind und sich mit ihm identifiziert haben, auf den politischen Ansichten der Kaiserzeit. Daher halten die Mindener Primaner auch in den ersten Jahren der Republik an ihrer Verbindung zum Mindener Infanterieregiment fest und lassen sich als Zeitfreiwilligenkommando aufstellen. Schule und Elternhaus billigen dieses Handeln, mit ihrem Wissen werden alle wehrfähigen Primaner nachmittags zu Rekruten eines Freikorps ausgebildet. Als dann im Gefolge des Kapp-Putsches im Ruhrgebiet der Aufstand ausbricht, ist die große Stunde der freiwilligen Primaner gekommen: Sie ziehen aus, um die »scheußlichen Untaten der kommunistischen Aufständischen«[80] zu rächen. In später Erinnerungsverklärung der Beteiligten mag sich das wie Abenteuerlust einer um den Krieg »betrogenen« Generation oder wie ein dummer Jungenstreich ausgenommen haben; in historischer Betrachtung jedoch ist es ein Indiz für das Festhalten konservativer und deutschnationaler Kreise am Kaiserreich und für deren Abwehrhaltung gegen die Republik.

In welcher Form aber versucht die Schule, den Unterricht den Zielen der Republik gemäß zu gestalten? Inwieweit werden die Forderungen nach staatsbürgerlicher Erziehung und demokra-

tischen Unterrichtsprinzipien aufgegriffen? Werden sie von
Deutschtumsbegeisterung und völkischer Ideologie überdeckt?
Die Jahresberichte der drei Mindener höheren Schulen, des Gym-
nasiums, der Bessel-Oberrealschule und des Oberlyzeums geben
Einblick in Schulleben und Unterrichtsgestaltung[81].

Betrachtet man den Lehrplan für den Deutschunterricht des
Gymnasiums unter dem Aspekt der Weimarer Einflüsse von
Deutsch- und Kulturkunde, zeigt sich der Lektürekanon von diesen Strömungen wenig tangiert; er ist wie im Kaiserreich an Werken aus Aufklärung, Klassik, Realismus und Naturalismus orientiert, in Obersekunda kommen alt- und mittelhochdeutsche
Dichtung hinzu. Die Aufsatzthemen sind weitgehend auf die Lektüre bezogen; germanische Heldensage und griechische Mythologie bestimmen sie ebenso wie Werke von Lessing, Goethe, Schiller oder Hauptmann und Ibsen. Daneben stehen politische Themen, in erster Linie die Auseinandersetzung mit dem Ausgang des
Ersten Weltkriegs und dem Versailler Vertrag: »Welchen Einfluß
pflegen große Drangsale auf die Entwicklung der Völker auszuüben, und welche Hoffnungen dürfen wir in dieser Hinsicht für
unser eigenes Volk hegen?«[82] Politische Themen greifen jedoch
auch weiter zurück: Die Darstellung der Charakterunterschiede
zwischen Bismarck und Wilhelm II. und Bismarcks Stellung zu
Krieg und Frieden werden gefordert; gelegentlich wird sogar die
demokratische Tradition von 1848 in das Spektrum der Themen
einbezogen[83]. Heimatverbundenheit – »Der Boden, auf dem du
stehst, mein Sohn, ist heilig. Er ist geweiht durch deiner Väter
Schweiß und Blut« – und das Deutschtum im Ausland ergänzen
gegen Ende der Weimarer Zeit das Spektrum der Themen, sie
werden jedoch nicht zum vorherrschenden Gegenstand; die Begründung für den Aufschwung der deutschen Industrie in den
letzten Jahrzehnten vor dem Weltkrieg wird zum Korrektiv für
idyllisiertes Landleben[84]. Auch die Staatsbürgerkunde wird eher
politisch als im Sinne einer volkstümelnden Deutschkunde verstanden, gesellschaftliche und ökonomische Bedingungen des
Staates scheinen hier Eingang gefunden zu haben: Tagespolitische
Begebenheiten werden da, wo es sich im Interesse der Sache nicht
vermeiden läßt, einbezogen, und die volkswirtschaftlichen
Grundlagen des Staates sind Thema einer Arbeitsgemeinschaft[85].
Um den Arbeitsunterricht, dessen leitende Prinzipien der Selbständigkeit und Selbstverantwortung demokratischen Grundhal-

tungen entsprechen, bemüht man sich am Mindener Gymnasium; allein er fordert viel Beweglichkeit und Initiative, auch von den Schülern, beides wird von den Lehrern beklagt[86]. Entsprechend belastet fühlen sie sich, um so mehr, als mit der Schulreform von 1925 generelle Stundenkürzungen vorgenommen wurden, die Ziele in den Richtlinien aber an Höchstleistungen orientiert werden. Seit 1927 wird in den Jahresberichten auch der Verein für das Deutschtum im Ausland erwähnt; ihm gehören, wie auch an den anderen beiden Mindener höheren Schulen, etwa zwei Drittel der Schülerschaft an. Die Aktivitäten dieses Vereins werden aber nicht besonders erwähnt. Insgesamt ergibt sich daraus das Bild eines Gymnasiums, das durch die klassischen tradierten Curricula wie durch eine konservative Orientierung am Kaiserreich davor bewahrt wird, deutschkundliche, mit völkischem Gedankengut untermauerte Aspekte in besonderem Ausmaß in den Unterricht eindringen zu lassen.

Die Oberrealschule läßt ein anderes Bild vom Leben in der Schule entstehen. Deutschkundliche Aufsatzthemen finden hier mehr Beachtung, vor allem aber werden sie mit weniger Distanz und Kritik gestellt. Wird im Gymnasium gefragt, mit welchen Schwierigkeiten das Deutschtum im Ausland zu kämpfen hat, werden hier – positiv gewendet – die Möglichkeiten der Jugend zur Unterstützung der Auslandsdeutschen erfragt[87]. Der Frage im Gymnasium, in welchem Sinne das deutsche Volk nunmehr »Deutschland, Deutschland über alles« singen könne, wird in der Bessel-Oberrealschule entgegengesetzt: »Was begründet unsern Glauben, daß Deutschland doch einmal wieder den Platz unter den Weltmächten einnehmen wird, der ihm gebührt?«[88] Daneben sind die Aufsatzthemen zwar auch in der Oberrealschule an der Klassenlektüre orientiert; sie geht jedoch mit Liliencrons Kriegs-novellen und Frenssens »Peter Moors Fahrt nach Südwest«[89] über den am Gymnasium tradierten Kanon hinaus. Im Schuljahr 1928/29 weist die Schülerbücherei zudem einige Neuerwerbungen mit eindeutig völkischer Tendenz auf: Walter Flex' »Gesammelte Werke« in sieben Bänden, 52 Bände »Deutsche Volkheit«, vor allem aber Hans Grimms »Volk ohne Raum«, das im selben Jahr von den vierzehn Mitgliedern der Schulgruppe des Groß-deutschen Jugendbundes, die sich wöchentlich dreimal treffen, gelesen wird[90]. Ein Jahr später sind Grimms »Volk ohne Raum« und seine »Südafrikanischen Novellen« Lektüre für Prima geworden, Aufsatzthemen werden daran orientiert[91]. Der Unterricht dieser Oberrealschule gibt den Zeitströmungen, und damit gegen Ende der zwanziger Jahre vor allem der völkischen Tendenz, mehr Raum als der Unterricht des Gymnasiums. Das mag auch eine organisatorische Ursache haben: Entfallen doch für den neunjährigen Kurs der Oberrealschule auf die kulturkundlichen Fächer Deutsch, Geschichte und Erdkunde insgesamt 73 Jahreswochenstunden; dem Gymnasium stehen dagegen nur 62 Wochenstunden zur Verfügung, das sind 15% weniger.

Auch der Stellenwert, der in den Schulberichten den außerschulischen Aktivitäten der Schüler zugestanden wird, läßt vermuten, daß sich die Oberrealschule stärker den nationalistischen Strömungen der Zeit geöffnet hat: Neben Wandervogel, Deutschen Pfadfindern, Deutscher Freischar, Großdeutschem Jugendbund, dem Stenoverein Tiro und einem Schülerbibelkreis wird vor allem über den Verein für das Deutschtum im Ausland mit seinen Wanderfahrten, Pfingsttreffen, seiner Lektüre von Büchern »deutscher Art in deutschem Geiste«, seinen Vorträgen und seinen Sammlungen berichtet. Hier haben Deutschkundebewegung und Pflege des Deutschtums nicht nur in den Lehrplan, worauf auch das benutzte deutschkundliche Lesebuch »Wägen und Wirken« hinweist, sondern darüber hinaus in das Schulleben Eingang gefunden. Von dem Bemühen um die der Republik angemessenen demokratischen Unterrichtsformen ist dagegen weniger zu bemerken. So heißt es 1925: »Die *Schülerselbstverwaltung* hat nur geringe Fortschritte gemacht, demokratische Formen werden von den Schülern abgelehnt«. Aber wichtiger sei, tröstet man sich, letztlich der »Geist der Selbstverantwortung, des Einstehens für sich selbst, der Aufrichtigkeit und des Vertrauens zu den Lehrern«[92]. Der Verdacht liegt nahe, daß Demokratie als Form ohne Inhalt verstanden wird, die Inhalte dagegen von Volk und Volkstum gesetzt werden.

Die dritte der höheren Schulen in Minden, das Oberlyzeum, vertritt den Geist der Weimarer Mädchenbildung in der für Minden typischen traditionellen Ausrichtung. Hier hat auch die wissenschaftliche Frauenbildung ihren Platz: Sie setzt die Frau instand, »an den geistigen Interessen ihres Mannes und ihrer Kinder und an den großen Fragen des Lebens« Anteil nehmen zu können, und verschafft ihr jene geistige Bildung, die »das beste Mittel gegen die Verflachung und Seelenlosigkeit der Zeit und die beste

Grundlage für die Mitarbeit am Wiederaufbau des deutschen Lebens«[93] ist. Die Frau als »Kulturträgerin« soll dazu beitragen, das deutsche Volk »aus der tiefen Seelennot heraus zu sittlicher Reinheit und Schönheit«[94] zu führen. In idealistisch religiöser Gesinnung soll sie »festhalten an hochsinniger Lebensauffassung«, Begeisterung für alles Große empfinden, an erster Stelle für »*Heimaterde* und *Vaterland*«[95]. Die höhere Schule wird »als ein heiliges Land« verstanden, »wo die Kinder einmal dem Hasten und Jagen des Alltags nach Gewinn und Nutzen entrückt sind, um eine Bereicherung und Verfeinerung des Innenlebens und eine vertiefte Einstellung zu den Fragen von Welt und Leben und die nötige Verantwortung gegenüber dem Staatsganzen zu gewinnen«[96]. Realitätsferner Idealismus, die von Ästhetik geprägte Tradition der Mädchenschule und die Forderung der geisteswissenschaftlichen Pädagogik nach Autonomie treffen hier zusammen und vermeiden in dem ästhetisch gestalteten heiligen Land der Schule jegliche Auseinandersetzung mit der politischen Realität. Stattdessen steht deutsche Kultur im Vordergrund: Volkslied, Volksgut, romantische Dichtung und Lyrik bestimmen den Lehrplan; den Charakter des deutschen Volkes im Märchen[97] oder im Nibelungenlied gilt es herauszuarbeiten. Kultur und Innerlichkeit werden zu Fluchtpunkten der gesellschaftlichen Realität; ein Modell, das sich für eine Mädchenbildung anbietet, die an der Rolle der Frau als Trägerin der sittlichen Kraft des Volkes orientiert ist. Reflexionen darüber, wie die Frau dem Vaterland dienen könne[98], und Aufsätze über das Vorbild der Gertrud Stauffacher unterstreichen diese Tendenz.

Vergleicht man die drei Mindener Schulen in der Weimarer Zeit, schottet sich das Gymnasium mit tradiertem Kanon und konservativer Grundhaltung am deutlichsten von dem völkischen Zeitgeist ab; die Oberrealschule dagegen öffnet sich den rechtsgerichteten Strömungen sowohl durch Lektüre als auch durch Unterstützung außerschulischer Aktivität. Das Oberlyzeum vertritt ohne weitreichende emanzipatorische Ansprüche die traditionelle Frauenbildung, mit realitätsferner kultureller Überhöhung. Damit tragen vor allem die Oberrealschule mit ihren deutschkundlichen Themen und das Oberlyzeum mit seinem geschlechtsrollenspezifischen Frauenbild zwischen Kultur, Gemüt und Innerlichkeit dazu bei, daß der später geforderten Übernahme der NS-Ideologie nur wenig oder gar nichts entgegengesetzt wird.

6. Rasse und Volk, Führer und Gefolgschaft: Höhere Schulen im Nationalsozialismus

6.1. Die Sehnsucht nach Erneuerung des deutschen Volkes und die nationalsozialistischen Grundsätze zur Erziehung

Die Weimarer Republik, von Gustav Radbruch als »Republik ohne Republikaner«[1] bezeichnet, war von Anbeginn mit schwerwiegenden Hypotheken belastet: Das Erlebnis des Ersten Weltkriegs, der Frieden von Versailles und die Regierungsform der Demokratie, die von weiten Kreisen der Bevölkerung, vor allem vom Bürgertum, nicht akzeptiert wird, tragen zur Ablehnung des Weimarer Staates bei. Unausgeglichene Widersprüche zwischen den Konzeptionen von parlamentarischer Demokratie und Räterepublik, extreme Kräfte auf dem linken wie dem rechten Flügel, machen, ungeübt in der für eine Demokratie typischen Suche nach Kompromissen, eine stabile Regierungsmehrheit ebenso unmöglich wie eine konstruktive Opposition. Anstelle einer Identifikation mit dem neuen Staat lebt der Hindenburg-Mythos auf. Die wirtschaftlichen Schwierigkeiten mit der Massenarbeitslosigkeit geben den letzten Anstoß, sich von diesem ungeliebten Staat abzuwenden: Sehnsucht nach einer ›echten Volksgemeinschaft‹ ohne Parteienhader und Hoffnung auf eine Autorität, die aus der wirtschaftlichen Krise führt, verbinden Gruppen miteinander, die die Republik nicht wollen: Frontkämpferverbände und Freikorps, rechtsstehende bürgerliche Parteien – völkische wie konservative –, Landvolkbewegung und Bünde der Jugendbewegung. Sie artikulieren jeweils ihre Leitbilder: deutsche Wesensart und nordische Rasse, die der glorreichen Stauferzeit entnommene Reichsidee, Preußens Gloria und den soldatischen Nationalstaat bis hin zum Führer-Gefolgschaftsideal, getränkt in Blut- und Boden-Mystik[2]; geradezu ein Arsenal an ideologischen Versatzstükken für den Nationalsozialismus. Die Demokratie als Staatsform lehnen sie alle gleichermaßen ab, ein »durch keine Vernunftkontrollen gebändigter politischer Romantizismus«[3] ist ihre Gemeinsamkeit.

Die Sehnsucht nach Erneuerung des deutschen Volkes, nach einer nationalen Einheit, die nicht von Rationalismus und Positivismus durchsetzt ist, ergreift auch bürgerliche Pädagogen, die sich vor die Aufgabe gestellt sehen, zu einer solchen Erneuerung beizutragen. In der Tradition Diltheyschen geisteswissenschaftlichen Denkens leiten sie die Bestimmung von Erziehung aus der Analyse pädagogischer Bewegungen in der Geschichte ab. Systematisch gewendet läßt sich aus dieser unhistorisch gewordenen »Kategorie der ›Geschichtlichkeit‹ ... die vernünftige Bestimmung von Erziehung« entnehmen. Herman Nohl, ein Repräsentant der geisteswissenschaftlichen Pädagogik, nimmt auf Grund seiner Analysen der geschichtlichen pädagogischen Bewegungen sogar eine »Art Gesetzmäßigkeit«[4] in der Pädagogik an: Nach Nohl folgt einer ersten Phase der pädagogischen Bewegung, mit dem »Schlagwort« der Bildung zur »»Persönlichkeit«« umschrieben, eine zweite, deren Formel die der »»Gemeinschaft«« ist. »Die allgemeine Formel für beide Phasen heißt: *alle Kräfte wecken und lebendig machen*. Dann aber entsteht die Frage: Kann man Kräfte wecken, ohne ihnen einen Gehalt zu geben? Müssen Kräfte nicht auch eine Richtung haben? ... So setzt eine *dritte* Phase ein. ... Auch die pädagogische Bewegung *unserer* Generation ist jetzt in diese dritte Phase eingetreten, die wieder nach Gehalt, Richtung und Bindung der Kräfte verlangt, die ... das überlegene Ganze meint mit seiner objektiven Gewalt, das die individuellen Kräfte verpflichtet. Das Schlagwort dieser dritten Phase ist nicht mehr Persönlichkeit und Gemeinschaft, sondern ›Dienst‹, d. h. die tätige Hingabe an ein Objektives«[5].

Die den geisteswissenschaftlichen Pädagogen bei aller »Geschichtlichkeit« ihres Denkens mangelnde »Analyse des politisch-sozialen Spannungsfeldes, in dem sich Erziehung realiter«[6] vollzieht, führt dazu, daß die Gestaltung dieser dritten Phase den Nationalsozialisten eingeräumt wird: »Jedenfalls hat der nationalsozialistische Staat die Überzeugung der pädagogischen Bewegung hinter sich, wenn er hier radikal zugreift und die Ganzheit oberhalb aller dieser Gegensätze herausarbeitet. Er besitzt in dem nationalen Gehalt unserer Geschichte wie unserer Sendung auch den Fundus, der die einheitliche Schule zu tragen vermag«[7]. Der Nationalsozialismus, in seinen völkischen, nationalen und sozialen Ideen befürwortet, in seinem rassistisch begründeten Machtstreben wohl zu sehr verharmlost – vielleicht zunächst aber auch akzeptiert –, scheint geeignet, »die seelisch-geistigen Kräfte als die entscheidenden gegenüber Wirtschaft und Politik« zu erkennen und »die Aufgabe der Zeit wieder als eine große Erziehungsaufgabe« zu sehen: nämlich »die Form des Menschen und des Volkes ... von innen her«[8] zu erneuern.

Das Konzept einer Erneuerung, das sich anbietet, umfaßt jedoch keinesfalls nur »Dienst« am Ganzen, sondern zugleich die Forderung größter Unmenschlichkeit im Dienste des Ganzen. Hitler hat es schon 1924/25 in seiner Schrift »Mein Kampf« vorgelegt und drückt es auch unmittelbar nach der Machtübernahme klar und unmißverständlich aus: »Meine Pädagogik ist hart. Das Schwache muß weggehämmert werden. In meinen Ordensburgen wird eine Jugend heranwachsen, vor der sich die Welt erschrecken wird. Eine gewalttätige, herrische, unerschrockene, grausame Jugend will ich. Jugend muß das alles sein ... Das freie, herrliche Raubtier muß erst wieder aus ihren Augen blitzen. Stark und schön will ich meine Jugend ... So merze ich die Tausende von Jahren der menschlichen Domestikation aus. So habe ich das reine, edle Material der Natur vor mir. So kann ich das Neue schaffen«[9]. Der neue nationalsozialistische Mensch wird hier projektiert: geschaffen in einem revolutionären Kraftakt, sich auszeichnend durch Gewalttätigkeit, die Welt in Schrecken versetzend, nur dem »rassisch wertvollsten Kern des Volkes« dienend und »seine Fruchtbarkeit«[10] steigernd, aber trotz raubtierhafter Freiheit untergeordnet unter *Rassesinn«* und *»Rassegefühl«*, die *»instinkt- und verstandesmäßig in Herz und Gehirn«*[11] hineinbrennen, ausgerichtet auf das Kampfziel des germanischen Staates, dessen »Lebensraum« Macht und Größe des deutschen Volkes angemessen sein soll[12]. Durch *»Heranzüchten kerngesunder Körper, Charaktererziehung zur Härte, Förderung der Willens- und Entschlußkraft«* wie der *»Verantwortungsfreudigkeit«*, erst an letzter Stelle »durch wissenschaftliche Schulung«[13] soll dieser neue Mensch entstehen, den politischen Zielen entsprechend geplant, geformt, gehämmert. Individuelle Entfaltung und natürliche Erziehung sind keines Gedankens mehr wert.

Republikgegner mit ihrer »Sehnsucht nach der ›geistigen Einheit der Nation‹«[14], das apolitische Verhalten der Pädagogen und deren fatale Überschätzung der Eigenständigkeit und Autonomie von Pädagogik, zugleich aber deren Hoffnung, Richtung und Leitbilder von der Bewegung des neuen Dritten Reiches zu empfangen, verhelfen den Nationalsozialisten zu leichtem Spiel: Bei ihrem Bestreben, den neuen nationalsozialistischen Menschen zu schaffen, schließen sie an Leitvorstellungen der Republikgegner an und ordnen sie den Schlüsselbegriffen von Rassereinheit und Kampf unter.

Als Pädagogen wie Herman Nohl die Unvereinbarkeit von Grundzügen der pädagogischen Bewegung mit der nationalsozialistischen Ideologie erkennen – Nohl wird 1937 vorzeitig emeritiert –, haben die Grundsätze der Nationalsozialisten längst in der pädagogischen Realität Gestalt angenommen; die neuen Machthaber haben Erziehung, Schule und Unterricht durch laufende Eingriffe in die von ihnen gewünschten Bahnen gelenkt.

6.1.1. Das Trugbild der gebildeten Persönlichkeit und der durch Blut und Schicksal bestimmte deutsche Mensch: Grundzüge der Richtlinien für höhere Schulen

Die Erziehungstätigkeit in den Schulen wird 1938 in den Richtlinien für höhere Schulen definiert, empfängt Auftrag und Ziel »vom politischen Willen und seinem Werk«, von der »Stiftung einer neuen Volksordnung ...«, die den großen Erziehungsraum schafft und die alle Erziehung tragende einheitliche Weltanschauung zur Herrschaft bringt«. Der große Fehler der Weimarer Zeit sei es gewesen, heißt es weiter, Pädagogik und Erziehung unabhängig von Staat und Rasse entwickeln zu wollen; man habe »durch Bildung den Staatsbürger ohne Staat« schaffen wollen und sich dabei zwangsläufig in den Idealismus geflüchtet, jedoch nicht gesehen, »daß aus der unvergänglichen Substanz unserer Rasse eine neue Gestalt des deutschen Lebens hervorwachsen könne«. Ein solch vermeintlicher Irrweg, »die Illusion, daß geistige Bildung einem Volke das schenken könne, was nur durch die politische Tat einer großen Persönlichkeit dem Schicksal abgetrotzt wird«, liegt den Nationalsozialisten fern: Für sie steht an erster Stelle die durch Hitler gegebene Ordnung, in der er »die Kraft seines Volkes in einem einzigen politischen Willen« zusammenfaßt. Er ist die Richtschnur für die neue Erziehung; »der Vorrang der Politik vor der Pädagogik«[15] ist eindeutig.

Eine derartige Konzeption läßt nach der Aufgabe der Schule in der Gesellschaft fragen: Wird das von der Schule vermittelte Wissen vom Staat anerkannt, oder wird sie auf Ideologievermittlung reduziert? Welche Rolle ist ihr im Verhältnis zur Hitlerjugend zugedacht? Der Versuch der Partei, durch die Hitlerjugend in die Schulen einzudringen, verdeutlicht ihre Position: Als 1934 der Staatsjugendtag eingeführt wird, ist der Samstag für HJ-Mitglieder unterrichtsfrei und steht zum Dienst in der HJ zur Verfügung; die Nichtmitglieder – ausgenommen die hier nicht zugelassenen und damit diffamierten nicht-arischen – haben in dieser Zeit nationalpolitischen Unterricht. Diese Einrichtung erfordert eine Umorganisation des Lehrplans; Kürzungen des Stoffes sind unvermeidlich. Der Nationalsozialismus dringt nicht nur als Ideologie, sondern auch durch Organisation in die Schulen ein. Die Abwertung der Schulen ist offenkundig; das Wissen, das sie vermitteln sollen, gilt den Nationalsozialisten wenig, der Unterrichtsausfall zugunsten des Dienstes in der HJ kommt ihnen entgegen. Die Ideologievermittlung ist besser bei der HJ als bei der Schule aufgehoben, da dort weder Zurückhaltung gegen die Parteilinie noch konkurrierende Bemühungen um Wissensvermittlung zu befürchten sind. So ist der Vorrang der HJ mit klarer Ideologievermittlungsfunktion vor der Schule mit gesellschaftlich nicht anerkannter Qualifizierungsfunktion und nur halbherziger Indoktrination eindeutig. Als 1936 mit dem »Gesetz über die Hitlerjugend« die Mitgliedschaft in der HJ obligatorisch wird, wird der Staatsjugendtag wieder aufgehoben; die HJ ist zu einer gesellschaftlichen Macht gemacht worden, die nicht mehr durch schulfreie Tage gestützt zu werden braucht. Zugleich führt ein deutlicher Mangel an Fachkräften bei der Aufrüstung gegen Ende der dreißiger Jahre dazu, die Qualifizierungsfunktion der Schulen entgegen ideologischer Programmatik zu betonen[16].

Trotzdem bleibt es dabei: An die »Stelle eines Trugbildes der gebildeten Persönlichkeit« ist »die Gestalt des wirklichen, d. h. durch Blut und geschichtliches Schicksal bestimmten deutschen Menschen« zu setzen, und an die Stelle »der humanistischen Bildungsideologie ... eine Erziehungsordnung, die sich aus der Gemeinschaft des wirklichen Kampfes entwickelt«. Selbst wenn der Schule die »Entwicklung der geistigen Fähigkeiten«[17] konzediert wird, darf die »Erkenntnis«, die sie vermittelt, »keine bloß intellektuelle Angelegenheit« sein; »die Inhalte, die durch sie erschlossen werden«, gehen nicht nur den Verstand an, sie sollen vielmehr »den Blick erweitern, das Verantwortungsbewußtsein steigern, die Einbildungskraft befruchten und zu Gehorsam, Bescheidenheit und geistiger Zucht erziehen«, zu Haltungen, die dazu beitragen, daß auch die auserlesene Gruppe der höheren Schüler nie den Blick für das »Volk als Ganzes« verliert, sondern in »Volksverbundenheit« ihre Fähigkeiten in den Dienst von Volk und Führer stellt. Wissensvermittlung mit »Leidenschaft«, aber ohne intellektuelles Durchdringen, »Beteiligung des Willens und Gefühls«[18] an Lernprozessen erzeugen unkritische Nachfolge vorgegebener Ziele und Haltungen; bewußte Abwertung der Intellektuellen bringt rationales Denken in Mißkredit. »Die nationalsozialistische Weltanschauung« wird »Fundament«[19] des Unterrichts, Fundament für Lehrer und für didaktische Entscheidungen.

Auch die Unterrichtsformen stehen im Dienst des Nationalsozialismus: Mit dem *Arbeitsunterricht* wollen die Nationalsozialisten sich zwar in die Tradition der reformpädagogischen Bewegung stellen, das, was sie unter diesem Begriff fordern, hat jedoch wenig mit der an Selbständigkeit orientierten Konzeption der Weimarer Zeit zu tun: Der Lehrer soll »das Ziel setzen«, die »Führung fest in der Hand« behalten und »von höherer Warte aus«[20] – offenkundig der nationalsozialistischen – den Unterricht leiten. Daneben hat er *»klares Deutsch«*, »Ordnung und Sauberkeit in allem sowie gute Schrift . . . als Ausdruck der Haltung . . . unerbittlich zu fordern«[21]. Der ordentliche Deutsche, der des Führers Befehle arbeitsam, korrekt und sauber ausführt, wird hier geformt. Alle Haltungen stehen im Dienste des Ganzen, das Ganze aber besitzt bereits einen nicht mehr in Frage gestellten Wert.

Der Vorrang von Charakterbildung und Erziehung zu Haltungen vor kognitiven Lernzielen ist dem irrationalen Ideenkonglomerat des Nationalsozialismus nur angemessen: Wissen, für bestimmte Technologien zwar unverzichtbar, könnte von »Kraft«, »Gläubigkeit« und »Tüchtigkeit«[22] ablenken, es könnte Emanzipationsansprüche an die nationalsozialistische Ideologie nach sich ziehen. Die hingegen hat unangetastet zu bleiben. Sie setzt die Bildungsziele, sie wird zum Unterrichtsgegenstand, in ihrem Sinne sollen Lehrer erziehen und Schüler erzogen werden. Es ist ein geschlossener Kreis, dessen Auswirkungen im Schulleben sich vor allem in jenen Fächern zeigen, die für die Indoktrination besonders anfällig sind: Neben der aufgewerteten Biologie sind es die schon in der Weimarer Republik völkisch geprägten kulturkundlichen Fächer Deutsch, Geschichte und Erdkunde.

»Der Deutschunterricht bildet in der neuen deutschen Schule zusammen mit Geschichte, Erdkunde, Biologie und den künstlerischen Fächern eine enger geschlossene Gruppe, in der die neue
Geistesrichtung der Nation für die Jugend am deutlichsten Gestalt gewinnt«[23]. Diese Schlüsselstellung soll der Deutschunterricht zur Charakterbildung der Jugend nutzen, die sich »ihres
Deutschtums bewußt ..., selbstsicher, wehrhaft und tatbereit«
werden soll. »Die Stärke des deutschen Wesens« ist im Deutschunterricht aufzunehmen und fortzuführen: »Wagemut wie Ge-
folgschaftstreue, Todestrotz wie Wärme des Gefühls; der Drang
ins Unendliche ... neben tiefer Liebe zur Heimat« – die ganze
»Tiefe und Spannweite des deutschen Menschentums«[24] soll hier
vorgestellt und erfahrbar gemacht werden. Das »Ganze des völ-
kisch-geschichtlichen Lebens vom germanischen Altertum an bis
in die jüngste Gegenwart hinein« soll fruchtbar, der »Urgrund des
deutschen Volkscharakters« hervorgehoben werden, nicht in be-
trachtender, kritisch-wissenschaftlicher, historischer oder ästhetischer Sicht, sondern in »wertende[r], schaffensbereite[r], und
kämpferische[r] Haltung, die zur Gefolgschaft willig, zur Führung fähig, ins Leben gestaltend vordringt«[25].

»Spracherziehung«, gegliedert in Erziehung zum Sprechen, zum
Schreiben und zum Sprachdenken, hat hier ebenso ihren Platz wie
Erziehung durch das Schrifttum, in dem »*der* deutsche Mensch,
der sein Volkstum wesenhaft verkörpert«, als »Sinnbild der nationalsozialistischen Haltung« vorgestellt wird. Was »verweichli-
chen oder die Tatkraft lähmen könnte«[26], ist zu vermeiden, der
deutsche Mensch ist als tätiger Mensch konzipiert; was jedoch
einen Beitrag zur Erziehung eines kämpferischen, rassebewußten
nationalistischen Menschen zu leisten verspricht, was den »Mut
zu seelischer Entscheidung« wecken kann, wird aufgenommen:
Beispiele aus deutscher Frühzeit ebenso wie Zeugnisse des »drei-
malige[n] Durchbruch[s] deutscher Volkheit«[27] in Sturm und
Drang, Romantik und Gegenwart.

Diese Ziele, die ihre Wurzeln in der Deutschkundebewegung
haben, nun aber eindeutig in den Dienst des Nationalsozialismus
gestellt sind, sollen im Unterricht aller Klassen unter übergreifen-

den Gesichtspunkten realisiert werden: »Das Volk als Blutsge-
meinschaft«, das »Volk als Schicksals- und Kampfgemeinschaft«,
das »Volk als Arbeitsgemeinschaft« und das »Volk als Gesin-
nungsgemeinschaft« bestimmen Auswahl und Behandlung deutscher Dichtung; Blut, Schicksal, Kampf, Arbeit und Gesinnung
werden zu leitenden Prinzipien des Deutschunterrichts. Sie bilden
den Rahmen für Rassenkunde, Familien- und Ahnenkunde,
Volkskunde, den »Kampf um Raum« mit Soldatentum, Helden-
tum, Kriegsdichtung, den »Frontkämpfer des Weltkrieges als
mythische Gestalt und sittliche Kraft«, die »Frau im Weltkriege«,
»nationalsozialistische Kampfgemeinschaften und Verbände« wie
das »Leben des Werkmanns und des Bauern, des Kaufmanns, des
Forschers und des Künstlers« und »der deutschen Frau«. Überhöht wird dieses Spektrum »von germanischer Weltanschauung
und germanischem Lebensgefühl«, die »völkische Erwecker und
politische Denker im geistigen Kampfe« ebenso feiern sollen wie
»Naturgefühl und Gottsuchertum«[28].
   Die Stoffe, die dieses Denken repräsentieren, finden sich im nationalsozialistischen Schrifttum von Burte über Anacker, Flex bis
Grimm, in idyllisch-beschaulicher Heimatdichtung, die den anti-
zivilisatorischen, Bauerntum und Boden verklärenden Aspekt der
Deutschkundebewegung aufnimmt, in volkskundlichen Erzäh-
lungen und germanischer Mythologie. Die germanisch-deutsche
Frühzeit steht paradigmatisch für völkische »Sittlichkeit, deren
Geltung es über die Perioden der Entartung, Verweichlichung in
die Gegenwart zu retten«[29] gilt. In den letzten beiden Schuljahren
nimmt der Deutschunterricht unter den Themen: »Die Selbstbe-
freiung des deutschen Geistes« und »Das ewige Deutschland«
auch klassische Lesestoffe auf, sofern sie sich nur als der nationalsozialistischen Bewegung nützlich erweisen. »Luther und Hut-
ten«[30], nicht zuletzt wegen »Luthers Empfehlung, Synagogen,
Schulen, Häuser und Bücher der Juden zu verbrennen ..., ja, sie
aus dem Lande zu vertreiben«[31], werden ebenso wie die »kritischen Kampfschriften« Lessings – gemeint sind offensichtlich
seine theologischen Streitschriften –, im Lehrplan genannt. Ferner
werden Herders Ausführungen »über Volk, Rasse, Geschichte,
Volkslied, Shakespeare«, »Arndts und Jahns Schriften über
Volkstum« und Fichtes achte Rede an die deutsche Nation oder
»Lagarde, aus den deutschen Schriften«[32] zum verbindlichen Lesestoff erklärt. Was sich der Interpretation als Vorläufer national-

sozialistischer Gesinnung fügt oder sich für diese mißbrauchen läßt, wird herangezogen, besonders dann, wenn es den Nationalsozialismus durch klassische Größe auch noch zu legitimieren scheint; ein Verfahren, das die Unterordnung aller Lebensbereiche unter die Zwecke der Politik sinnfällig verdeutlicht.

Wie aber steht es mit den Ansätzen der sozialen Gleichheit? Finden sie Eingang in die Schulpolitik? Wie weit werden die Anfänge des Weimarer Staates, in verstärktem Maße Chancengerechtigkeit für Kinder aus unteren Schichten wie für Mädchen zu erzielen, fortgeführt? An schulpolitischen Maßnahmen wie Zulassungserleichterungen oder -beschränkungen und neuen Strukturierungen im Schulsystem werden diese Fragen untersucht.

6.2. Sozialrevolutionäre Bewegung, Bildungschancen und Auslese

»In diesem Staat muß das ärmste Kind, sofern es ersichtlich zu Höherem bestimmt ist, auch die höchste Stellung erreichen können. Dann wird zwischen Führung und Volk nie ein Gegensatz entstehen«[33]. Solche Parolen, plaziert als Motto über Abgangszeugnissen von Volksschülern, suggerieren sozialen Aufstieg für jeden Deutschen; alle erhalten demnach die Chance, ihre Begabung auszubauen. Erfüllt sich hier die große, immer wieder artikulierte Hoffnung von Pädagogen, jeden Menschen seinen Fähigkeiten und Neigungen gemäß optimal fördern zu können? Leistungsideologie und Auslesestrategien des Nationalsozialismus – »Schüler, die leistungsunfähig sind oder offenkundig Willens- oder Charakterschwächen besitzen, sind von der höheren Schule fernzuhalten«[34] –, aber auch die wirtschaftliche Situation seit dem Ende der Weimarer Republik lassen Zweifel an der Realisierung solch optimistischer Äußerungen aufkommen.

Als die Nationalsozialisten die Regierung übernehmen, ist die bildungspolitische Diskussion schon seit geraumer Zeit nicht mehr an Konzeptionen und Bildungsinhalten orientiert, sondern hat mit den Auswirkungen von »Überfüllung« der höheren Schulen und Hochschulen[35] und der »akademischen Berufsnot« zu kämpfen: »Die Frage der deutschen überzähligen und arbeitslosen Akademiker« ist 1933 längst »in das Stadium der höchsten Gefahr eingetreten«[36], und die Krisenbewältigung hat angesichts der Tatsache, daß der relative Schulbesuch der Schüler auf der Oberstufe sich von 1921 bis 1931 mehr als verdoppelt hat[37], die Bildungspolitik in den letzten Jahren der Weimarer Republik intensiv beschäftigt. Schon 1930 findet in Berlin unter Vorsitz des Reichsministers des Innern und mit Vertretern von Ministerien und Unterrichtsverwaltungen eine Konferenz statt, die dieses Problem aufgreift: Die Sachlage scheint klar und fordert Konsequenzen: Die Überschätzung der schulmäßigen höheren Bildung, verstärkt durch die Tradition des Berechtigungswesens, vielleicht auch durch die chanceneröffnende Bildungspolitik der Weimarer Republik, hat »den Aufstiegswillen der Massen einseitig auf die zur wissenschaftlichen Durchbildung bestimmten höheren Bildungsstätten gedrängt. Dem Druck der Überfüllung des Arbeitsmarktes« versucht »die Bevölkerung dadurch zu begegnen, daß sie ihre Vorbildungsleistung verstärkt, um ihre Aussichten zu verbessern«[38]. Diese Situation ist von dem krisengeschüttelten Weimarer Staat nicht mehr zu verkraften; man entwickelt Argumente, die eine neuerliche Bildungsbegrenzung legitimieren sollen. Für einzelne Abiturienten wird »Überspannung der Kräfte« konstatiert, die »eine oft unheilbare Erschütterung des Selbstvertrauens« nach sich ziehen könne, und auf gesellschaftspolitischer Ebene werden die »Verschwendung des öffentlichen und privaten Erziehungskapitals« und die »Versorgung der Wirtschaft mit ungeeigneten halbgebildeten Kräften« angeprangert; vor allem wird, typisch für Überfüllungskrisen, mit der »Schaffung eines überhaupt nicht unterzubringenden Proletariats« gedroht. Diesem Zustand gilt es gegenzusteuern: »Verbesserung der Auslese« und – in Anknüpfung an bildungspolitische Verfahren des Kaiserreichs – Umschleusungsstrategien werden erwogen. Mit dem »Ausbau der Volksschule«, der »Kräftigung der Mittelschule« und der »Entwicklung der Berufs- und Fachschulen« hofft man, »den Zustrom Ungeeigneter zur höheren Schule absaugen« zu können[39].

Als Ende 1931 die Gefahr eines geistigen Proletariats, »das der Nährboden für Radikalisierung und Gewalttat ist«, zugenommen hat, schlägt der Ausschuß für das Unterrichtswesen weitere Maßnahmen »zur Verbesserung der Auslese an höheren Schulen« und »zur Beschränkung der Produktion an Akademikern« vor: An erster Stelle geraten die Stipendienpolitik, seit jeher in Zeiten der Regression und Restriktion bildungspolitisches Streitobjekt, und das Frauenstudium, dem unterstellt wird, neben seinem ungünsti-

gen Beitrag zur Überfüllung auch noch die Mädchen »von praktischen Beschäftigungsgebieten« abzulenken, ins Kreuzfeuer. »Ist
das Stipendienwesen ... richtig aufgebaut ...? Erfaßt es wirklich
nur die Würdigen? ... Hat das Stipendienwesen nicht den natürlichen Rhythmus des Aufstiegs gestört und den Gang der sozial-
biologischen Züchtung in vielen Fällen allzusehr beschleunigt?«[40].
Zweifel an der Schulpolitik des Weimarer Staates mit ihrer sozialen Öffnung werden laut; Versetzungsverschärfung und Nu-
merus clausus werden empfohlen, Einschränkung im Frauenstudium und Umschleusung der Studenten in praktische Berufe,
Siedlungsmöglichkeiten für Akademiker im Osten Deutschlands
und ein freiwilliges Arbeitsjahr diskutiert[41]. Die Errungenschaften der Weimarer Republik werden angesichts der »Überfüllung«
wieder in Frage gestellt. Mit zunehmender Wirtschaftskrise, verschärft durch die rigorose Sparpolitik von Brüning, haben diese
Strategien, die zunächst den Mittelstand vom Aufstieg über Bildung nicht abzuhalten vermögen, durchaus Erfolg: Die Zahl der
Studienanfänger unter den Abiturienten sinkt von 66,5% im Jahre
1931 auf 51,8% im Jahre 1932[42].
Das ist die bildungspolitische Situation, die die Nationalsozialisten vorfinden, und sie verschärfen sie in ihrem Sinne auf brutale
Weise mit dem »Gesetz gegen die Überfüllung der deutschen
Schulen und Hochschulen«. Die Restriktion wird mit rassisti-
schen, antijüdischen und sexistischen Akzenten durchsetzt: Die
Zulassungsquoten für das Studium werden festgelegt, der Anteil
der jüdischen Schüler darf nicht höher sein als der Prozentsatz der
Juden in der Gesamtbevölkerung, der Anteil der Frauen nicht
höher als 10%[43]. Jüdischen Intellektuellen und einzelnen emanzi-
pierten Frauen soll in besonderem Maße Einhalt geboten werden.
Darüber hinaus soll geprüft werden, ob dem Schüler »nach seinen
menschlichen und geistigen Anlagen, seinen Neigungen und Leistungen vom Hochschulstudium abzuraten ist«[44]. Diese Prüfung
erstreckt sich 1933 sogar auf diejenigen, die bereits das Abitur
bestanden haben. Kriterium für die »Anlagen« ist das Engagement
für den Nationalsozialismus, vor allem die Mitgliedschaft »in der
SA, der SS oder der Hitlerjugend«. Die Betätigung des Schülers
»in diesen Verbänden, die Häufigkeit des Dienstes und die Länge
der Zugehörigkeit zu diesen Verbänden ist daher gebührend zu
würdigen«[45]. Der enorme Rückgang der Bildungswilligkeit jedoch, der sich in den folgenden Jahren abzeichnet, kann nicht

ausschließlich auf die Restriktionspolitik der Nationalsozialisten zurückgeführt werden, zumal sie, wie behauptet wird, nicht sehr gezielt durchgegriffen habe; wirtschaftliche Schwierigkeiten und das neue Vorbild des zupackenden tatbereiten Menschen, dessen negatives Gegenstück bald der jüdische Intellektuelle wird, werden ihren Teil dazu beigetragen haben[46].

Wie aber wirkt sich unter den Bedingungen der Bildungseinschränkung die Prämisse aus, »*aus der Summe der Volksgenossen die fähigsten Köpfe herauszuholen und zu Amt und Würden zu bringen*«? Werden wirklich »die Tore der staatlichen höheren Unterrichtsanstalten jeder Begabung« geöffnet, »ganz gleich, aus welchen Kreisen sie stammen möge«[47]? Schultypenangebot, relativer Schulbesuch, soziale Herkunft der Schüler und Ausleseverfahren zeigen, wie der Anspruch, Begabungen zu fördern, eingelöst wird.

6.2.1. Einheit und Vereinheitlichung im Schulwesen: Bildungserleichterung oder -begrenzung?

»Die allgemeinbildenden Schulen haben die Aufgabe, der heranwachsenden Jugend die grundlegende Bildung zu vermitteln, die als Unterbau für die volkspolitische Haltung und für den Eintritt in die Berufsausbildung notwendig ist. In der berufsmäßigen Gliederung des Volkskörpers kann man drei verschiedenartige und verschieden starke Säulen unterscheiden. Die stärkste Säule bilden diejenigen Volksgenossen, die in der Hauptsache nach Anleitung zu arbeiten und vorgelegte Pläne auszuführen haben. Eine zweite, dünnere Säule bilden die Angehörigen derjenigen Berufe, bei deren Ausübung Kopf- und Handarbeit, geistige und mechanische, anordnende und ausübende Tätigkeit vereinigt sind. Die dritte und dünnste Säule stellen die geistigen Berufe dar, die führend und planend hervortreten und selbständig an der Lösung von Lebensaufgaben der Nation mitarbeiten. Demgemäß erfordert das wirtschaftliche und soziale Gefüge unseres Volkes eine Dreiteilung des Schulwesens«[48]. Dieser Dreiteilung des Schulwesens die hier scheinbar wirtschaftlich, vom Bedarf her, legitimiert wird in der sich vor allem aber die organologische Vorstellung von der »Gliederung des Volkskörpers« niederschlägt, trägt der Nationalsozialismus – wie zuvor auch die Weimarer Republik und später die Bundesrepublik – bereitwillig Rechnung; sind die Nationalsozialisten doch ebensowenig wie die führenden Weimarer Pädagogen an einer stufenförmig gegliederten Einheitsschule interessiert. Ihnen geht es vielmehr um ständige »Auslese«, die »sich auf die körperliche, charakterliche, geistige und völkische Gesamteignung«[49] erstreckt. Die anzustrebende »Einheit« sehen sie dagegen »in der weltanschaulichen Gleichrichtung und Geschlossenheit aller Erzieher und aller Schularbeit«[50], darüber hinaus kann in der HJ die Volksgemeinschaftsideologie realisiert werden.

Zunächst aber erweist sich ihr Begriff der *Einheit* auf dem Gebiet der Schulorganisation als richtungsweisend; er zielt auf eine *Vereinheitlichung* der zahlreichen Typen höherer Schulen, die Organisation und Kontrolle[51] der Indoktrination und Formung des nationalsozialistischen Menschen vereinfachen soll. Ermöglicht wird diese Vereinheitlichung durch Abschaffung der Kulturhoheit der Länder und Zentralisierung der Schulverwaltungen in einem Reichsministerium für »Erziehung, Wissenschaft und Volksbildung«. So wird das breite Angebot von Schultypen für männliche Schulpflichtige, wie es in der Weimarer Zeit galt, auf zwei grundständige Formen reduziert: Die Hauptform wird die Oberschule für Jungen, die die Sprachenfolge des Reformrealgymnasiums aufnimmt, mit Englisch in Klasse 1 – der Sexta – beginnt und als zweite Fremdsprache Latein in Klasse 3 – der Quarta – folgen läßt. Die letzten drei Klassen des 1937 »aus wichtigen bevölkerungspolitischen Gründen«[52] auf acht Jahre verkürzten Kurses, die Klassen 6 bis 8, gabeln sich in einen sprachlichen Zweig, der die Tradition des Reformrealgymnasiums fortführt, und in einen naturwissenschaftlich-mathematischen, der die Linie der Oberrealschule aufnimmt. Neben dieser Schulform bleibt das Gymnasium mit der Sprachenfolge Latein, Griechisch, Englisch bestehen[53]. Diese beiden grundständigen Typen werden von den Aufbauschulen ergänzt, die, wie schon in der Weimarer Zeit, ideologisch befrachtet sind: Sie sollen »in ländlicher Umgebung körperlich leistungsfähige, begabte und charakterlich wertvolle Jugendliche aus allen Schichten unseres Volkes zusammenfassen und zur Reife führen«. Für diese Schulform ist eine gemeinsame Unterbringung der Schüler vorgesehen; sie ist prädestiniert für »nationalsozialistische Gemeinschaftserziehung« und garantiert einen »besonders nachhaltigen Erziehungserfolg«[54].

Der neue Typ der Oberschule für Jungen wird zielstrebig realisiert; entsprechend geht der Anteil der altsprachlichen Gymnasien zurück. Macht noch am Ende der Weimarer Republik ihr Anteil an den höheren Schulen mehr als ein Viertel aus, beträgt er im Jahre 1940, drei Jahre nach der Neuordnung, nur noch ein Zehntel; der vorherrschende Typ ist die Oberschule mit Latein als Pflichtfach und der Gabelung ab Klasse 6 in einen sprachlichen und einen naturwissenschaftlich-mathematischen Zweig geworden. Entsprechend verteilen sich auch die Schüler: Gut vier Fünftel sind auf der Oberschule zu finden, rund ein Zehntel auf dem Gymnasium, der Rest auf der Aufbauschule[55].

Die generelle Vereinheitlichung der Schultypen zieht eine Vereinheitlichung ihrer Lehrpläne nach sich: Jene Unterrichtsfächer, »in der die neue Geistesrichtung der Nation für die Jugend am deutlichsten Gestalt gewinnt«[56]: Deutsch, Geschichte, Erdkunde, Biologie und die künstlerischen Fächer werden einander nicht nur inhaltlich, sondern auch in bezug auf ihren Stundenanteil angeglichen[57]. Im Lehrplan des Gymnasiums werden die Wochenstunden von Deutsch, Erdkunde und Geschichte insgesamt um ein Siebtel – von 62 auf 71 – erhöht, die der Naturwissenschaften sogar um fast ein Drittel – von 18 auf 26 – Wochenstunden, wobei die zusätzlichen Stunden im wesentlichen dem Biologieunterricht zugute kommen. Der Musikunterricht steigt, wie auch in der Oberschule, fast auf das Doppelte an, von 8 auf 14 Wochenstunden. Hauptgewinner ist aber, und das gilt ebenfalls für Gymnasium wie Oberschule, der Sportunterricht, der sich mit einem Anstieg von 18 auf 40 Wochenstunden auf mehr als das Doppelte steigern kann.

Die Erhöhungen der Stundenanteile gehen zum einen zu Lasten des Religionsunterrichts, der, mittlerweile unter der Bezeichnung Religionslehre, von 18 auf 12 Wochenstunden gekürzt wird. Daneben aber werden jene Fächer eingeschränkt, die das typische Profil einer Schulform ausmachten: So wird im Gymnasium der Lateinunterricht um ein Drittel – von 53 auf 35 Wochenstunden –, der Griechischunterricht um ein Sechstel reduziert – von 36 auf 30 Wochenstunden. Diese Tendenz läßt sich auch bei den anderen Schultypen erkennen: Vergleicht man etwa die frühere Oberrealschule mit dem naturwissenschaftlichen Zweig der Oberschule für Jungen, fällt hier vor allem die drastische Reduzierung in Mathematik und der ersten Fremdsprache auf: Mathematik wird um fast ein Drittel gesenkt – von 43 auf 30 Wochenstunden – und liegt damit kaum höher als der Anteil der Mathematik auf dem Gymnasium, und die erste Fremdsprache wird um ein Viertel gekürzt, von 40 auf 30 Wochenstunden. Sogar die Naturwissenschaften werden geringfügig reduziert, vor allem werden sie zugunsten der Biologie umstrukturiert. Insgesamt ist aber damit das Profil der Oberrealschule ebenso verwischt worden wie das des Gymnasiums. Auch dem Realgymnasium bzw. dem Reformrealgymnasium ergeht es nicht anders. Im sprachlichen Zweig der neuen Oberschule für Jungen, aus den realgymnasialen Schultypen hervorgegangen, fällt die dritte Fremdsprache ersatzlos weg, die Stundenzahlen für die beiden ersten Fremdsprachen werden zugunsten der Gesinnungsfächer erheblich eingeschränkt. Die Angleichung der Schultypen aneinander wird darin deutlich, daß sich zwei ehemals so konträre Schultypen wie das altsprachliche Gymnasium und die Oberrealschule nunmehr, als Gymnasium und Oberschule für Jungen mit naturwissenschaftlich-mathematischem Zweig, nur noch durch den Griechischunterricht und durch den Anteil des Lateinunterrichts unterscheiden.

Welche Konsequenzen aber hat diese Vereinheitlichung? Vermutlich kommt sie einer vereinfachten Durchsetzung nationalsozialistischer Ideologie entgegen; wie aber sind ihre Auswirkungen für die Bildungsförderung? Sowohl die Vereinheitlichung des höheren Schulwesens wie auch den Rückgang des alten klassischen Gymnasiums und des altsprachlichen Unterrichts könnte man als Voraussetzung für den Abbau des Bildungsprivilegs höherer Schichten und für die soziale Öffnung des höheren Schulwesens interpretieren. Jedoch – diese Maßnahmen tragen keineswegs zur Erschließung von Begabungsreserven bei. Im Gegenteil, die Einschulungsquoten auf höheren Schulen, die selbst am Ende der Weimarer Republik in Zeiten von Wirtschaftskrise und beginnender Restriktion im Bildungswesen bei 14% liegen, sinken auf Werte zwischen 10% und 12%[58], und die Väterberufe der neuimmatrikulierten Studenten – bei einem Mangel entsprechender Schülerdaten als Indiz für die soziale Rekrutierung der Schüler gedeutet – zeigen, daß erste entscheidende soziale Öffnungen der Weimarer Zeit zurückgehen: Der Anteil von Studienanfängern aus der Oberschicht steigt von gut einem Drittel im Jahre 1933 auf fast die Hälfte im Jahre 1939, und zwar zu Lasten von Unterschicht und unterer Mittelschicht[59]. Ob das jedoch ein Ergebnis der Vereinheitlichung im Schulwesen für männliche Schulpflichtige gewesen ist, muß dahingestellt bleiben.

Eindeutig bildungsbegrenzend wirkt sich die Vereinheitlichung von Schultypen bei den Schulen für Mädchen aus: Ihre Bildung steht »im Dienste der Forderungen, die das Leben an die deutsche Frau und Mutter in Familie, Beruf und Volksgemeinschaft stellt«[60]. Entsprechend wird neben der Aufbauschule nur eine grundständige Oberschule für Mädchen angeboten, mit Englisch als erster Sprache. In Klasse 6 gabelt sich dieser Schultyp in einen hauswirtschaftlichen Zweig, der neben den deutschkundlichen Fächern von den Fächern des »Frauenschaffens«: Hauswirtschaft, Handarbeit, Pflege und Dienst bestimmt wird[61] und damit ideologiegetreu und »unverrückbar« auf das »Ziel der weiblichen Erziehung«, »die kommende Mutter«[62], vorbereitet, und einen sprachlichen Zweig, der ab Klasse 6 eine zweite moderne Fremdsprache oder Latein einführt. Mit dieser Form der Oberschule für Mädchen, die in ihrer hauswirtschaftlichen Ausprägung keine Studienberechtigung verleiht, werden die Mädchen – wie geplant – weitgehend vom Studium ferngehalten. Mehr als zwei Fünftel der Oberschülerinnen wählen den hauswirtschaftlichen Zweig. Darüber hinaus aber ist ihre Bildungsmotivation insgesamt geringer geworden: Die Sextanerquote geht bei ihnen, nachdem sie 1926 auf über 11% angewachsen war, auf rund 5% zurück[63]. Die Weichen sind gestellt: Statt einseitiger Geistesbildung zu frönen, können sich die Mädchen bei diesem Schulangebot umso mehr der körperlichen Ertüchtigung zuwenden, um zu »Weibern« zu werden, »die wieder Männer zur Welt zu bringen vermögen«[64]. Ihre traditionelle, in ersten Ansätzen überwundene Frauenrolle, von den Nationalsozialisten zusätzlich in den Dienst des »Heranzüchten(s) kerngesunder Körper« gestellt, dominiert.

Noch eine weitere Form der Vereinheitlichung erfährt das höhere Schulwesen: Die Nichtvollanstalten, Realschulen und Lyzeen, büßen ihre Funktion ein. Sie sollen nur noch zwei bis fünf Jahrgänge umfassen und werden damit zu bloßen »Zubringeschulen«[65] für die Vollanstalten. Ihre frühere Aufgabe, mit der nach dem sechs Jahre dauernden Kurs erteilten Obersekundareife bestimmte Berechtigungen für Verwaltungslaufbahnen zu verleihen, wird weitgehend von der Mittelschule übernommen, deren Abschluß, die »mittlere Reife«, inzwischen im Laufbahnsystem als der alten Obersekundareife adäquat anerkannt wird[66]. Damit wird zum einen die Vielfalt der Bildungsmöglichkeiten weiter eingegrenzt, zum andern die Mittelschule als Auffangbecken für überzählige höhere Schüler gestärkt; eine Umstrukturierung, die eine Umschleusung höherer Schüler in mittlere Laufbahnen fördert.

Weder sozialrevolutionäre Beteuerungen der Förderung einer jeden Begabung noch die Reden von der »Einheit in der weltanschaulichen Gleichrichtung« können darüber hinwegtäuschen, daß im Nationalsozialismus nicht nur keine explizite Förderungspolitik stattfindet, sondern durch Festschreibung der Zulassungsquoten für Studenten, durch die Vereinheitlichung der Schultypen bei den Mädchenschulen, durch Propagierung des tatbereiten zupackenden jungen Deutschen und Abwertung des Gelehrten wie durch ungenügende finanzielle Hilfsmaßnahmen bereits bestehende Bildungschancen zurückgenommen werden. Der Besuch der höheren Schule bedarf vermutlich gerade in dieser Zeit – neben den in der Regel in allen Epochen geforderten finanziellen Aufwendungen – großer Motivation und emotionalen Rückhalts, zweier Dispositionen, die eher von bildungsgewohnten als von bildungsfernen Schichten erbracht werden[67]. Bei aller Diskreditierung von Intellektuellen und Gelehrten ist jedoch keinesfalls anzunehmen, daß dem Nationalsozialismus der Gedanke einer Elite suspekt geworden ist. Je mehr die wissenschaftliche Ausbildung abgewertet wird, desto stärker tritt vielmehr der Anspruch des NS-Staates hervor, eine Elite heranzuziehen, die nach den Kriterien der Nationalsozialisten ausgewählt, nach ihrer Vorstellung und im Einklang mit dem Führerwillen geschult und auf Führungspositionen im NS-Staat vorbereitet wird. Die NS-Ausleseschulen stellen sich dieser Aufgabe.

6.2.2. NS-Ausleseschulen: Musteranstalten oder Führerschulen?

Im Jahre 1933, zum Geburtstag des Führers, wird von Bernhard Rust, dem »Kommissar des Reiches« im preußischen Kultusministerium, »eine der ersten kulturpolitischen Taten großen Umfangs ins Werk gesetzt«[68]: die Umwandlung der drei ehemaligen preußischen Kadettenanstalten Plön, Köslin und Potsdam »zu nationalpolitischen Erziehungsanstalten im Sinne der nationalen Revolution«[69]. Sie sind als höhere Schulen konzipiert und schließen mit der Reifeprüfung ab, sollen darüber hinaus aber zu »Musteranstalten nationalsozialistischer Gemeinschaftserziehung« werden, um »in der Art der Leitung, der Zielsetzung und des Stundenplanes die allgemeinen Grundsätze der preußischen Erziehungs- und Bildungspolitik«[70] zu verdeutlichen. In prototypischer Weise zeigen sie damit Möglichkeiten, einen politischen Willen in pädagogische Formen umzusetzen, zugleich aber werden an ihnen die Grenzen deutlich, die selbst einer Diktatur bei dem Versuch der Steuerung der Erziehungsprozesse gesetzt sind.

»Die NPEA haben die Aufgabe, ausgesuchte Jungmannen fähig und tüchtig zum Dienst an Volk und Staat zu machen und ihnen die schärfsten Waffen mitzugeben im Kampf für den NS«[71]. Neben der richtungweisenden Aufgabe, die die NPEA für das allgemeinbildende höhere Schulwesen haben sollen, werden sie damit auch als eine Art Kaderschmiede verstanden, als Anstalten, deren »Zöglinge … ihrer Herkunft und Gesinnung nach besonders geeignet sein« sollen, »aktive Mitkämpfer und Führer im Kampfe um die Vollendung der NS Revolution zu werden«[72], und deren Ausbildung zum Ziel hat, »der Reichswehr, der SA, dem Staat überhaupt einen ausgesuchten Nachwuchs an vormilitärisch ausgebildeten Führern zu liefern«[73].

In dieser Ambivalenz zwischen »Musteranstalt« und »Führerschule«[74], die das Verhältnis dieser Anstalten zur Gesellschaft bis zu ihrer eindeutig »kämpferischen Ausrichtung«[75] zum Kriegsbeginn weitgehend ungeklärt läßt, findet an den NPEA eine Erziehung statt, die zwischen politischen Intentionen und »einer vielseitig sportlich-technischen Ausbildung zugunsten einer weltmännischen Attitüde« schwankt: Die paramilitärische kollektive Erziehung mit Wehrsport, Geländesport und Manöver wird »durch attraktive Angebote zur Einzelausbildung«, wie Motorradfahren, Segelfliegen, Kleinkaliberschießen, Boxen, Fechten, Rudern, Segeln, Rad- und Skifahren sowie Reiten, ergänzt; Disziplinen, die zwar keinesfalls den militärischen Charakter leugnen, daneben aber, vor allem mit Führer-, Segel-, Reiterschein und Gesellenprüfung zur Reifeprüfung »jugendlich-militärischen Schliff« und das Bewußtsein einer Privilegierung vermitteln. Diese Mischung aus jugendbewegter Gemeinschaft und adliger Eliteerziehung, aus englischen public schools und deutschen Landerziehungsheimen suggeriert ein »überpersönliches Bildungsideal durch Formen und Pflichten des Gemeinschaftslebens«[76], verschafft den NPEA Ansehen in der Bevölkerung, vor allem beim aufstiegsorientierten Mittelstand. 1933 gehen für die NPEA in Plön trotz eines am Einkommen der Eltern orientierten

Kostensatzes über tausend Bewerbungen ein[77].

Allerdings sind bei kritischer Betrachtung der Erziehung auf den NPEA – wie überhaupt der Erziehung im Nationalsozialismus – Grenzen durch die Ideologie selber gesetzt: Zwar bieten jene psychologisch geschickt verbundenen Elemente von Gemeinschaftserleben, Sport und – durch Auslandsaufenthalte geförderter – Weltgewandtheit die geeignete Basis, die Jugendlichen in verführerischer Weise von Richtigkeit und Großartigkeit nationalsozialistischer Ideologie zu überzeugen, aber der Glaube der Nationalsozialisten an erbbiologisch festgelegte Eigenschaften, deren Güte sie durch »arische Abstammung, einwandfreie Charaktereigenschaften, Erbgesundheit, volle körperliche Leistungsfähigkeit, überdurchschnittliche Begabung«[78] gewährleistet wissen wollen, macht Erziehung im eigentlichen Sinne überflüssig, wenn nicht gar unmöglich und bringt sie in ständigen Legitimationszwang. Darüber hinaus aber muß die Erziehung zu nationalsozialistischen Kampfzielen auf den Führerwillen reduziert bleiben, sie darf sich in keiner Weise verselbständigen. Insofern muß ein Gehorsam gefördert werden, der weder formal noch inhaltlich definiert wird: »An die Stelle des Gehorchens auf irgendeinen höheren Befehl rein formaler Begründung tritt der stumme Befehl der Gemeinschaft, in der beide, Lehrer und Schüler, ihren Platz kennen«[79].

Mit »Glauben, Gehorchen und Kämpfen«[80] als methodischen Prinzipien wird jede rationale Durchdringung verhindert. Stattdessen vermitteln die NPEA mit politischem Prestige und finanzieller Privilegierung den Schülern das Gefühl der Auserwähltheit; sie verschaffen ihnen durch die Möglichkeit, ihre Vitalität in sportlichen Aktivitäten abzuarbeiten, das Gefühl körperlicher Leistungsfähigkeit und das Bewußtsein der Überlegenheit nach außen; daneben aber legen sie sie durch eine über Ehrgefühl gebundene »Binnensolidarität« auf die nationalpolitische Erziehung fest. Damit ist die emotionale Basis für die Durchführung aller Ziele, so irrational und undurchschaubar diese auch immer sein mögen, generell gegeben[81].

Trotz ihrer Sonderstellung und ihrer Privilegien bleiben die NPEA staatliche Schulen. Zwar sind sie einer »Landesverwaltung« unterstellt und unterliegen damit statt bürokratischer Kontrolle dem »in straffer soldatischer Form«[82] organisierten Führer-Gefolgschafts-Verhältnis zwischen Minister, Inspekteur der Landesverwaltung und Anstaltsleiter; der Einfluß der Partei bleibt jedoch relativ gering. Das Scheitern des Versuchs, »aus den NPEA heraus ein von der Partei zu kontrollierendes Schulsystem neben dem staatlichen zu entwickeln«, ist vermutlich Grund für die Entstehung eines zweiten Typs von NS-Ausleseschulen im Jahre 1937, den Adolf-Hitler-Schulen. Sie formulieren ihre Ziele eindeutig und ohne Rücksicht auf mögliche Musterfunktion für das allgemeinbildende Schulwesen: »Ein Funktionärskorps ..., das das gesamte gesellschaftliche Leben, insbesondere die Arbeitsprozesse, zu kontrollieren imstande«[83] ist, soll geschaffen werden.

Die Initiative zur Gründung der AHS geht auf den Reichsorganisationsleiter der NSDAP, Robert Ley, zurück; etatmäßig sind die Schulen zunächst bei der Deutschen Arbeitsfront, dann bei der NSDAP verankert[84]. Durch Zusammenarbeit zwischen Ley und dem Reichsjugendführer Baldur von Schirach wird der Einfluß der HJ auf die Adolf-Hitler-Schulen gesichert: »Die AHS sind Einheiten der HJ und werden von dieser verantwortlich geführt«[85]. Die staatliche Schulaufsicht wird hier, im Einverständnis mit Hitler, der aber kurz zuvor noch Rust die alleinige Verantwortung des Staates für das gesamte Schulwesen zugesagt hatte, ausgeklammert[86]. Eine Führerentscheidung setzt die Verantwortung des Staates für Schulen außer Kraft, ein Beispiel nicht nur für Macht des Führers, sondern auch für Unklarheiten der Kompetenzverteilung, wie sie sich immer wieder zeigen und die strikte Durchführung nationalsozialistischer Grundsätze in der Bildungspolitik erschweren.

Auf Grund ihrer Unabhängigkeit vom staatlichen Schulwesen können die Adolf-Hitler-Schulen ohne Rücksicht auf staatliche Richtlinien und Relikte bürgerlicher Bildung als Vorstufe zu Hitlers Ordensburgen konzipiert werden: Lehrplangestaltung, Schulaufsicht und Auslese von Schülern und Lehrern obliegen allein der Partei: An eine sechsjährige Grundschule sollen »sich entweder Berufslehre und Berufsschule ... oder eine als ›Schule des Wissens‹ bezeichnete ›höhere Einheitsschule‹ anschließen ..., die nach sechs Jahren zur ›weiteren Fortbildung an Hochschulen, die reine Fachschulen sind‹«[87] überleitet. Hier ist ein außerstaatliches, von der Partei kontrolliertes Schulsystem institutionalisiert, das »Auslese für ein instinktsicheres, glaubensstarkes Führertum«[88] betreibt. Grundlegend für diese Elite wird die Auslese der

Schülerschaft: Ihre Zusammensetzung soll »dem beruflichen Aufbau des deutschen Volkes«[89] angeglichen sein, ein Ziel, das zwar nicht eingelöst wird, dem jedoch insoweit Rechnung getragen wird, als der Anteil der Kinder von Arbeitern und abhängigen Handwerkern auf den schulgeldfreien Adolf-Hitler-Schulen bei ungefähr 20% liegt und damit erheblich höher ist als an normalen Oberschulen[90]. Die über die soziale Herkunft hinausgehenden Auslesekriterien sind schwer zu durchschauen: Zwar hat man angeblich keinesfalls »nach Pigmenten und Schädelindex eine Paradeschar von Siegfrieden zusammengesucht«[91], aber der gewünschte Typ liegt fest: Es ist der kleine »Rädelsführer«, »der sich im Kreise der Jugend bereits als Führernatur hervorgetan und durchgesetzt hat«[92], der »vitale, ehrgeizige und schlaue Junge, der mit der Erwachsenenwelt nicht ohne weiteres konform«[93] geht; die Konkretisierung von Hitlers »freiem Raubtier«, das jedoch im nationalsozialistischen Sinne abgerichtet werden soll.

Wie weit sind nun die NS-Ausleseschulen, prädestiniert dazu, die nationalsozialistischen Erziehungsformen Lager und Kolonne zu realisieren, im Deutschen Reich verbreitet gewesen? Wie viele Schüler besuchen sie? In Preußen, wo die drei ersten NPEA im Jahre 1933 aus den ehemaligen Kadettenanstalten hervorgehen, bestehen von 1935 an zwischen elf und vierzehn NPEA, die von rund 3000 Schülern besucht werden. Auch die Länder des Altreichs kommen über insgesamt zehn NPEA nicht hinaus. Trotz der seit Kriegsbeginn intensivierten Bemühungen um die NPEA gibt es in Deutschland nur 23 solcher Anstalten; bezieht man die annektierten Gebiete mit ein, erhöht sich ihre Anzahl auf 35. Sie schlagen insgesamt mit 9100 Schülern zu Buche[94], für das Deutsche Reich allein können jedoch im Höchstfall 6000 Schüler angenommen werden. Dagegen stehen im Jahre 1940 im Deutschen Reich rund 1600 Oberschulen zur Verfügung[95], die von über 400 000 Schülern besucht werden. Von 1935 bis 1941 haben die NPEA ungefähr 1% der Abiturienten im Deutschen Reich gestellt[96]. Weder die Anstalten noch ihre Schüler fallen damit zahlenmäßig ins Gewicht, ein Ergebnis, das sich auch durch die zwölf Adolf-Hitler-Schulen und die drei NPEA für Mädchen nicht wesentlich verändert.

Welche Bedeutung bleibt ihnen also? Haben sie, vor allem die Adolf-Hitler-Schulen, den sozialen Anspruch des Nationalsozialismus realisieren können? Haben sie darüber hinaus Musterfunktion für das allgemeinbildende höhere Schulwesen gehabt; sind sie der »Sauerteig«[97] gewesen, der der Aufrechterhaltung der Macht gedient hat? Vermutlich wird man keine der Fragen eindeutig bejahen können, denn – ungeachtet ihrer inneren Widersprüchlichkeit – ist die Zeitspanne, die den Ausleseschulen zur Realisierung ihrer Konzeptionen zur Verfügung stand, so kurz, daß ein abschließendes Urteil nicht zulässig ist: Die Adolf-Hitler-Schulen werden erst im Jahre 1937 gegründet, und entgegen der Planung, sie auf Gaue zu verteilen, bleiben sie zunächst relativ isoliert an die Standorte der Ordensburgen, Sonthofen, Krössinsee und Vogelsang, gebunden; die NPEA, entstanden aus Kadettenanstalten wie Landesschulen, haben dagegen in den ersten Jahren ihres Bestehens die jeweiligen pädagogischen Grundsätze der Anstalten, in deren Tradition sie stehen, übernommen, und es gelingt erst Ende der dreißiger Jahre, sie zum »Werkzeug des ›Führerwillens‹«[98] zu machen. Darüber hinaus versuchen Staat, Partei, SS und HJ mit wechselndem Erfolg, ihren Einfluß in den Anstalten zu sichern, so daß die Konzeption für die wenigen Jahre keineswegs einheitlich ist. Daneben aber lassen die, trotz des hohen Aufwandes an Mitteln und Kräften[99], nur geringen Schülerzahlen vermuten, daß Effektivität und Auswirkung der Anstalten sowohl für den Offiziersnachwuchs als auch für die soziale Auslese von nur geringer Bedeutung gewesen sind. Allenfalls ist die Internatserziehung vorbildlich für die »Deutschen Heimschulen« und die »Kinderlandverschickung«[100].

Insgesamt wird die auf breiter Ebene vollzogene schulische, vor allem aber außerschulische Sozialisation durch die HJ wirkungsvoller gewesen sein, als es die NS-Ausleseschulen sein konnten; sie haben allenfalls die »Machtvollkommenheit der Schulträger«[101] demonstriert. Das Beispiel Minden zeigt, wie die nationalsozialistische Bildungspolitik von einer »normalen« Schule Besitz ergriffen hat.

6.3. Führers Geburtstag und Muttertag, Ernteeinsatz und »Warum wird Deutschland siegen?«: Das Gymnasium in Minden

Am Anfang der Weimarer Republik, bald nach Kriegsende, hatten sich die Mindener Lehrer mit Schülern auseinanderzusetzen, die mit einem Eichenkranz mit schwarz-weiß-roter Schleife ihre Hohenzollernverehrung und ihre Mißachtung der neuen Symbole der Republik kundtaten. Vierzehn Jahre später kann diese Mißachtung laut und öffentlich gemacht werden: Der Mindener Stahlhelm-Führer Schulze, Studienrat an der Bessel-Oberrealschule, ruft zur nationalen Revolution im Zeichen von schwarz-weiß-rot auf: »Wer heute die Maßnahmen der Reichsregierung nicht billigt, der weiß nichts vom völkischen Denken und vom Vaterland. Heute« – das ist der Vorabend der Reichstagswahl am 5. März – »gibt es nur eins: ›Schwarzweißrot oder Not!‹ Front Heil!«. Das Heil liegt in der Abschaffung des parlamentarischen Systems; die Gefahr, das Böse in der Welt, kommt von Marxisten und Kommunisten, gegen sie und das Zentrum muß der »Stoß in erster Linie ... geführt werden«[102].

Das ist die Richtung, der offensichtlich die Mehrheit der Bevölkerung zustimmt. So ist die Reichsgründungsfeier am 18. Januar 1933, veranstaltet von den vaterländischen Vereinen zur Erinnerung an die Reichsgründung 1871, ein großes Ereignis; das offizielle Minden hat geflaggt, obwohl dieser Tag nie gesetzlicher Feiertag war, und die Feier gerät zu einer »erhebende[n] Kundgebung für das Deutschtum, deutsches Wesen und deutsche Art«. Sie gibt einem weiteren Mindener Lehrer, dem Studienrat am Oberlyzeum Hjalmar Kutzleb, Gelegenheit, seine politischen Ansichten der Bevölkerung zu verkünden. Als Deutschlehrer profiliert er sich dadurch, daß er das Undeutsche in der Literatur anprangert und seinen Protest gegen all jene Dichter richtet, »die sich nicht zu ihrem Volk und seinen heiligsten Gütern bekennen«, gegen Frank Wedekind, »dem jeder Ehrbegriff, jedes Verantwortungsgefühl fehlt(e), der alles haßt(e) was Zucht, Ordnung und Anstand heißt«, gegen Remarque, Emil Ludwig, Ludwig Wassermann, Thomas Mann, Heinrich Mann und Gerhart Hauptmann; sie alle zeigen keinen deutschen Geist, verfälschen das Bild der Deutschen im Ausland und müssen jeden guten Deutschen zum Protest herausfordern: »Auf diesem Kampffeld des Geistes ist jeder Deutsche mitverantwortlich«[103]. Die Bücherverbrennung vom 10. Mai wird hier rhetorisch vorweggenommen; das Deutschtum, das Kutzleb beschwört, verträgt weder Marxisten und Kommunisten noch kritischen, liberalen Geist.

Kutzleb und Schulze sind Studienräte an zwei höheren Schulen in Minden; die Vermutung, ihre Gesinnung könnte auch ihren

Unterricht prägen, liegt nahe. Wie aber spielt sich jenseits solcher Extrempositionen das Schulleben in Minden während des Nationalsozialismus ab? Wo sind Einbruchstellen der Nationalsozialisten zu erkennen, wie hat sich das Schulleben verändert? Die Jahresberichte des Mindener Gymnasiums sind Zeugnis.

Der Jahresbericht des Staatlichen Gymnasiums zu Minden über das Schuljahr 1936/37 – das Attribut »evangelisch« ist auf dem Titelblatt des Typoskripts gestrichen – setzt ein mit einer Umorganisation, die wegen neuer Erlasse notwendig wird: Eine dritte Turnstunde muß eingeführt werden; zwei Stunden des Unterrichts müssen zugunsten des Fachs Rassekunde gekürzt werden; bis Ende 1936 muß der Unterricht wegen des Staatsjugendtages der HJ auf fünf Schultage verteilt werden, seit Dezember 1936, nach seiner Aufhebung, kann der Sonnabend wieder in den Unterricht eingegliedert werden; und darüber hinaus muß die Unterprima verstärkten wissenschaftlichen Unterricht erhalten, da die Reifeprüfung von 1937 ab bereits nach acht Schuljahren stattfinden soll[104]. Eingriffe auf dem Erlaßwege prägen das Schulleben und zwingen der Schule Veränderungen auf.

Vor allem aber die HJ greift nach 1933 in Minden mit Macht in Unterricht und Schule ein: Sie verlangt ständige Beurlaubung ihrer Mitglieder zum »Dienst« und zu Lehrgängen, richtet an die Schule Beschwerden über Mitglieder, die sich nicht einordnen wollen, und verlangt ihnen gegenüber schulische Konsequenzen[105]; sie ist jedoch ihrerseits keinesfalls zu Konzessionen der Schule gegenüber bereit. So stellt sie ihre Mitglieder nicht einmal für den Besuch des patriotischen Theaterstücks: »Die Schlacht um Minden« von Hjalmar Kutzleb »vom Dienst« frei, und es schwingt seitens der Schule eine Nuance von Dankbarkeit mit, wenn es 1937 heißt, die HJ habe auf die verstärkte Schularbeit Rücksicht genommen und keine längeren Beurlaubungen verlangt[106]. Der Mindener Direktor Busch, der sich dem Diktat der HJ nicht beugt, muß »dem Druck der Gegenseite weichen«, der neue Direktor, der mit seiner Parteizugehörigkeit angeblich »Lehrer und Schüler klug nach außen«[107] abschirmt, wie es später heißt, scheint sich dagegen kompromißbereiter verhalten zu haben, er empfiehlt sich bald nach Amtsantritt durch einen Vortrag über die nationalsozialistischen Grundsätze der Jugenderziehung[108].

Die Stellung der nationalsozialistischen Ideologie in dem Schulleben des Mindener Gymnasiums wird an den ausführlichen Berichten über weltanschauliche Schulung, über sportliche und allgemeinbildende Veranstaltungen, die im Sinne der neuen Machthaber abgehalten werden, und über nationalsozialistische Aktivitäten von Lehrern und Schülern deutlich. Der Unterricht steht – im Jahresbericht wie wohl auch in der Schulrealität – zwar noch an erster Stelle; ein wesentlicher Teil des Schullebens aber, nicht zuletzt mit Hilfe der neuen Medien Rundfunk und Film, wird der Propagierung nationalsozialistischer Ideen eingeräumt: Rundfunkübertragungen von wichtigen politischen Ereignissen, der Eröffnung des Parteitages, der Rede des Führers an die HJ, einer »Weihestunde« für die Jugend zum Gedenken an Hans Schemm, den verstorbenen Führer des nationalsozialistischen Lehrerbundes, einer Goebbels-Rede zum 30. Januar, dem »Tag der nationalsozialistischen Revolution«, werden gemeinsam gehört; staatspolitische Filme, wie »Jugend am Werk«, »Choral von Leuthen« oder der Film der Kriegsmarine »Kreuzer Karlsruhe auf großer Fahrt« werden gemeinsam gesehen; die Ausstellung »Kampf dem Bolschewismus« wird besucht; und in Schulfeiern und Gedenkstunden der Schule wird der Geburtstag des Führers gefeiert, der Gefallenen der Bewegung, des Todestages von Houston Chamberlain und der Gefallenen des Weltkrieges gedacht. Der Parteitag 1936 wird von einigen auserwählten Schülern besucht, und Lehrer wie Schüler fahren in Schulungslager und besuchen nationalpolitische Lehrgänge[109]. Auch die folgenden Jahre bestätigen dieses Bild[110]: Des Führers Geburtstag steht auf der Liste der Feiertage neben dem Muttertag, der »Tag des deutschen Volkstums« wird gewürdigt; nationalistischer Schriftsteller wie Walter Flex wird gedacht; Filme wie »Tannenberg« werden besucht; die Ausstellungen »Erbgut und Rasse« und »Schaffendes Volk« stehen auf dem Plan; der Anschluß Österreichs wird gefeiert, und Vorträge über den Beruf des Fliegeroffiziers, den des Sanitätsoffiziers und über die Notwendigkeit des Luftschutzes runden das Programm ab. Als Hitler und Mussolini durch Minden fahren, bekommen die Schüler schulfrei, um zur Bahn gehen zu können.

Die Schule wird eindeutig in den Dienst des Staates genommen; die Wissensvermittlung hat ständige Einschränkungen durch all jene Aktivitäten hinzunehmen, die die Schüler im Sinne des Nationalsozialismus formen sollen. Dabei kommt den Feiern eine besondere Bedeutung zu: Sie sollen dazu beitragen, daß die Schüler im gemeinsamen Erleben auf emotionaler Basis zu einer Identifikation mit dem NS-Staat finden; die emotionale Verinnerlichung der nationalsozialistischen Weltanschauung soll gläubig angenommen werden. Hier tut sich durch Feiern und Gemeinschaftserlebnisse der Schule ein weites Feld für Indoktrination auf. Mit Aufsatzthemen werden diese Erlebnisse, von nationalpolitischen Lehrgängen und Schulungen über Heldengedenkfeiern zu Parteitagen, in den Unterricht aufgenommen, als Festigung des vorher Erlebten. Die Wirkung all dieser Maßnahmen bleibt nicht aus: 1937 kann der Direktor des Gymnasiums feststellen, daß 96,5% der Schüler in der HJ organisiert sind, Nichtmitglieder sind zwei Juden, zwei Nichtarier und ein schwer Herzleidender. Im Juni 1939 sind 100% der Schüler organisiert, von Juden und Mischlingen ist nicht mehr die Rede[111].

Der Kriegsbeginn verändert das Schulleben, zum einen, weil durch die Einberufung einiger Lehrer der Unterricht gekürzt werden muß, zum andern aber, weil der Krieg existenziell in das Leben der Schüler eingreift[112]. Unterrichtsausfall durch Truppenbelegung in der Schule wie durch Kohlenknappheit, Anerkennung der Reife ohne Reifezeugnis bei Eintritt in die Wehrmacht, verspäteter Unterrichtsbeginn wegen nächtlicher Fliegeralarme, und »Kriegsereignisse«, die »in einzelnen Vorträgen ... gewürdigt und den Schülern lebendig gemacht« werden, bestimmen das Bild; Schillers Wilhelm Tell darf nicht mehr gelesen werden[113], und die Aufsatzthemen zeigen, daß neben der nationalsozialistischen Ideologie der Krieg und, fast zwangsläufig, der zu erwartende Sieg massiv thematisiert werden: »Warum braucht Deutschland eine starke Luftwaffe?«, »Welche Aufgaben stellt der Krieg der Heimat?«, »England – für uns der Feind«, »Welche Veränderungen hat der Krieg im Aussehen und Leben unserer Stadt herbeigeführt?« »Wie können wir in der Heimat zu einem glücklichen Ausgang des Krieges mithelfen?« Sind die Themen an Literatur und Sprache orientiert, geht es um die Diffamierung alles Nichtdeutschen: Bei Shakespeares »Kaufmann von Venedig« soll das Jüdische an Shylock herausgestellt werden: »Shylock, ein Jude«, und die Verballhornung der deutschen Sprache, die ironisierend zum Thema wird, soll zur Diskriminierung des Französischen führen: »Betrügen statt corriger la fortune! Oh was ist deutsche Sprak für eine arm Sprak, für eine plump Sprak!« Es ist ein Unterricht, der gerade in der Kriegszeit die vermeintliche Sonderstellung des deutschen Volkes hervorkehrt, in grenzenlosem Glauben an den Nationalsozialismus überzeugt vom Sieg, wie das Aufsatzthema: »Warum wird Deutschland siegen« belegt.

Die ausführlichen Schilderungen weltanschaulicher Schulungen sowie allgemeinbildende Veranstaltungen fallen jedoch mit Kriegsbeginn weg. Die Hausmusik in der Schule wird zwar immer noch erwähnt; statt ideologischer Schulung ist jedoch tatkräftiges Handeln gefragt: Ernteeinsatz, Sammeln von Heilkräutern und Altpapiersammlungen, Luftschutzhilfe und das Sammeln von Kartoffelkäfern bestimmen die außerschulische Tätigkeit.

Es gilt, die »innere Front« zu stärken, und die Schüler scheinen, wie ein Klassenaufsatz belegt, bereit mitzuhelfen, »daß der Krieg durch die gute Zusammenarbeit zwischen Front und Heimat siegreich beendet wird«[114]. Daß Kriegserlebnisse und -eindrücke für diese Schülergeneration prägend werden, bedarf keiner Diskussion; wie aber sieht die spätere Verarbeitung des Nationalsozialismus aus? Woran erinnern sich ehemalige Schüler und Lehrer in heutiger Zeit?

Für das Mindener Gymnasium liegen kaum Zeugnisse vor; eher nebenbei werden in den vorliegenden, 1980 verfaßten, Erinnerungen eines ehemaligen Schülers an das Jahrzehnt 1940-1950 die stürmischen Jahre nach der Machtergreifung erwähnt, »als die Hitlerjugend mit ihrem ›Staatsjugendtag‹ entscheidend in das Schulleben eingriff«[115]. Darüber hinaus wird diese Zeit nicht behandelt. Es überwiegen Kriegseindrücke: die Klassenarbeit, die wegen eines Fliegeralarms unterbrochen werden mußte und hinterher besonders gut ausfällt, und der Industrie-Einsatz in der Rüstungsproduktion bei den Melitta-Werken. In bezug auf die nationalsozialistische Indoktrination ist der Bericht eher abwiegelnd, beschwichtigend: Die Morgenfeiern, in denen politische Ereignisse unter dem Aspekt der nationalsozialistischen Weltanschauung dargestellt werden sollen, seien den meisten Lehrern nur Pflichtübung gewesen, und die große Wirkung der Rede eines überzeugten Nationalsozialisten wird durch die Frage des Autors relativiert, ob dieser Lehrer sachlich überzeugend oder nur erfrischend engagiert gewesen sei[116]. Die politische Verführung in der Erziehung, die gerade aus jenem Engagement lebt, wird hier nicht berührt. Vielmehr überwiegen – trotz aller Kriegserlebnisse – im apolitischen Ton der Nachkriegszeit die »freundlichen Erinnerungen«[117].

Kritik den Nationalsozialisten gegenüber wie Verarbeitung des Nationalsozialismus lassen sich aus diesen Zeugnissen im Gymnasium in Minden kaum erkennen; das allgemeine Mitmachen, mit einigen vielleicht sogar erzwungenen Tributen, aber auch freiwillige Begeisterung scheinen das Schulleben geprägt zu haben. Ob die beiden anderen Mindener Schulen, die Oberrealschule als Oberschule für Jungen mit naturwissenschaftlich-mathematischem Zweig und das Lyzeum, als Mädchenschule hauswirtschaftlicher Zweig, sich, wie vermutet, noch weniger resistent gegen den Nationalsozialismus gezeigt haben, kann nicht überprüft werden; bekannt ist auf Grund des vorliegenden Materials nur das Auftreten jener beiden Lehrer Kutzleb und Schulze. Darüber hinaus macht die Vereinheitlichung der höheren Schulen bis in die Lehrpläne hinein schultypenspezifisches Verhalten fraglich. Eine kritische Analyse dieses Abschnitts des Schullebens fehlt für alle drei Schulen; der in der Festschrift des Mindener Gymnasiums veröffentlichte kritisch-analysierende offene Brief aus dem Jahre 1933, den ein ehemaliger Schüler, der nach Amerika emigrierte jüdische Anthropologe Franz Boas, an Hindenburg schreibt, schließt diese Lücke keineswegs, im Gegenteil, er weist verstärkt auf dieses Desiderat. Die Schulen, in Minden wie auch anderswo, die sich vermutlich ohne großen Widerstand in den Dienst haben nehmen lassen für eine Ideologie, der sie keinen Widerpart leisten konnten, vielleicht auch nicht wollten, haben ihre Geschichte noch nicht reflektiert.

7. Demokratisierung und Reformen oder Restauration und Autorität? Höhere Schulen in der Bundesrepublik

7.1. Vergangenheitsbewältigung zwischen amerikanischem Demokratisierungsprogramm und ewig menschlichen Werten

»Das Erziehungswesen in Deutschland muß so überwacht werden, daß die nazistischen und militaristischen Lehren völlig entfernt werden und eine erfolgreiche Entwicklung der demokratischen Ideen möglich wird«[1]. Mit dieser Prämisse, festgelegt im Potsdamer Abkommen, beginnt nach der Kapitulation Deutschlands die Bildungspolitik der Alliierten. Sie ist von den zwei Leitideen der Entnazifizierung und der Demokratisierung bestimmt: Alles, was in irgend einer Form an den Nationalsozialismus erinnern könnte, soll vernichtet, alles, was einer Demokratisierung dienen könnte, eingeführt werden. Diesem Grundsatz stimmen prinzipiell alle Besatzungsmächte zu, seine Realisierung jedoch verläuft in den einzelnen Zonen keineswegs einheitlich. Die Besatzungsmächte verfolgen ihre Ziele mit unterschiedlichem Engagement, und ihre Aufnahme in den einzelnen deutschen Ländern hängt von der jeweiligen Ländertradition ab.

In den drei westlichen Besatzungszonen sehen sich die Amerikaner als Hauptträger der geplanten Demokratisierung; die »education«, die sie auf ihre Fahnen geschrieben haben – bis zum Kriegsende weitgehend in übereinstimmender Vorplanung mit den Briten – meint einen umfassenden Erziehungsbegriff, der auch »Bereiche des kulturellen Lebens«[2] einbezieht; durch »education«, oder besser »re-education«, wollen sie den Deutschen zu der Erkenntnis verhelfen, die Demokratie sei die menschenwürdigste aller Staatsformen. Ihr großes Dilemma bei dieser Mission ist es, demokratische Methoden und die Einsicht in die Vorzüge der Demokratie in ihrer Funktion als Besatzungsmacht vertreten zu müssen[3]: Verfolgen sie ihr Konzept energisch, autoritär, gefährden sie durch undemokratische Mittel ihre Botschaft; reduzieren sie aber ihren Einfluß zugunsten einer erwarteten Einsicht der Deutschen in demokratisches Handeln im amerikanischen Sinne, ist ihr Einfluß von Beginn an begrenzt. Als sie sich jedoch entschlossen haben, ihre in Folge des Morgenthau-Plans entwickelte punitive Haltung den Deutschen gegenüber zugunsten konstruktiver Elemente aufzugeben[4], betreiben sie die Demokratisierung mit großem Engagement.

So entsenden sie im Jahre 1946 unter Leitung von George F. Zook, dem »President of the American Council on Education«, eine Kommission von Fachleuten aus Schule, Hochschule, Kirche und Gewerkschaft zu einer Bestandsaufnahme der bisher eingeleiteten bildungspolitischen Initiative nach Deutchland[5]. Die Kommission betont den Rang der Schule als »Hauptfaktor für die Demokratisierung Deutschlands«: Die Schule habe »die Fähigkeiten jedes einzelnen als die kostbarste Hilfsquelle der Nation« so zu entwickeln, »daß sie jederzeit nutzbar gemacht werden können«; in demokratischer Weise gelte es daher, allen die gleichen Bildungschancen zu gewähren. Dieses Postulat führt zu Kritik an dem tradierten dreigliedrigen Schulwesen in Deutschland. Vor allem der elitäre Charakter der höheren Schulen wird beklagt: Durch die Trennung der Schüler nach dem vierten Schuljahr würden 90% aller Schüler, alle nicht »geistig, sozial oder wirtschaftlich Begünstigten«, benachteiligt. »Schon im Alter von 10 Jahren oder früher sieht sich ein Kind eingruppiert oder klassifiziert durch Faktoren, auf die es keinen Einfluß hat, wobei diese Einstufung fast unvermeidlich seine Stellung für das ganze Leben bestimmt«. Daneben wird die Typenvielfalt der höheren Schulen angeprangert, die jedoch kaum die Verhältnisse während der Zeit des Nationalsozialismus, sondern die während der Weimarer Republik spiegelt. Das negative Fazit lautet: »Nirgends besteht die Möglichkeit eines gemeinsamen Schullebens«. Aber nicht nur für das deutsche Volk, für dessen »Unterwürfigkeit« und »Mangel an Selbstbestimmung«[6] das Schulsystem verantwortlich gemacht wird, hat das Gymnasium sich nach Ansicht der Kommission negativ ausgewirkt; auch für die einzelnen Schüler habe es ungünstige Konsequenzen: Weder sei der Lehrplan dem späteren Alltagsleben der Schüler angepaßt, noch erreichten alle Schüler ihr Ziel, das Abitur. Damit wird – vor dem Hintergrund des amerikanischen High-School-Systems – nicht nur der Schulaufbau, sondern auch der Lehrplan kritisiert, der im amerikanischen Schulsystem ungleich stärker auf berufspraktische Tätigkeiten ausgerichtet ist als in Deutschland, zumindest aber deren Wahl zuläßt. Schulaufbau wie Lehrplan werden negative Auswirkungen für das Leben des Volkes wie das Leben des einzelnen unterstellt; allenfalls das auch von den Besatzungsmächten anerkannte wissenschaftliche Niveau des Gymnasiums bildet hier einen gewissen Ausgleich.

Die Konsequenz liegt auf der Hand: Wieder einmal, wie in allen Aufbruchs- und Umbruchszeiten seit der Französischen Revolution, wird ein Schulsystem gefordert, das allen Menschen, nicht nur den herrschenden Schichten, in gleicher Weise Bildungschancen gewährt. So wird von der Zook-Kommission vorgeschlagen, auf einer sechsjährigen Grundschule aufbauend eine sechs Jahre dauernde Oberstufe einzurichten, die auch das berufliche Schulwesen integriert. Chancengleichheit und Demokratisierung sollen Leitlinien des Schulaufbaus sein: »Das Mindeste, was die Schulen tun können, ist, alle ohne Unterschied der sozialen Klassen zuzulassen und in allen die Achtung für alle notwendige Arbeit zu wecken, ohne die einzelnen zu einer vorzeitigen und deshalb beklagenswerten Berufswahl zu verdammen«[7]; tüchtige Bürger wie gute Arbeitskräfte für alle Gebiete sollen ausgebildet, Allgemein- und Spezialbildung miteinander verbunden werden; die Problematik dieser Bildungsziele wird aber nicht ausreichend diskutiert. Berechtigungsfragen, gerade jene Fragen, die in Deutschland die Konstitution des Gymnasiums bestimmt haben, werden ebenfalls nicht gestellt. Es geht der Zook-Kommission weniger um Einbindung der vermittelten Bildung in Wirtschaft und Gesellschaft, sondern vor allem um Demokratisierung[8]. Die Erfahrung demokratischer Lebensformen steht vor der Frage nach dem gesellschaftlichen Wert von Schulabschlüssen; die demokratische Methode gilt der Zook-Kommission »als absolutes Heilmittel für alle Gebrechen«[9].

Die Vorschläge der Kommission werden in der amerikanischen Zone als Vorgabe für eine Schulreform aufgenommen; der Kommissionsbericht findet darüber hinaus seinen Niederschlag in der Kontrollratsdirektive Nr. 54, der grundlegenden Verlautbarung aller vier Besatzungsmächte zum Erziehungswesen: Gleiche Bildungschancen für alle werden hier gefordert; dem einzelnen Schüler sollen durch finanzielle Unterstützungen in Form unentgeltlicher Lehr- und Lernmittel und durch Unterhaltszuschüsse die materiellen Voraussetzungen zur Wahrnehmung seiner Chancen

geschaffen werden, und durch einen horizontal in zwei aufeinan-
derfolgenden Stufen gegliederten Schulaufbau soll die organisatorische Grundlage für die »Erziehung zu staatsbürgerlicher Verantwortung« und zu »demokratischem Lebensstil (democratic
way of life)« gegeben werden. Geeignete Lehrpläne, Lehrbücher
und Lehrmittel, umfassende Beratungsmaßnahmen, Mitspracherecht der Eltern und der Öffentlichkeit, und nicht zuletzt univer-
sitäre Lehrerausbildung sollen als unterstützende Maßnahmen
Chancengleichheit und Demokratie fördern[10].

Wären diese Pläne verwirklicht worden, hätten sie durch den
horizontalen Schulaufbau für das Gymnasium einschneidende
Konsequenzen gehabt. Direktiven des Kontrollrats haben jedoch
für die Alliierten keinen rechtsverbindlichen Charakter: Während
die Amerikaner mit größtem Engagement versuchen, ihre Pläne
durchzusetzen, neigen die Engländer eher zu einer zurückhalten-
den Bildungspolitik, und den Franzosen geht es in erster Linie um
die Verankerung der französischen Kultur im deutschen Schulwesen, denn deren geistige Gehalte tragen ihrer Ansicht nach bereits
zur Demokratisierung bei. Daneben aber ist die schulgeschichtli-
che Tradition der einzelnen deutschen Länder bei der Neuordnung des Schulaufbaus von Bedeutung: So kommt es in den Stadt-
staaten Hamburg, Bremen und Berlin und in dem britisch besetz-
ten, zunächst von der SPD regierten Schleswig-Holstein zu einer
verlängerten Grundschulzeit; sie wird aber in Schleswig-Holstein
schon 1951 nach Änderung der Mehrheitsverhältnisse im Landtag
rückgängig gemacht, und in Hamburg und Bremen wird Ende der
fünfziger Jahre der Übergang zur weiterführenden Schule nach
dem vierten Schuljahr wieder ermöglicht. Von den Flächenstaaten
entscheidet sich nur das amerikanisch besetzte Hessen dafür, die
Klassen 5 und 6 in allen Schultypen nach denselben Lehrplänen zu
unterrichten und damit der Verlängerung der Grundschulzeit entgegenzukommen. Lediglich in der SBZ wird der von allen Besatzungsmächten propagierte Schulaufbau konsequent eingeschla-
gen, hier sogar mit einer Grundschulzeit von acht Jahren[11].

Für das Gymnasium bedeutet das, daß es in den Westzonen
unangetastet aus den Bemühungen um eine Neuordnung des
Schulwesens hervorgeht. Das erstaunt umso mehr, wenn man bedenkt, daß nicht nur die Alliierten sich gemeinsam zu der anderslautenden Kontrollratsdirektive verstanden hatten, sondern viele
dieser Prinzipien alten Forderungen der deutschen Lehrerschaft,

besonders der Volksschullehrerschaft, entsprachen und nicht nur in den gemeinsamen Aufruf von KPD und SPD aus dem Jahre 1945 eingingen[12], sondern sogar innerhalb der neugegründeten CDU Fürsprecher fanden[13]. Die Ursachen, die die Neuordnung des Schulwesens verhindert und damit das Gymnasium in seiner überlieferten Form erhalten haben, sind auf mehreren Ebenen anzusiedeln: Zum einen wehren sich die Gymnasialpädagogen aus professionspolitischen Gründen gegen eine Einschränkung der gymnasialen Schulform, und seien es auch nur die beiden unteren Klassen, die dem Gymnasium entzogen würden. Zum andern aber formiert sich, wie so oft, wenn in der Schulgeschichte Tendenzen zur Vereinheitlichung des Schulwesens deutlich werden, ein konservativer Block in der Öffentlichkeit, bestehend aus Kräften der Kirchen, Kreisen der Universität, verschiedenen Berufsvereinigungen von Akademikern und Verbänden der Wirtschaft[14]. Ihre Absage an die Vereinheitlichung des Schulwesens ist zugleich eine Absage an die Ziele der Alliierten, deren Entnazifizierungspolitik große Kreise der Bevölkerung in eine Abwehrhaltung treibt. Daneben besteht die Hoffnung, durch einen Rückgriff auf die Bildungstradition der deutschen Klassik, wie sie in der Institution des Gymnasiums vermittelt wird, der unmittelbaren nationalsozialistischen Vergangenheit entgehen zu können; durch Bildung hofft man, an die wahren Werte des menschlichen Lebens anknüpfen zu können, ein Grund mehr, das Gymnasium in der tradierten Form zu verteidigen. Ein weiterer politischer Faktor, der die Bestrebungen zum Erhalt des Gymnasiums verstärkt, ist durch den zunehmenden Ost-West-Gegensatz gegeben: Je stärker die westlichen Besatzungsmächte die Integration Westdeutschlands in den westlichen Machtbereich vorantreiben, um so mehr erscheint die in der SBZ institutionalisierte Einheitsschule als ein kommunistisches Produkt, das im Westen abgelehnt wird[15]. Nicht zuletzt aber erhalten pragmatische Gründe das Gymnasium: Durch den Rückgriff auf alte Modelle wird die relativ schnelle Wiedereröffnung der Schulen nach Kriegsende erleichtert; in der Folgezeit wirkt, wie so häufig im Schulwesen, die einmal aufgenommene Schulorganisation normgebend.

Damit ist eine Demokratisierung des Schulwesens durch einen veränderten Schulaufbau zunächst abgewehrt. Wie aber sieht es mit der Demokratisierung der Inhalte aus? Was geschieht mit dem Lehrplan des Gymnasiums, der von der Zook-Kommission als lebensfremd verurteilt wurde, ein Urteil, das durch die Entfernung nationalsozialistischer Elemente aus dem Lehrplan kaum modifiziert wird? Wie weit gelingt es darüber hinaus, das Schulleben – etwa durch Mitbestimmung von Schülern und Eltern – zu demokratisieren? Lehrpläne und Schulalltag des Gymnasiums in Minden, in der britischen Besatzungszone gelegen, verdeutlichen, in welcher Weise die innere Struktur der Schulen reformiert oder restauriert wird.

Nach der Kapitulation und dem Einzug der Besatzungsmächte in Minden steht hier, wie in allen Städten und in allen Schulen, zunächst einmal die Entnazifizierung an. Sie bestimmt die Realität in weit stärkerem Maße als die geplante Demokratisierung, denn »jedes gesprochene oder geschriebene Material der Art, daß es den Geist von Nazismus und Militarismus aufrechterhält oder kriegerische Vorkommnisse verherrlicht«, soll »aus den deutschen Schulen verbannt«[16] werden. Es gilt daher, Lehrmittel und Lehrpläne, aber auch die Menschen und, entsprechend der behaupteten Bedeutung des Erziehungswesens in der Ideologievermittlung, besonders die Lehrer zu entnazifizieren. Höhere Beamte wie Schulräte und Direktoren der Gymnasien, die ihre Position während des Nationalsozialismus erlangt haben, werden dispensiert und von einem Neuaufbau zunächst völlig ausgeschlossen; andere Lehrer müssen sich dem Entnazifizierungsverfahren unterziehen. Entsprechend groß ist die Lehrerknappheit, und das »Persilschein«-Geschäft blüht; Kirchen, aber auch angesehene Geschäftsleute sind bemüht, zur Entnazifizierung der Unterrichtsbeamten beizutragen. Es ist ein zwiespältiges Verfahren, nicht nur in bezug auf die Chancen, allen Beteiligten Gerechtigkeit widerfahren zu lassen, sondern auch in seiner Wirkung auf die Deutschen. Zwar sind sie, vor allem nach dem schrecklichen Ausgang des Krieges, durchaus bereit, sich von der unmittelbaren Vergangenheit zu distanzieren; ihre Kritik an der Entnazifizierung jedoch, die sich vor allem gegen die Methoden und den nicht zwingend einsichtigen Zeitpunkt des Parteieintritts – 1937 – als Kriterium der Einstufung richtet, führt statt zu einer Demokratisierung eher zu einer Ablehnung alles Politischen[17]. Die individuelle Betroffenheit durch die Entnazifizierung, die Identitätskrisen, die durch die Abstempelung einzelner, etwa als »Mitläufer«, ausgelöst werden[18], erklären die Distanzierung von Politik, die diese Generation in den fünfziger Jahren auszeichnet.

In Minden sind im Februar 1946 fünf Lehrer wieder zugelassen worden, ein sechster folgt bald, und der Unterricht im Gymnasium wird wieder eröffnet und beginnt mit insgesamt 138 Schülern in sieben Klassen und einem ersten Sonderlehrgang für Kriegsteilnehmer. Drei Tage in der Woche haben die Gymnasiasten Unterricht, für den Rest der Woche werden die Besselschüler in dem Gebäude unterrichtet[19]. Nach und nach genehmigt die Militärbehörde Bücher, Lektüren und Lieder für den Schulgebrauch. Die Lektürehefte entstammen größtenteils der Weimarer Zeit: Christoph v. Schmids millionenfach verbreitete Erzählung von den »Ostereiern«, in der auf der Ebene von Popularaufklärung mit romantizistischen Elementen die Lehre verkündet wird, daß das Gute siegt, gilt hier offensichtlich ebenso als ungefährlich wie Hauffs Märchen und Storms Novellen. Für den Deutschunterricht der Oberstufe werden »German classics« angeboten, reine Textausgaben ohne jeden Kommentar, von Goethe über die Romantik bis zum Realismus. Naturalismus, vor allem Expressionismus oder gar Exilliteratur fehlen. Es ist im wesentlichen der Kanon der Weimarer Zeit, aus dem alles herausgestrichen ist, was Völkisches oder Nazistisches vermuten lassen könnte. Auch der Lesestoff des Deutschunterrichts ist entsprechend ausgewählt: 1947/48 wird in den Mindener Oberklassen, der Unterprima und der Obersekunda, der Simplicissimus gelesen; von Goethe stehen Egmont, Götz v. Berlichingen, Werthers Leiden, Goethes Rede zum Shakespearetag, Dichtung und Wahrheit und die »verteufelt humane« (Goethe) Iphigenie auf dem Plan, daneben sind Shakespeare und Herder zu finden, und von Lessing darf nun wieder der Nathan gelesen werden. Conrad Ferdinand Meyer und Ricarda Huch ergänzen die Auswahl – ein gereinigtes Programm. In der Untersekunda findet sich aber auch noch »Mörders Grab« von Hans Grimm, dem Autor des Buches »Volk ohne Raum«, ein nicht schnell genug ausgeräumtes Überbleibsel aus der Nazizeit, das die Schwierigkeiten des Entnazifizierungsprogramms offenbart. Selbst die Lieder werden einer eingehenden Musterung unterzogen, und solche, deren Bedeutung in der Nazizeit man zunächst übersehen hat, wie »Hohe Nacht der klaren Sterne«, kommen nachträglich auf den Index[20].

Es ist ein problematisches Unterfangen, auf das die Besatzungsmächte sich einlassen, wenn sie sich bemühen, die deutsche Kulturtradition zu reinigen, problematisch vor allem, wenn diese Bemühungen zu einer politischen Apathie in Deutschland führen, nicht aber zu dem aktiven Bemühen, die Demokratie in Wort und Handeln an die Stelle der bisherigen Diktatur zu setzen.

Subjektiv sind die Deutschen offensichtlich überzeugt, nicht nur den Nationalsozialismus abzulehnen, sondern zugleich auch nach neuen Wegen zu suchen für die Probleme der Zeit. So schickt die Mindener Schulleitung im Herbst 1948 ausgewählte Schüleraufsätze an das Schulkollegium in Münster, die »typisch für die Einstellung der heutigen Jugend oder besser für ihre Umstellung nach 1945 zu sein« scheinen und »den Geist der Schule recht gut widerspiegeln«. Die »rückhaltlose Offenheit« und das »redliche Bestreben …, neue Formen zu suchen«, werden von den Mindener Lehrern als »erfreulich«[21] charakterisiert. Eines der Themen lautet: »Wie steht die heutige Jugend zu dem Kriegerdenkmal auf der Wilhelmshöhe und zu der von ihm verkörperten Idee«[22]. Wie zu erwarten ist, wird bei Aufsätzen, die für das Schulkollegium ausgewählt werden, der Nationalsozialismus abgelehnt: »Jeder Junge fühlt sich befreit von der betont militärischen Erziehung der H. J. Doch« – so heißt es weiter – »wird es ein vergebliches Unterfangen sein, den Militarismus im deutschen Volk, zumindest bei den Preußen, auszurotten. Die Begeisterung für das Soldatentum lebt auch in der heutigen Zeit noch, das Schwärmen für Ordnung, Uniform, schneidiges Auftreten«. Der Nationalsozialismus wird wegen seiner sinnlich erfahrenen Zwänge abgelehnt, die Nachkriegszeit führt zur Resignation, die Begeisterung für den Ersten Weltkrieg wird jedoch in warmen Worten erwähnt. So berichtet der Schreiber des Aufsatzes, erklärend für die Wirkung des Nationalsozialismus, aber auch bedauernd für die vergangene Zeit des Kaiserreichs, wie die Ideale der Jugend »nach dem ersten Weltkrieg in den Schmutz gezogen worden waren«; die Zeit zuvor muß ihm demzufolge als Hort für Ideale gelten. Die Ablehnung des Naziregimes ist die eine Seite der Nachkriegszeit, aber der Rückgriff auf den weit zurückliegenden Geist der Kaiserzeit, der idealisiert und verklärt wird, das ist die andere Seite. In diesem Sinne kann auch die Hoffnung artikuliert werden, daß die »negative Einstellung der heutigen Jugend zu unserem Denkmal nicht« andauert, »daß auch für die Gefallenen dieses Krieges Mahnmale errichtet werden und die deutsche Jugend mit Ehrfurcht davorsteht«. An einen neuerlichen Krieg zur Veränderung der Verhältnisse wird nicht gedacht. »Gewiß mag es Kreise geben, die sogar mit Waffengewalt eine Befreiung Deutschlands planen«, aber »eine nationale Erhebung des deutschen Volkes scheint unter augenblicklichen Verhältnissen unmöglich. Dafür haben die Besatzungsmächte gesorgt«. Und noch eine Beruhigung gibt es, diesmal von der Mindener Schulleitung ausgesprochen: »Daß der Bolschewismus in den Schülerkreisen keine Sympathien hat, dürfte nach den Erfahrungen der jüngsten Zeit selbstverständlich sein«. Die Tendenz ist deutlich: Krieg und Naziherrschaft werden als verabscheuenswürdig verbannt; der gute Wille, mit den vergangenen Jahren zu brechen, ist vorhanden, die Gründe für den Nationalsozialismus werden jedoch in keiner Weise reflektiert; Ursachen, die in der deutschen Geschichte, ja auch im verherrlichten Kaiserreich liegen, bleiben außer Betracht.

Das schreckensvolle Ende der Hitlerdiktatur wird nur in geringem Maße zu einem politischen Neuanfang genutzt, es führt vielmehr verstärkt zur Begegnung mit Musik, Kunst und Literatur, die als Zugangsweisen zum Menschlichen schlechthin gelten. In Minden konstituiert sich ein »Literarischer Verein«, dessen Teilnehmer sich unter Leitung eines Lehrers abends in der Schule treffen und sich mit bedeutenden Werken der Weltliteratur unter dem Aspekt »der Vielfalt des Menschlichen«[23] auseinandersetzen. Es sind Begegnungen, die im moralischen Innenraum des Menschen stattfinden; das deutsche Verhängnis, sich in eine von Politik und Ökonomie abgetrennte Geisteswelt zu flüchten, einst als Kompensation zur nicht erlaubten Kritik an politischen Verhältnissen von aufklärerischen Fürsten angeboten, ergreift wieder einmal Raum; es ist eine Tendenz, die sich in den fünfziger Jahren fortsetzt. Das Menschliche steht im Vordergrund, nicht aber die politischen Verhältnisse. Das Mißtrauen gegen die unmittelbare Vergangenheit hat – nicht nur in Minden – auch ein Mißtrauen gegen die unmittelbare Gegenwart zur Folge. Einzig der Glaube an etwas Überindividuelles, zeitlos Gültiges, so meint man, könne hier helfen, der Glaube an das Menschliche. Im Jahre 1947 wird in Bayern Stifters Lesebuch unverändert abgedruckt, ein Dokument jenes Denkens in scheinbar unabweisbar gültigen Formen[24].

Das Gymnasium in Minden hat sich nach Kriegsende wieder auf alten Bahnen gefunden. Die Umerziehungspläne spielen nur eine geringe Rolle; die nationalsozialistischen Elemente in Lehrplan und Unterricht werden zwar größtenteils entfernt, die Demokratisierung jedoch kaum vorangetrieben. Ein einheitlicher Schulauf-

bau, wie er der Förderung der Demokratie vielleicht dienlich gewesen wäre, wird in Nordrhein-Westfalen nicht diskutiert; Schulreformer, die sich schon während der Weimarer Republik für eine
einheitliche Schulbildung engagiert haben, sind hier kaum zu finden; Paul Koch, der mit Paul Oestreich zusammengearbeitet hat,
bleibt eine Ausnahme. Christlicher Humanismus und Entfaltung
einer »religiös sittlichen Persönlichkeit im Sinne der christlich
abendländischen Kultur« bestimmen die neuen Schulpläne.
»Elite-Leistung«, die die Ablehnung aller »Einheitsschulpläne mit
ihren herabziehenden Nivellierungstendenzen« impliziert, ist
Grundlage für die Konzeption der Gymnasien, die, ob altsprach-
lich, neusprachlich oder naturwissenschaftlich, alle mit Latein als
erster Fremdsprache beginnen sollten[25]. Solche Pläne führen
dazu, die Dreigliedrigkeit des Schulsystems nach vierjähriger
Grundschule festzuschreiben und das Gymnasium in einem elitären Selbstverständnis zu stärken. Inwieweit innerhalb des Schullebens und einzelner Fächer trotzdem der Demokratisierung
Rechnung getragen wird, wird sich in den fünfziger Jahren erweisen.

7.2. Restauration des Schulwesens oder innere Reformen? Die Gymnasien der fünfziger Jahre in bildungspolitischer und pädagogischer Diskussion

Demokratisierung des Schulwesens und größere Chancengleichheit, so hatten Forderungen der Besatzungsmächte wie der Reformer gelautet: Zu Beginn der fünfziger Jahre ist jedoch – abgesehen
von einigen Schulversuchen – das dreigliedrige Schulsystem wieder etabliert. Zwar sind die Forderungen nach Demokratisierung
des Schulwesens und mehr Chancengleichheit nicht vergessen; sie
geraten jedoch in einen gesellschaftlichen Diskussions- und Ent-
scheidungsprozeß, der in den fünfziger Jahren zunächst einmal an
restaurativen Ideen orientiert ist. Innerhalb dieses Prozesses wird
auch die Position des Gymnasiums festgelegt.

Die Entscheidungskompetenz über das Schulwesen liegt in der
frühen Zeit der Bundesrepublik ausschließlich bei den Ländern;
ihnen fällt auch die Aufgabe von Innovationen zu. In ihrem gemeinsamen Gremium, der 1948 zunächst noch unter Einschluß
der Länder der SBZ gegründeten Ständigen Kultusministerkonfe-

renz der Länder (KMK), sind sie, wie auch der Weimarer Reichs-schulausschuß, an erster Stelle mit länderübergreifenden Angelegenheiten betraut: Regelung von Schuljahrsbeginn und Ferien, Vereinbarungen über Schultypenbezeichnungen, Benennungen der Klassenstufen, Sprachenfolge und Schulabschlüsse zählen zu ihren Aufgaben. Ihre Beschlüsse haben zwar nur empfehlenden Charakter und führen erst mit der Umsetzung in Gesetze oder Erlasse in den einzelnen Bundesländern zu rechtsverbindlichen Konsequenzen; da sie aber nur einstimmig gefaßt werden, kann die Zustimmung zu einer Empfehlung als Bindung der Länder an bestimmte Absprachen interpretiert werden. Bis in die Mitte der sechziger Jahre ist die KMK auf Gebieten pragmatischer Vereinbarungen durchaus funktionsfähig; als die bildungspolitische Situation große Gesamtpläne verlangt, büßt sie jedoch ihre Bedeutung ein[26].

Für das Gymnasium und seine organisatorische Entwicklung sind in dieser frühen Zeit der Bundesrepublik vor allem zwei Beschlüsse der KMK von Bedeutung: das Düsseldorfer Abkommen von 1955 und das Hamburger Abkommen von 1964[27]. Sie tragen im Gegensatz zu den anderen Empfehlungen den Stempel von Verwaltungsabkommen der Länder und haben damit für die beitretenden Länder Rechtsverbindlichkeit; Bayern tritt dem Düsseldorfer Abkommen jedoch nicht bei. Beide Abkommen beschäftigen sich mit Schultypen und Organisationsformen der einzelnen Schulen. Sie beschreiben sowohl das Gymnasium nach seinen unterschiedlichen Typen als auch seine Position innerhalb des gesamten Schulsystems. So werden im Düsseldorfer Abkommen die Organisationsformen festgelegt: die neun Jahre dauernde Langform, ab Klasse 5, als Regelform und die Kurzform mit sieben oder sechs Klassen, ab Klasse 7 oder 8, als Aufbauform. An Schultypen bestehen diesem Abkommen zufolge das altsprachliche, das neusprachliche und das mathematisch-naturwissenschaftliche Gymnasium; das altsprachliche Gymnasium beginnt mit Latein, darauf folgen im siebten Schuljahr eine moderne Fremdsprache und im achten Schuljahr Griechisch, die beiden anderen Typen setzen in der Regel mit Englisch als erster Fremdsprache ein und ergänzen sie in der siebten Klasse durch Latein oder Französisch. Die Gabelung eines Gymnasiums in einen mathematisch-naturwissenschaftlichen und einen sprachlichen Zweig erfolgt im neunten Schuljahr, bei bestehenden anderslautenden Länderregelungen im elften Schuljahr. Wie die Organisationsformen werden auch die Klassenbezeichnungen vereinheitlicht, sie werden aufsteigend von 1-13 gezählt. Die Aufnahme in ein Gymnasium erfolgt über ein Ausleseverfahren. Das Abkommen wird für die Dauer von mindestens zehn Jahren fixiert, es endet damit genau zu dem Zeitpunkt, zu dem sich große Umwälzungen im Bildungswesen anbahnen. Insgesamt zeigt sich hier die Tendenz, nach länderübergreifenden Strukturen zur Vereinheitlichung des Schulsystems zu suchen; Reformansätze aber sind noch nicht zu erkennen.

Anders das Hamburger Abkommen, das, gemessen am Düsseldorfer Abkommen, den Eindruck zunehmender Durchlässigkeit und Flexibilität des Schulsystems hervorruft. Hier wird ein für alle Schüler gemeinsames 5. und 6. Schuljahr unter der Bezeichnung »Förder- oder Beobachtungsstufe« zugelassen; die Normalform des Gymnasiums kann damit neun- oder siebenklassig sein, und für den Eintritt in das Gymnasium ist infolge der Förderstufe nicht mehr die Rede von *Auslese*, sondern nur noch von einer Regelung durch ein *Aufnahmeverfahren*, das sich auf die gesamte Beobachtungsstufe erstrecken kann. Der Tendenz einer allmählichen Öffnung des Gymnasiums gegenüber anderen Schultypen entspricht auch die Möglichkeit, gymnasiale Aufbauzüge noch im Anschluß an die zehnte Klasse der Realschule zu institutionalisieren. Darüber hinaus wird auf eine Festlegung der Gymnasialtypen verzichtet und damit der Entwicklung neuer Gymnasialtypen Rechnung getragen. So sind seit dem Düsseldorfer Abkommen das Wirtschaftsgymnasium, das sozialwissenschaftliche, das musische und das erziehungswissenschaftliche Gymnasium entstanden und haben das Spektrum der tradierten Typen in einer qualitativ neuen Form erweitert[28]. Der Versuch, sie zu begrenzen und in eine systematische Beziehung zueinander zu bringen, der in der Weimarer Zeit die Schulpolitik bei aller Typenvielfalt bestimmte, wird nicht mehr unternommen. Der Verzicht auf die Festschreibung einzelner Gymnasialtypen deutet den Weg zu einer schwerpunktbezogenen Bildung an, wie sie in den siebziger Jahren die reformierte Oberstufe bestimmen wird. Das Hamburger Abkommen, das am Ende einer ersten Phase der Bildungspolitik der Bundesrepublik steht, zeigt damit zwei Tendenzen, die die Gestalt des Gymnasiums tangieren: zum einen die generelle Möglichkeit, die beiden unteren Klassen des Gymnasiums schulformübergreifend in einer Förderstufe zu organisieren, und zum andern die Möglichkeit, weitere Gymnasialtypen um bestimmte Schwerpunkte zu organisieren. Das aber ist eine bildungspolitische Entscheidung, die die Entwicklung von einem festen Kanon zu einer schwerpunktbezogenen Bildung andeutet.

Die Veränderungen, die sich hier abzeichnen, sind Ergebnis eines pädagogischen und bildungspolitischen Diskussionsprozesses in den fünfziger Jahren, an dem Parteien wie Lehrerverbände teilhaben und der darüber hinaus von Anstößen des Expertengremiums der fünfziger Jahre, dem »Deutschen Ausschuß für das Erziehungs- und Bildungswesen«, bestimmt ist. Der »Deutsche Ausschuß« ist, überparteilich zusammengesetzt aus zwanzig von Bund und Ländern berufenen Bildungsexperten und Vertretern gesellschaftlicher Gruppierungen, zunächst als Beratungsgremium für die KMK berufen worden. Die Erwartungen an ihn schwanken jedoch zwischen Beratung und Entscheidungshilfe einerseits und der Erarbeitung einer »Gesamtkonzeption des deutschen Erziehungs- und Bildungswesens«[29] andererseits – ein Anspruch, den er mit dem Rahmenplan (1959)[30] einzulösen versucht hat. Zwar mit Sachverstand, aber ohne jede Entscheidungsbefugnis ausgestattet, der KMK mit seinen Empfehlungen teilweise unerwünscht und ohne die nötige Resonanz bei Entscheidungsgremien, löst sich der Deutsche Ausschuß 1965 auf[31]. Die Ursache seines glücklosen Agierens mag einmal in seiner wenig klar umrissenen Aufgabe zu sehen sein, zum andern aber auch seinem Bemühen zuzuschreiben sein, anstelle einer pointierten Darstellung einzelner Konzepte und deren möglicher Konsequenzen für das Schulwesen einen Kompromiß repräsentieren zu wollen, der gegensätzliche Positionen nur verwässert wiedergibt[32]. Für das Gymnasium hat der Deutsche Ausschuß Anregungen für die Umstrukturierung der Klassen 5 und 6 und für die Arbeit auf der Oberstufe gegeben[33], zwei Bereiche, für die in den fünfziger Jahren Reformüberlegungen eingeleitet werden. Begabungs- und Hochschulreifediskussion liefern das Legitimationspotential für bildungspolitische Entscheidungen, ihnen wird im folgenden nachgegangen.

7.2.1. Begabung und Hochschulreife: Erbanlagemäßiges Rüstzeug als Voraussetzung für die Hauptrichtungen des menschlichen Geistes?

Unmittelbar nach Kriegsende, als die Reorganisation des Schulwesens noch nicht abgeschlossen ist, beauftragt der Niedersächsische Kultusminister Grimme den Soziologen Karl Valentin Müller mit einer Bestandsaufnahme der Begabung in der Bevölkerung. Damit ermöglicht er einem der heftigsten Verfechter eines statischen, erbbiologisch bedingten Begabungsbegriffs weitreichende Publizität, denn Müller nutzt seinen öffentlichen Auftrag, seine These zu verbreiten, daß sich Begabung als »Folge eines tatsächlichen erbanlagemäßigen Siebungsunterschiedes der Berufsgruppen der Väter« »erstaunlich umweltstabil« erwiesen habe. Belegt sieht er sie durch einen Vergleich von »Kindern der einheimischen Intelligenzschicht« mit Kindern aus der »in der Gunst des Sozialmilieus stark deklassierten Flüchtlingsoberschicht«, bei dem er keine »besonders starke begabungsdifferenzierende Wirkung des Sozialmilieus«[34] feststellen kann, allenfalls »eine Überlegenheit der umweltgeschädigten Flüchtlingskinder der Oberschicht«, die Müller, sozialdarwinistisch orientiert, mit »Auslesewirkungen der Flucht«[35] verbindet. So kommt er zu dem Schluß, »Unterschiede in der Begabungsverteilung zwischen den einzelnen sozialen Schichten« seien »Ergebnis einer ganz natürlichen *Sozialsiebung* nach anlagemäßigen Fähigkeiten«. Auf das »erbanlagemäßige Rüstzeug« kommt es an; die »Hilfsschulabgänger und Volksschuldummen ... der zweiten Generation« beweisen das seiner Ansicht nach ebenso wie der Vergleich zwischen Kindern aus der einheimischen und der Flüchtlingsoberschicht.

Wenn aber die »Sozialpyramide« der Gesellschaft ihre Entsprechung in der »biologischen Begabungspyramide«[36] hat, ist das dreigliedrige Schulsystem als Abbild einer gesellschaftlichen Schichtenverteilung das einzig angemessene. Das Gymnasium kann unter diesen Kautelen nur die Schule für Söhne aus der Oberschicht sein: Selbst wenn sie nicht so begabt sind »wie der bestbegabte Nachwuchs aus sozial niederen Schichten«, kann doch »mit häuslicher Förderung, mit Nachhilfeunterricht, mit der unauffälligen, aber wirksamen Macht gesellschaftlicher Beziehungen«[37] manches erreicht werden für die spätere gesellschaftliche Position und damit für die Selbstrekrutierung der Oberschicht

Die Notwendigkeit, sich mit Begabungsreserven auseinanderzusetzen, ist bei dieser in sich geschlossenen, elitären Vorstellung
der Oberschicht nur dann vonnöten, wenn »die aufgestiegenen
und aufsteigenden Elemente der Gesellschaft sich nur unzuläng-
lich durch biologischen Eigennachwuchs«[38] ergänzen, wenn – wie
Müller im Anschluß an Hartnacke, den NS-Begabungsideologen,
sich nicht scheut zu formulieren – eine »Unterfruchtbarkeit der
Sippen mit guten Begabungswerten«[39] zu konstatieren ist und in
der Oberschicht die notwendigen Voraussetzungen für »eine aus-
lesegerechte Fortpflanzungsordnung unseres Volkes«[40] nicht gegeben sind.

Mit Müller kommt nicht ein vereinzelter Epigone eines im Dritten Reich wirksamen Begabungsbegriffs zu Wort; die Wirkung seiner trotz zahlreicher methodischer Mängel der Untersuchung mit
dem Anspruch der Wissenschaftlichkeit vorgetragenen Ergebnisse
ist bis zum Ende der fünfziger Jahre erheblich, zumal die »Reprä-
sentanten der weiterführenden Schulen und der unternehmeri-
schen Wirtschaft … oft unbewußte Koalitionspartner«[41] sind. So
verschafft Müllers Untersuchung den Verfechtern des Gymnasiums in seiner neunklassigen Form eine scheinbar wissenschaftliche
Legitimation allen einheitsschulähnlichen Ansprüchen gegenüber.
Eine Beobachtungsstufe zur Förderung von Begabungsreserven ist
angesichts seiner Befunde unnötig; es sei denn, die Oberschicht
verfügt nicht über genügend eigenen Nachwuchs; die Begabten-
förderung stünde dann aber keinesfalls unter dem Aspekt größt-
möglicher Förderung eines jeden einzelnen, sondern unter dem
gesellschaftspolitischen Vorzeichen der Komplettierung der Oberschicht; Förderung aber wird nur Angehörigen der Oberschicht,
nicht aber den »Volksschuldummen« zugestanden. Als in ersten
Konzeptionen der fünfziger Jahre – vorsichtig im Rahmenplan des
Deutschen Ausschusses oder entschiedener im Bremer Plan der
Arbeitsgemeinschaft Deutscher Lehrerverbände[42] – allen Menschen gleichermaßen die Chance individueller Entfaltung zugestanden wird, als es gilt, Begabungen zu wecken, argumentieren die
Gegner dieser Pläne mit Müllers Ergebnissen: Der Philologenver-
band leugnet schlicht das Vorhandensein von Begabungsreserven[43]. Derartige Behauptungen gehen zwar in den folgenden Jahren vor allem auf Grund weitreichender Untersuchungen zu dem
Thema »Begabung und Lernen«[44] zurück; bei Eltern und Schülern
jedoch sind Thesen von einer weitgehend erbbiologisch festgeleg-

ten Begabung noch lange anzutreffen.

Darüber hinaus aber haben sie vermutlich auch die Hochschulreifediskussion in den fünfziger Jahren beeinflußt: Unterstellt man, daß jene Kulturtraditionen, die in der Schule durch einen festen Kanon vermittelt werden, dem »kulturellen Kapital«[45] der Oberschicht entsprechen, gewinnt die Diskussion um Reife und Oberstufe einen neuen Akzent: Die über die Kultur des europäischen Abendlandes vermittelte Bildung ist auf die mit kulturellem Kapital ausgestatteten Schüler der Oberschicht bezogen, weniger auf die Schüler anderer Schichten. Eine Begabungstheorie, auf Grund derer der Zugang zum Gymnasium schichtenspezifisch geregelt ist, verstellt jedoch den Blick für die Problematik eines schichtenbegünstigenden Curriculums im Gymnasium; die Hochschulreifediskussion kann ungehindert an dem etablierten, vom Bürgertum tradierten Kanon anknüpfen, ohne schichtenspezifische Zugangsweisen zu dem tradierten Kulturgut berücksichtigen zu müssen.

In den fünfziger Jahren werden die Gespräche über die Hochschulreife von der generellen Frage bestimmt, worin der »gemeinsame Kern der Hochschulreife« bestehe und durch welche Fächer er vermittelt werden könne[46]. Trotz Spezialisierung und Differenzierung der Wissenschaften, trotz der Stoffülle gilt es, gemeinsame Voraussetzungen aller Abiturienten bei Studienbeginn zu formulieren und damit den Lehrplan der gymnasialen Oberstufe zu bestimmen. Diese gemeinsamen Voraussetzungen können, wie schon die ersten richtungweisenden Gespräche der Nachkriegszeit, die Tübinger Beschlüsse (1951), deutlich machen, nicht in der Anhäufung von Wissen zu finden sein: »Durchdringung des Wesentlichen der Unterrichtsgegenstände«, »Verständnis« statt »Gedächtnisleistung«[47] geben die Orientierung, dennoch bleiben trotz möglicher Beschränkungen der Prüfungsfächer die in den Richtlinien angegebenen Inhalte konstitutiv für das Abitur. Mit dem Tutzinger Maturitätskatalog, 1958 als Ergebnis der Gespräche zwischen dem Schulausschuß der Westdeutschen Rektorenkonferenz und dem der KMK formuliert und seitdem als Richtschnur für die Abiturprüfung genutzt, werden die Forderungen konkretisiert. Dabei werden verbindliche Inhalte mit formalen Qualifikationen verbunden: Einwandfreies Deutsch; literarisches Verständnis; eine gute Einführung in einer ersten Fremdsprache; eine Einführung in eine zweite Fremdsprache – eine der beiden

Sprachen sollte Latein oder Französisch sein; Kenntnisse in Elementarmathematik und die Fähigkeit, diese Kenntnisse auf Geometrie und Naturwissenschaften anzuwenden; eine Einführung in die Hauptphänomene der Physik mit Verständnis für das Wesen der exakt-wissenschaftlichen Methode; »liebhabermäßiges Betrachten der menschlichen Natur und Zugang zur biologischen Betrachtungsweise«; Kenntnis und Verständnis der historischen Situation seit der Französischen Revolution, philosophische Propädeutik, »Orientierung über die Christenlehre« und ethische Grundfragen[48]. Hinter diesem »empirisch-additiven Katalog von Maturitätsforderungen«[49], orientiert an der sprachlich-literarischen, philosophischen und historischen Tradition Europas, stehen weniger pragmatische Forderungen, die auf Grund der Spezialisierung der Wissenschaften an die Hochschulreife gestellt werden könnten. Hier wird vielmehr der Versuch deutlich, die Schüler ganzheitlich zu bilden, und diese Ganzheit liegt in den historisch vermittelten »Hauptrichtungen des menschlichen Geistes«[50] beschlossen. So läßt der Maturitätskatalog »für die hermeneutische Besinnung« einen zweiten Katalog sichtbar werden, der »diejenigen elementaren, fundamentalen und unentbehrlichen Initiationen« beschreibt, »deren Vollzug durch Fächer und Stoffe hindurch geschehen muß«[51]. Durch die interpretierende Aneignung von griechischer Philosophie und Wissenschaft, christlichem Glaubens- und Lebensverständnis, moderner Naturwissenschaft und Technik und der bestehenden Staats- und Rechtsordnung werden sowohl Inhalte als auch Methoden vermittelt, beide werden über ihre historische Ausprägung in den Hochschulreifebegriff einbezogen.

Damit wird versucht, sowohl verbindliche inhaltliche als auch formale Qualifikationen zur Voraussetzung der Hochschulreife zu machen. Maturität wird ein letztes Mal humanistisch-philosophisch, nicht pragmatisch begründet[52]; »das *Ganze des Wissens* und die *ethische Funktion* des Wissenssuchens« sollen im Mittelpunkt bleiben, zu verstehen als »*Garantien für die Menschlichkeit im Gemeinwesen*«[53]. Das allgemein Menschliche steht im Vordergrund; der einzelne Mensch in seiner sozialen Lage, die ihm die Teilhabe an einer solchermaßen durch Kultur und europäische Geschichte vermittelten Bildung durchaus erschweren könnte, tritt dahinter zurück. Die Bevorzugung, die eine an kulturelle und geistige Traditionen gebundene Hochschulreife für die an Kultur orientierte Oberschicht darstellt, wird nicht diskutiert.

Der Versuch, an einem – durch die Tradition europäischer Kultur vermittelten – verbindlichen Mindestkanon festzuhalten, trotzdem aber formale Fähigkeiten zu schulen, bestimmt auch die amtlichen Vorgaben für das Gymnasium. In der »Saarbrücker Rahmenvereinbarung« zur Ordnung des Unterrichts auf der Oberstufe der Gymnasien von 1960 wie in den »Stuttgarter Empfehlungen« zur didaktischen und methodischen Gestaltung der Oberstufe von 1961[54] findet er seinen ersten Niederschlag. In der Saarbrücker Vereinbarung geht es um die »Verminderung der Zahl der Pflichtfächer und die Konzentration der Bildungsstoffe«, um »die Erziehung des Schülers zu geistiger Selbsttätigkeit und Verantwortung« zu fördern. Zu dem Zweck der Konzentration können einige Kernpflichtfächer schon am Ende der Klassen 11 oder 12 abgeschlossen werden; die Arbeit auf der Oberstufe soll »durch Beschränkung der Zahl der Unterrichtsgebiete« und »Beschränkung der Lehrstoffe durch paradigmatische Auswahl«[55] zu einer besonderen Vertiefung führen. In den Stuttgarter Empfehlungen wird die Arbeitsweise auf der Oberstufe definiert: Hier gilt es, ganz im Sinne der Diskussion um die Hochschulreife, eine »allgemeine Grundbildung« mit ethischer Potenz anzustreben: »Der Schüler der Oberstufe soll Ursprünge und grundlegende Inhalte unserer Welt erkennen, damit er sich für ihre verpflichtenden Forderungen in Freiheit und Verantwortung entscheiden kann«. Zu diesem Zweck soll er »propädeutisch in wissenschaftliche Arbeitsweisen eingeführt werden und lernen, mit Gegenständen und Problemen der Erfahrung, des Erkennens und Wertens (...) selbständig und sachgerecht umzugehen«[56], also ein Instrumentarium des Umgangs mit Wissen erwerben.

Der Trend, statt eines festen Fächerkanons bestimmte Denkmethoden und Erfahrungen, die »beim Umgang mit Phänomenen gewonnen werden«[57], zu fordern, ist deutlich. Allerdings – und das ist wohl charakteristisch für die erste Phase der Geschichte des Gymnasiums in der Bundesrepublik – bleibt der Erwerb methodischer Zugänge gebunden an Inhalte, vor allem jene, die auf Ursprünge unserer Kultur verweisen. Die Realisierung dieses Konzepts zeigt sich im Gymnasialunterricht, der in der Nachkriegszeit vom Geist europäischer Gesittung geprägt ist, von Lebens- und Denkformen, die nach den Erfahrungen des Nationalsozialismus die einzig möglichen allgemein verbindlichen Werte darzustellen scheinen.

Große Umwälzungen in der bildungspolitischen Landschaft sind nach Kriegsende ausgeblieben, die Reorganisation alter Strukturen bestimmt das Schulwesen, eine Auflösung der Struktur des Gymnasiums deutet sich in den gesetzlichen Grundlagen wie in der breiten Diskussion erst allmählich an. Wie aber sieht das Schulleben des Gymnasiums in jener Zeit aus? Ist es von einer Restauration, so wie sie sich in den Begabungstheorien eines Karl Valentin Müller zeigt, bestimmt, oder wird der Freiraum in Unterricht und Schule zu inneren Reformen genutzt? Wie versucht man – jenseits von Begabungstheorie und Hochschulreifediskussion – der von den Besatzungsmächten so sehr propagierten Demokratisierung Rechnung zu tragen?

An dem Gymnasium in Minden wird bald nach Kriegsende eine Schülermitverwaltung eingerichtet. Im Jahre 1951 jedoch findet sich unter der Überschrift »das geht alle an!« eine vehemente Klage des Schülerrats: Über die Schülermitverwaltung herrsche trotz vieler Bemühungen »allgemein Unklarheit«, viele Schüler schlügen »gegen die Schülermitverwaltung« einen »gehässigen Ton« an. Der Schülerrat sieht sich daher genötigt, noch einmal seine Ziele zu verdeutlichen, gelte es doch, »die alte Schule, das Wissensinstitut, zur Bildungsgemeinschaft« umzuformen und »den Schüler zum verantwortungsbewußten Schulbürger« und »zu einem pflichtbewußten Staatsbürger, der auch später seinen Mann stehen soll« zu erziehen[58]. Nun finden sich zwar Klagen dieser Art auch zu späteren Zeiten, zuletzt in der Mindener Schülerzeitung »Quo vadis« aus dem Jahre 1983; für den Anfang der fünfziger Jahre mag diese Haltung jedoch im besonderen Maße typisch gewesen sein. Die Jugendlichen in dieser Zeit haben, amerikanischen Untersuchungen zufolge, weder Kenntnis von den Demokratisierungsbemühungen noch großes Interesse daran. Zwar hätten sie sich, wie die Deutschen insgesamt, von rechtsradikalen Gruppen abgewandt, das aber sei keineswegs gleichbedeutend mit Engagement für die Durchsetzung demokratischer Ziele; vielmehr sei eine politische Apathie zu konstatieren[59]. Offensichtlich ist eine funktionierende Mitverwaltung an einen langen Erziehungsprozeß gebunden und kann nicht als Folge einer Institution schnell erwartet werden. Welche Chancen aber bleiben den Schulen bei der Förderung von Demokratisierung? Wird versucht, über veränderte Inhalte eine innere Reform einzuleiten, oder verstärken tradierte Inhalte – wie auf Grund des Hochschulreifebegriffes vermutet werden kann – lediglich das vorhandene »kulturelle Kapital« der Oberschicht?

Betrachtet man das Mindener Schulleben zu Beginn der fünfziger Jahre, scheint es zunächst vorwiegend vom literarischen Verein und von Musik geprägt zu sein. Aus dem Jahre 1950 findet sich ein Aufruf des Direktors an die Eltern, den Schülern Gelegenheit zum Lernen eines Instruments zu geben: »Denken Sie an die vielen Gefahren, die auf den jugendlichen Menschen einstürzen. Je mehr aber ein Mensch sich der Musik widmet, umso mehr ist er dem zerstörenden Zugriff des ›Zeitgeistes‹ entzogen«[60]. Dem Zeitgeist soll man sich nicht etwa stellen, ihn reflektieren, das auf dem europäischen Geistesleben beruhende musisch-ästhetische Bildungsideal soll offenbar vielmehr zur Flucht aus der konfliktgeladenen politischen Realität verhelfen. Dem entspricht ein von organischem Denken bestimmtes Gesellschaftsbild mit einem harmonischen Miteinander aller gesellschaftlichen Kräfte; die Vortragsreihe am Mindener Gymnasium mit dem Rahmenthema: »Die Familie und die größeren Lebensordnungen Natur, Heimat, Volk, Staat, Kirche« wird das vermutlich expliziert haben. Neben diesen Prägungen des Schullebens gibt es zwar auch eine Reihe von Aktivitäten, die die Öffnung des Gymnasiums dem modernen Leben gegenüber verdeutlichen: Arbeitsgemeinschaften in Philosophie, Biologie (Mikroskopieren), Literatur, Werkunterricht, Modellieren und Malen, Flöten und Orchester, Geographie und sogar eine politisch-historische Arbeitsgemeinschaft stehen auf dem Plan. Insgesamt aber scheint das Schulleben in Minden in den fünfziger Jahren von unpolitischer Selbstgenügsamkeit geprägt zu sein: Die Schülerzeitung »Die Pause« bringt »kleine Aufsätze, nette Kurzgeschichten, gute Witze«, die Ehemaligen veranstalten einen gemütlichen Herrenabend – »Kommersbücher sind nach Möglichkeit mitzubringen; humoristische Beiträge sind erwünscht« – und trotz der Nachkriegszeit steht für Einladungen zu der Weihnachtsfeier schon wieder – oder noch immer – Büttenpapier zur Verfügung[61].

Parallel zur Restauration des Schullebens verläuft die des Unterrichts: Die Stundentafel ist weitgehend der des Gymnasiums in der Weimarer Zeit angeglichen worden; das Profil der Schultypen tritt nach den Nivellierungsversuchen des Nationalsozialismus deutlich hervor: Im Mindener Gymnasium werden auf die alten Sprachen wieder mehr Stunden verwandt, und auch die erste moderne Fremdsprache erhält mehr Gewicht. Allerdings gibt es auch Tribute an eine Neuorientierung. So wird in Minden trotz der stark verfochtenen altsprachlichen Prägung ein neusprachlicher Zweig eingerichtet, und die Deutschlektüre, zunächst traditionell ausgerichtet an Klassik, etwas Romantik, Realismus und mittelhochdeutscher Dichtung und durch Wiechert und Huch ergänzt, öffnet sich allmählich bisher in der Schule kaum gelesenen Dichtern des neunzehnten und frühen zwanzigsten Jahrhunderts: Heine, Rilke, Kafka, Thomas Mann und expressionistische Lyrik stehen auf dem Plan. Wolfgang Borcherts »Draußen vor der Tür«; Albrecht Goes' »Unruhige Nacht«; Bertolt Brechts »Mutter Courage« und Max Frischs »Nun singen sie wieder« repräsentieren die Gegenwartsliteratur. Daß im Schuljahr 1958/59 auch noch Walter Flex mit seinem »Wanderer zwischen den Welten« zu finden ist, sollte wohl auf literaturgeschichtlichem Interesse beruhen; selbst unter dieser Annahme gibt es aber Traditionen in der deutschen Dichtung, die mehr Platz in einem Lehrplan von 1958 verdient hätten als ausgerechnet Walter Flex[62].

In dieser Form des literarischen Unterrichts sollen sich die Bildungsinhalte mit der Suche nach dem Menschlichen verbinden. Der von Wilhelm Flitner formulierten Initiation, der Einführung des Schülers in die Welt der Antike, des Christentums und der Moderne, wird durch Dichtung aus diesen Epochen Genüge getan; Dichtung steht damit »in der Geschichte. Aber ihr eigentliches Wesen ist« – trotz ihres Bezuges zur europäischen Geistesgeschichte – »nicht an Zeit und Raum gebunden. Je größer sie ist, desto mehr übersteigt sie das geschichtliche Hier und Jetzt, desto mehr ragt sie in den Bereich des Gültigen«[63]. So wird sie »Daseinserhellung« und fordert als »Anruf an den Menschen in seinen Lebensbezügen … Lehrer und Schüler zur Auseinandersetzung«[64] heraus. Beides, ihre angebliche Geschichtlichkeit wie ihre behauptete allgemeine Gültigkeit, entspricht der politischen Situation der Zeit: Das Bemühen, nach dem Nationalsozialismus wieder zu allgemein gültigen Werten zu finden, wird ergänzt durch das Bestreben, in der Zeit des Ost-West-Konflikts und des Kalten Krieges Orientierungspunkte im europäischen Abendland, vor allem seiner westeuropäischen Kultureinbindung zu suchen.

Der scheinbar so zeitlose Bildungskanon mit seiner Verankerung im europäischen Abendland erweist sich durchaus den gesellschaftlichen Interessen jener Zeit dienlich.

Fragwürdig wird das Gymnasium mit seiner Begabungs- und Bildungsideologie den Bildungspolitikern erst, als sich die ökonomischen Verhältnisse in der Bundesrepublik konsolidiert haben, als im internationalen Vergleich der Bildungssysteme die Bundesrepublik schlechter abschneidet als vergleichbare Länder und als antisemitische Ausschreitungen Ende der fünfziger Jahre eine umfassende Reflexion der Vergangenheit fordern. Sie stellt die Weichen, die es erlauben, vorhandene Reformansätze in bezug auf Begabungstheorie, Oberstufendiskussion und Schulaufbau aufzunehmen und auszubauen.

7.3. Mehr Bildung für mehr Bürger: Das Gymnasium seit Mitte der sechziger Jahre

»Die wirtschaftliche und politische Führungsschicht, die das sogenannte Wirtschaftswunder ermöglicht hat, ist vor dem Ersten Weltkrieg in die Schule gegangen; die Kräfte, die heute Wirtschaft und Gesellschaft tragen, verdanken ihre geistige Formung den Schulen und Universitäten der Weimarer Zeit. Jetzt aber ist das Kapital verbraucht ...: In wenigen Jahren wird man, wenn nichts geschieht, die schulpflichtigen Kinder wieder nach Hause schicken müssen, weil es für sie weder Lehrer noch Klassenräume gibt. Es steht uns ein Bildungsnotstand bevor, den sich nur wenige vorstellen können«[65]. Welche Fakten liegen dem hier von Georg Picht angeprangerten Zustand zugrunde, und auf welche Rezeptionsbereitschaft der deutschen Öffentlichkeit trifft er Mitte der sechziger Jahre mit seinen Thesen?

Nach dem Zweiten Weltkrieg sind die Westdeutschen zunächst am wirtschaftlichen Aufbau interessiert; die neue Demokratie bleibt Sache der Politiker, über einen Wandel des öffentlichen Lebens wird kaum nachgedacht. Die Steigerung des Sozialprodukts, das in den ersten zwanzig Nachkriegsjahren ebenso schnell wächst wie in den Jahren von 1850 bis 1913, einer Zeit, die rückblickend »als Zeit des Friedens und Wohlstandes gilt«[66], scheint diese Haltung der Westdeutschen zunächst zu rechtfertigen. Mitte der sechziger Jahre aber wird das Vertrauen in stetiges hohes Wirtschaftswachstum erschüttert, eine Rezession verbindet sich mit einem Mangel an qualifizierten Fachkräften, besonders nach dem Berliner Mauerbau, der den Zustrom aus der DDR in die Bundesrepublik abreißen läßt. Der Zeitpunkt für entscheidende bildungspolitische Maßnahmen ist gekommen.

Betroffen von der Mangellage ist vor allem der Lehrerberuf: Aus einer Bedarfsfeststellung der KMK aus dem Jahre 1963 ergibt sich für 1970 ein Defizit von mehr als 300 000 Lehrern, hervorgerufen durch die demographische Entwicklung, den Baby-Boom, das neu einzuführende neunte Schuljahr und den anstehenden Generationswechsel im Lehrerberuf. Für den gleichen Zeitraum sind jedoch nur 500 000 Abiturienten zu erwarten, von denen nach bisherigen Erfahrungen allenfalls 300 000 einen Hochschulabschluß machen werden[67]. Sollte sich das Bildungssystem funktionsfähig erhalten, müßten alle Abiturienten Lehrer werden, eine abenteuerliche Vorstellung von Verschulung der Gesellschaft! Für eine bildungspolitische Reaktion ist es jedoch höchste Zeit; nur eine drastische Erhöhung der Abiturientenzahlen vermag das »geistige Potential«[68] des Volkes zu retten, zumal die Abiturientenquote in der Bundesrepublik an letzter Stelle aller vergleichbaren OECD-Länder liegt.

Neben der wirtschaftspolitischen Reaktion stehen gesellschaftspolitische Argumente. Der Soziologe Ralf Dahrendorf artikuliert und popularisiert das *Bürgerrecht auf Bildung* als grundlegend für die Sicherung einer freien Demokratie; es gelte, »materiale Chancengleichheit« zu gewähren, »die Menschen aus ungefragten Bindungen« zu lösen und sie »zu eigener Entscheidung«[69] zu befreien. Auch die – später geradezu sprichwörtlich gewordenen – katholische Arbeitertochter aus ländlichem Gebiet, vierfach benachteiligt durch soziale Herkunft, Religionszugehörigkeit, mangelnde Infrastruktur und nicht zuletzt durch ihr Geschlecht, soll ihre Bildungschancen wahrnehmen können[70]. Neue schulorganisatorische Möglichkeiten, vor allem die von den Sozialdemokraten geforderte Gesamtschule, Schulausbau, Bildungswerbung und Kompensation schichtenspezifisch bedingter Defizite auf sprachlichem wie motivationalem Gebiet stehen zur Diskussion.

Picht und Dahrendorf können ihre Thesen nicht nur einer zunehmend aufgeschlossenen Öffentlichkeit vortragen, sie erhalten auch Hilfe von seiten der Politiker: Bundestagsabgeordnete überzeugen sich angesichts mangelnder Abiturientenzahlen von dem Bildungsnotstand, und Bundeskanzler Erhard weist in seiner Regierungserklärung (1963) der Bildungsfrage jenen Stellenwert zu, der im 19. Jahrhundert der sozialen Frage zukam. Ein erstes Ergebnis des gemeinsamen Bemühens um mehr Bildung ist die Institutionalisierung von Gremien, mit deren Hilfe eine bessere Planung vorgenommen, wissenschaftliche Politikberatung initiiert und Entscheidungskompetenzen des Bundes ermöglicht werden sollen: Für die Grundlagenforschung wird das Max-Planck Institut für Bildungsforschung gegründet; für die bildungspolitische Beratung mit dem Deutschen Bildungsrat ein Beratungsgremium ins Leben gerufen, das, bestehend aus einer Bildungskommission und einer Regierungskommission, wissenschaftlichen Sachverstand, Verwaltung und Träger politischer Entscheidung miteinander vereinen soll. Dem Bund wird 1969 durch eine Grundgesetzänderung ein Mitbestimmungsrecht in Fragen der Bildungsplanung eingeräumt, das zur Gründung der Bund-Länder-Kommission (BLK) führt[71].

Mit Hilfe dieser Institutionen versucht man, bildungspolitische Reformen zu konzipieren und einzulösen. Solange dabei Bildungsreform vordergründig als Bildungsexpansion verstanden wird, ist eine allgemeine Euphorie zu verzeichnen; als jedoch Entscheidungen über die Finanzierung, vor allem aber über die bildungspolitischen Streitfragen der Gesamtschule und Orientierungsstufe anstehen, brechen Konflikte auf, die die bildungsreformerische Arbeit lähmen. Im Bildungsrat wird die in seiner Struktur angelegte Konfrontation zwischen Bildungs- und Regierungskommission offenkundig, 1975 wird er aufgelöst. Auch der Bund-Länder-Kommission mit ihrem Bildungsgesamtplan (1973) ist nicht der erwartete Erfolg beschieden; die Länder orientieren sich in der Regel nur dann an den Vorgaben, wenn sie den Programmen der jeweiligen Regierungspartei entsprechen. Demographische Schwankungen – der Rückgang der Geburtenziffer – und Krisen der Wirtschaftsentwicklung verschärfen die parteipolitischen Gegensätze zunehmend. Ein bildungspolitischer Konsens wird illusorisch, die Polarisierung zwischen den SPD/F.D.P.-Ländern, im Bildungsgesamtplan als A-Länder bezeichnet, und den CDU/CSU-regierten B-Ländern verstärkt sich[72]. Welche Entwicklung das Gymnasium unter diesen Auspizien nimmt, zunächst unter der Devise: Mehr Bildung für mehr Bürger, später unter Reformplänen, die von größerer Durchlässigkeit zum Gymnasium hin bis zur Abschaffung des Gymnasiums zugunsten der integrierten Gesamtschule reichen, wird sich zeigen.

7.3.1. Begabungsforschung und Hochschulreife im Zeichen von Bildungsexpansion – und Bildungsbegrenzung?

Die »Entwicklung und Förderung aller Begabungen« entspricht »nicht nur dem Grundgesetz«, sondern vermag »einem glücklichen Bewußtsein sowohl des einzelnen als auch der Gesellschaft zu dienen«[73]. In einer solchen Perspektive wird spätetens seit Mitte der sechziger Jahre in der Bundesrepublik die Begabungsforschung, vor allem aber die Lernforschung, ausgebaut. Begabung wird nicht länger als eine statische, erbanlagemäßig festgelegte Voraussetzung für Lernleistung verstanden, sie gilt nur als *einer* von vielen Bedingungsfaktoren für Schulleistung, ist »eine dynamische Veränderliche in einem Netz von Bezugsgrößen«[74], die nicht nur als Voraussetzung für Lernerfolg, sondern zugleich auch als Ergebnis von Lernprozessen definiert wird. Optimale Lernsituationen mit Schwerpunkten im Lernprozeß, nach Neigung, Erfolg und Fortschritten, wie Kompensation schichtenspezifisch bedingter Unterschiede sollen dazu verhelfen, die »Begabungen« des einzelnen zu fördern, ihn gleichsam *zu begaben*.

Dieser neue Begabungsbegriff, in seiner Abhängigkeit von der Lernsituation definiert, hat Auswirkungen auf die Konzeption des gesamten Schulsystems, die »Intergrierte Gesamtschule« erscheint vielen als die der Begabungsforschung wie den gesellschaftspolitischen Forderungen adäquate Schulform. Die Dreigliedrigkeit des Schulsystems ist zunehmend fragwürdig geworden. So schlägt die Bildungskommission des Deutschen Bildungsrates im Strukturplan (1970) ein *Stufenschulsystem* vor[75], das sowohl das Bürgerrecht auf Bildung zu realisieren hilft, als auch einer Lernforschung entspricht, die auf optimale Förderung eines jeden einzelnen zielt. Darüber hinaus befürwortet sie Schulversuche mit integrierten Gesamtschulen.

Für das Gymnasium wird diese Konzeption zunächst da bedeutend, wo über die Gestaltung des fünften und sechsten Schuljahres diskutiert wird. In diesen beiden Jahren sollen die Schüler gemeinsam in einer *Orientierungsstufe* unterrichtet werden. »Orientierung« zielt dabei sowohl auf die Fähigkeit der Schüler, die »eigenen Lernmöglichkeiten und Interessengebiete« zu erkennen, als auch auf die Einsicht in die »neuen Anforderungen des Sekundarbereichs«[76]. Die Bund-Länder-Kommission modifiziert die Konzeption des Bildungsrats: Sie überläßt es den Ländern, ob sie die Orientierungsstufe schulformunabhängig, wie von der Bildungskommission empfohlen, gestalten oder den bestehenden Schulformen angliedern. Zwar sollen Unterrichtsinhalte und Lernformen übereinstimmen, damit jede Form der Orientierungsstufe zum Gymnasium führen kann; wie weit sich jedoch gleiche Curricula und Lernformen realisieren lassen, wenn die Orientierungsstufen sowohl an die Hauptschule als auch an das Gymnasium gebunden sein können und in der Regel bereits von der späteren Klientel dieser Schulformen besucht werden, ist mehr als fraglich. Bei einem solchen Konzept bleibt die Differenzierung an die Schulformen gebunden, das Prinzip der Durchlässigkeit wird stark eingeschränkt.

Nach der Konzeption des Strukturplans sollen Differenzierung, Durchlässigkeit und Integration verschiedener Bildungsgänge die weitere Schulstruktur im Anschluß an die Orientierungsstufe bestimmen; alternative Organisationsformen sind möglich. Die Sekundarstufe I kann sowohl in einem kooperativen Nebeneinander von Gymnasium, Realschule und Hauptschule realisiert werden als auch in der von der Bildungskommission favorisierten integrierten Gesamtschule. Der Abschluß dieser Stufe jedoch soll bei allen Schulformen das Abitur I sein, eine Zielsetzung, die prinzipiell gleiche Lernformen verlangt und die bisherige Trennung »zwischen volkstümlich praktischer Bildung für Hauptschüler, gehobener praxis- und berufsorientierter Bildung für Realschüler und wissenschaftsorientierter Bildung für Gymnasiasten«[77] verbietet. Die Umsetzung dieser Konzeption der Sekundarstufe I wird in den einzelnen Ländern in unterschiedlicher Weise verfolgt: Bundesweit stehen im Jahre 1979 den gut 2400 Gymnasien 241 Gesamtschulen gegenüber, also etwa ein Zehntel[78]. In der Regel jedoch bleibt die Sekundarstufe I des Gymnasiums weitgehend unberührt von der Bildungsplanung; in Nordrhein-Westfalen werden lediglich in Klasse 9 und 10 vier Stunden für Wahlpflichtunterricht verwandt[79].

In besonderem Maße wird die *Sekundarstufe II* von den Prinzipien Differenzierung, Durchlässigkeit und Integration bestimmt. Allgemeinbildende und berufliche Bildungsgänge sollen miteinander verzahnt werden; wissenschaftsorientiertes Lernen, Fähigkeiten, Fertigkeiten und Kenntnisse, »die im späteren Leben die Voraussetzung für soziale Orientierungsfähigkeit, Einsicht in politische, ökonomische und soziale Zusammenhänge, Kritikvermögen und selbständiges Handeln, kurz für die Mündigkeit des erwachsenen Gesellschaftsmitgliedes«[80] sind, bestimmen Lernziele und Curriculum. Für die Struktur der gymnasialen Oberstufe werden Überlegungen fortgeführt, die mit der Saarbrücker Vereinbarung eingeleitet sind: Der ehemals bestehende Kanon grundlegender Inhalte zur Vermittlung abendländischer Kultur wird von einem Pflicht- und Wahlbereich abgelöst, dessen Konstruktion sowohl der Gesellschaft mit ihren vielfältigen Anforderungen besser zu entsprechen scheint als auch dem bildungspolitischen Bestreben entgegenkommt, jeden einzelnen entsprechend seinen Fähigkeiten optimal zu fördern.

Wie aber sieht vor dem Hintergrund solcher Empfehlungen die Entscheidung der Kultusminister zur gymnasialen Oberstufe aus? In ihrer »Vereinbarung zur Neugestaltung der gymnasialen Oberstufe in der Sekundarstufe II«[81] beschließen sie im Jahre 1972 die wohl am tiefsten eingreifenden Veränderungen für die Oberstufe des Gymnasiums: Sie soll im Verhältnis 2:1 in Pflicht- und Wahlbereich, differenziert in Grund- und Leistungskurse, gegliedert werden. Der Pflichtbereich umfaßt fünf Aufgabenfelder, das sprachlich-literarisch-künstlerische, das gesellschaftswissenschaftliche, das mathematisch-naturwissenschaftlich-technische, Sport, und, je nach Länderregelung, Religionslehre. Aus diesen Aufgabenfeldern muß jeweils ein Schwerpunkt ausgewählt werden. Der Wahlbereich »dient in Verbindung mit dem Pflichtbereich der Schwerpunktbildung durch den Schüler«; in der Regel werden Teilgebiete aus den Aufgabenfeldern gewählt, es können jedoch Gegenstände aus allen Wissenschaften für den Wahlbereich herangezogen werden[82].

Mit dieser Festlegung wird die Differenzierung nach Schultypen, im 19. Jahrhundert der entscheidende Punkt für die Entstehung des höheren Schulwesens und seitdem konstitutiver Bestandteil, aufgehoben. Zwar wurde schon im Hamburger Abkommen auf eine eindeutige Festschreibung der Typen der höheren Schulen durch Kombinationsmöglichkeiten bei der Fremdsprachenfolge verzichtet; nur das altsprachliche Gymnasium blieb durch Latein *und* Griechisch geprägt. Mit der jetzigen *Enttypisie-*

rung gehen jedoch noch weitere Aufhebungen einher[83]: Klassenverband und Jahrgangssystem, die durch einen einheitlichen Lehrplan miteinander verbunden waren, werden aufgelöst, an ihre Stelle treten einzelne Kurse von je halbjähriger Dauer mit Themenschwerpunkten. Auch der Kanon zugelassener Schulfächer, begründet aus abendländischer Kultur und von Wilhelm Flitner nicht nur beschworen, sondern auch als evident erachtet, besteht nicht mehr; er ist obsolet geworden, »ist durch die Entwicklung der Wissenschaften, die politisch-sozialen Veränderungen und die Entstehung einer Weltzivilisation endgültig aufgehoben«. Was aber ist an seine Stelle getreten? Wo sind gemeinsame Grundlagen der Absolventen der gymnasialen Oberstufe zu finden? Oder werden sie nicht mehr für notwendig erachtet? Das von Reformern genannte Kriterium ist ebenso einsichtig wie unbefriedigend: Das Formale, die Wissenschaftspropädeutik, die generell den Zugang zu all dem Wissen, das der Mensch in dieser Gesellschaft in verschiedenen Ausprägungen braucht, eröffnen soll, die Methoden der Wissenschaft, »die die Spezialisierung erst sinnvoll und aushaltbar machen«[84], bilden das einigende Band.

Die Neugestaltung der gymnasialen Oberstufe bleibt nicht ohne Kritik. Vorwürfe, vom Mißbrauch durch »Dünnbrettbohren«[85] bis hin zu den befürchteten »Fachidioten« werden laut, die Hochschulen sehen die allgemeine Studierfähigkeit mit dem Abitur der gymnasialen Oberstufe nicht mehr gewährleistet, und in der FAZ wird von einem »gymnasialen Cafeteria-System« gesprochen, »bei dem sich jedermann sein Menü nach eigener Wahl zusammenstellt«[86]. Die Kultusministerkonferenz sieht sich zum Handeln gezwungen. Zwar entschließt sie sich nicht, wie von der die gymnasiale Oberstufe ebenfalls kritisierenden WRK vorgeschlagen wird, zu einer Erhöhung des Pflichtanteils; sie betont jedoch in ihren Empfehlungen zur Arbeit der gymnasialen Oberstufe von 1977, ungeachtet der Beibehaltung ihres Zieles, »die individuellen Bedürfnisse der Lernenden und die Ansprüche der Gesellschaft« miteinander zu vereinen und zu diesem Zweck »eine wissenschaftspropädeutische Grundbildung mit Vertiefung in Schwerpunktbereichen« anzustreben, die *Sicherung der gemeinsamen Grundbildung*[87]. Die Aufgabenfelder Sport und Religionslehre, die dem sprachlich-literarisch-künstlerischen, dem gesellschaftswissenschaftlichen und dem mathematisch-naturwissenschaftlich-technischen Aufgabenfeld gleichberechtigt zugeordnet waren, werden nicht mehr als eigenständige erwähnt, die anderen drei Aufgabenbereiche müssen im Abitur vorhanden sein. Darüber hinaus wird das Prinzip der Kontinuität des Unterrichts wieder stärker betont: Die alten Klassenverbände sollten zumindest in der Eingangsphase der gymnasialen Oberstufe beibehalten werden, die Lehrer nach Möglichkeit mehrere Kurse, aufeinander aufbauend, unterrichten[88].

Welche Argumente stehen hinter den sich anbahnenden Veränderungen? Sicher haben eine weit verbreitete Unzufriedenheit, aber auch Unsicherheit bei Lehrern und Schülern Anstöße zu kritischer Reflexion gegeben. Daneben aber ist eine andere Erklärung zu prüfen[89]: Als die Abiturientenzahlen erhöht werden sollten, wurden mit der Auflösung des Fächerkanons und der Individualisierung des Curriculums auf der gymnasialen Oberstufe Möglichkeiten geschaffen, unterschiedliche Begabungen als gleichwertig anzuerkennen. Auf dieser Grundlage sollten möglichst viele Schüler bis zur Reifeprüfung gefördert werden. In Zeiten der Überfüllung der Studiengänge, der »Überproduktion« von Abiturienten, werden dagegen Maßnahmen angestrebt, die das Erreichen des Abiturs wieder erschweren sollen – sei es mit dem Argument, durch einen stärker festgelegten Pflichtstundenanteil das Niveau der Anforderungen an die Hochschulreife anzuheben, sei es durch den offenen Hinweis auf eine notwendige Verringerung der Abiturientenzahlen. Begabungstheorie wie Gestaltung der gymnasialen Oberstufe lassen sich offensichtlich als Instrumente bildungspolitischer Steuerung benutzen, sowohl in Hinblick auf die Öffnung der höheren Schulen als auch in bezug auf deren elitäre Abschließung. Das Schulbesuchverhalten der Schüler in der Bundesrepublik müßte diese These belegen können.

7.3.2. Von der Eliteschule zur Volksschule? Die Gymnasien in der Bundesrepublik und das Bildungsverhalten der Schülerinnen und Schüler

Die Diskussion der sechziger Jahre um den Bildungsnotstand hatte sich vor allem an den geringen Abiturientenzahlen entzündet; es galt, die Zahl der Abiturienten mindestens zu verdoppeln und zu diesem Zweck besonders die Schüler aus bildungsmäßig

benachteiligten Schichten zu fördern. Betrachtet man das Schulbesuchsverhalten der Schüler für die Zeit der Bundesrepublik,
haben die bildungspolitischen Maßnahmen der sechziger Jahre
durchaus Erfolg gehabt, auch bei den traditionellerweise der höheren Bildung ferner stehenden Schichten. Deutlich wird der Anstieg der Bildungsbeteiligung, wenn man den relativen Schulbesuch als Indiz für Bildungsbeteiligung nimmt[90]: In der unmittelbaren Nachkriegszeit hat sich bei den männlichen Quartanern die
Schulbesuchsquote im Vergleich zur Vorkriegszeit noch nicht erhöht; sie liegt 1939 wie 1952 gleichermaßen bei ungefähr 13%; die
der Quartanerinnen liegt jedoch 1952 schon wieder so hoch, wie
sie nur einmal, zu Beginn der Institutionalisierung höherer Mädchenbildung in der Weimarer Republik gelegen hatte, nämlich bei
10%. Dieser für die Mädchen relativ hohe Anteil war in der Zeit
des Nationalsozialismus, mit seiner Fixierung der Frau auf die
Mutter- und Hausfrauenrolle und seinem Antiintellektualismus,
nie mehr erreicht worden. Bis Mitte der fünfziger Jahre steigen die
Quartanerquoten bei Mädchen und Jungen auf 14% bzw. 18%
an, dann scheint eine erste Sättigung erreicht; die Quartanerquoten gehen zurück; der Wirtschaftsaufschwung bietet günstige Er-
werbsmöglichkeiten, auch ohne höhere Bildung.

  Anfang der sechziger Jahre jedoch, einhergehend mit einer ersten wirtschaftlichen Rezession und der Kenntnis von den im internationalen Vergleich nur geringen Abiturientenquoten in der
Bundesrepublik, ändern sich Bildungswerbung und Bildungsverhalten; seit 1963 ist wieder ein leichter, seit 1964 ein verstärkter
Anstieg bei den höheren Schülern zu verzeichnen. Vor allem die
Mädchen, deren Schulbesuch immer vier bis fünf Prozentpunkte
unter dem der Jungen lag, holen auf; Anfang der siebziger Jahre
ist eine gleiche Beteiligung an höherer Bildung bei Mädchen und
Jungen erzielt. Fast ein Viertel aller 13jährigen Schüler besuchen
nun das Gymnasium. Zugleich wächst auch der Anteil der Schüler
auf der Oberstufe; auch hier vor allem der der Mädchen[91]: Waren
1956 gut 7% der 16–19jährigen Jungen in der Oberstufe des
Gymnasiums zu finden, dagegen nur 1,6% der Mädchen, sind
1975 mehr als 17% der männlichen und gut 16% der weiblichen
Jugendlichen dieser Altersstufen in den Klassen 11–13 vertreten.
Entsprechend der Oberstufenquote wachsen die Abiturientenzahlen; sie liegen, das Fachabitur eingeschlossen, über 20%. Das
Mitte der sechziger Jahre formulierte bildungspolitische Pro-

gramm scheint erfüllt, die Exklusivität des Abiturs abgebaut.

Wie aber verteilen sich die Schüler schichtenspezifisch auf dem Gymnasium? Ist es gelungen, Bildungsreserven zu mobilisieren, Schichten zu erreichen, die zuvor als benachteiligt galten? Zur Klärung dieser Frage wird zum einen das Sozialprofil des Gymnasiums betrachtet, zum anderen die sozialgruppenspezifische Herkunft der Gymnasiasten, wie sie in der amtlichen Statistik verzeichnet ist[92]. In den siebziger Jahren setzt sich die Schülerschaft des Gymnasiums folgendermaßen zusammen: Zu knapp einem Viertel sind die Eltern der Schüler Selbständige – in dieser Gruppe werden freiberuflich tätige Akademiker ebenso gezählt wie kleine Kaufleute; gut ein Drittel der Gymnasiasten sind Kinder von Angestellten; knapp ein Fünftel stammt aus Beamtenfamilien und ebenfalls knapp ein Fünftel aus Arbeiterfamilien – 19% der Jungen und 16% der Mädchen. 1931 dagegen waren je zwei Fünftel der Schüler Kinder von Selbständigen; die der Angestellten machten 15% aus, die der Arbeiter bei den Jungen nur 7%, bei den Mädchen gar nur 3%.

Nun sind die Veränderungen in der sozialen Zusammensetzung der Gymnasiasten zwar zunächst auf den Wandel der Wirtschaftsstruktur zurückzuführen: Der Anteil der Selbständigen an den Erwerbstätigen ist auf die Hälfte zurückgegangen, und der der Angestellten und Beamten hat sich verdoppelt; der der Arbeiter ist geringfügig zurückgegangen. Aber darüber hinaus sind die Veränderungen doch auch auf ein verändertes Bildungsverhalten der einzelnen Sozialgruppen zurückzuführen. Gemessen am Verhältnis zwischen dem Anteil einer Sozialgruppe an den Gymnasiasten einerseits und an der Bevölkerung andererseits läßt sich zwischen 1931 und 1972 folgende Entwicklung festhalten: Beamtenkinder verlieren ihre traditionell überproportional starke Stellung. Auch die Selbständigen aus der gewerblichen Wirtschaft büßen ihre Überrepräsentanz ein. Die Selbständigen aus der Landwirtschaft, vor allem aber die Arbeiterkinder können dagegen ihren Anteil auf dem Gymnasium erheblich erhöhen. Damit wird die schichtenspezifische Ungleichheit beim Besuch des Gymnasiums verringert, aber nicht voll ausgeglichen: Die Chance des Sohnes eines Selbständigen, das Gymnasium zu besuchen, 1931 33mal so groß wie die eines Arbeitersohnes, ist heute etwa sechsmal so groß; ein Beamtensohn hat heute viermal so große Chancen zum höheren Schulbesuch wie ein Arbeitersohn, 1931 dagegen waren seine Chancen 63mal so groß. Noch ungünstiger zeigt sich dieses Verhältnis bei den Mädchen: Die Chancen der Tochter eines Selbständigen zum Besuch der höheren Schule sind heute etwa neunmal so groß, die einer Beamtentochter etwa sechsmal so groß wie die einer Arbeitertochter; 1931 dagegen hatte, gemessen an der Arbeitertochter, die Tochter eines Selbständigen die 75fache Chance, die eines Beamten die 130fache Chance zum Gymnasialbesuch.

Nimmt das Gymnasium damit, wie selbst in der GEW schon diskutiert wird, eine Entwicklung von der »Elite- zur Volksschule«[93]? Wird die Gesamtschule überflüssig, weil das Gymnasium – aus Selbsterhaltungstrieb oder Einsicht – ihre Reformvorstellungen in bezug auf curriculare und strukturelle Veränderungen aufgenommen hat und damit auf dem Weg zur Gesamtschule ist? Die Bildungsbeteiligung im Gymnasium in den siebziger Jahren könnte diesen Schluß nahelegen. Es bleibt jedoch die Frage, ob die beobachteten Tendenzen auch anhalten, wenn Förderungsmaßnahmen wie Schüler-Bafög eingeschränkt werden; wenn erneut nach einem für alle Schüler verbindlichen Curriculum gesucht, die Möglichkeit zur Förderung einzelner Begabungen dagegen eingeschränkt wird; wenn schließlich die Arbeitsmarktsituation den Akademikern nicht mehr die privilegierte Position verheißt wie in den sechziger Jahren. Die Öffnung des höheren Bildungswesens hat den Konkurrenzkampf um Positionen verstärkt, die Demokratisierung von Bildung dazu geführt, daß Ansprüche auf sozial angesehene und finanziell einträgliche Stellungen nur teilweise eingelöst werden können. Schon ist die Studierwilligkeit von Abiturienten von fast 90% im Jahre 1972 auf knapp 70% am Ende der siebziger Jahre gefallen. Setzt sich in Zukunft ein solcher Trend auch für die Bildungsbeteiligung am Gymnasium fort? Wird aus individueller Enttäuschung, einhergehend mit staatlicher Steuerung zur erneuten Eingrenzung von höherer Bildung, die Abkehr gerade jener Schichten vom Gymnasium erfolgen, die erst zehn Jahre zuvor im Zeichen von Wirtschaftswachstum und Bildungsreform für die höhere Bildung gewonnen worden sind? Oder wird Bildung als Selbstzweck angesehen, dem »glücklichen Bewußtsein ... des einzelnen« dienend, unabhängig vom späteren Beruf? Ob sich Reformmaßnahmen sowie deren beginnende Rücknahme in Unterricht und Schulleben zeigen, wird ein letztes Mal an dem Gymnasium in Minden verdeutlicht.

Der Konsens der frühen Bundesrepublik ist seit den späten sechziger Jahren brüchig geworden: Wirtschaftliche Rezessionen er-
schüttern den Glauben an permanentes kapitalistisches Wirtschaftswachstum; Notstandsgesetze lassen die demokratische
Praxis der noch jungen Demokratie fragwürdig erscheinen; der
Krieg der bis dahin vorbehaltlos anerkannten Schutzmacht USA
in Vietnam, der im Widerspruch zu den von den USA verkünde-
ten Menschenrechten und dem Selbstbestimmungsrecht der Völker gesehen wird, führt zu einer kritischen Reflexion der bisherigen politischen Ausrichtung in der Bundesrepublik. Vor allem
aber setzt sich die erste Nachkriegsgeneration mit der Haltung
ihrer Väter auseinander, wirft ihnen apolitisches Mitmachen im
Nationalsozialismus vor und sieht das politische Bewußtsein der
Nachkriegszeit von inhaltslosem Profitdenken gekennzeichnet.
Staat und Wirtschaft werden von der Jugend voller Ohnmacht als
geschlossene Systeme wahrgenommen, in der moralische Ideale
keine Chance zur Realisierung haben und die Identitätssuche in
eine Krise gerät. Marx-Rezeption, Frankfurter Schule, Psycho-
analyse und Analyse von Gruppenprozessen geben der Jugendge-
neration der sechziger Jahre, vor allem den Studenten, den theoretischen Rahmen für Kritik und Forderungen an Gesellschaft
und politisches Leben.

 Diese kritische Haltung beeinflußt die Schulreform ebenso wie
die staatlichen Bemühungen um erhöhte Bildungsbeteiligung: Die
Schüler zu emanzipieren, sie zu Mündigkeit zu erziehen, ihnen
anstelle von Anpassung an vorgegebene Normen kritisches Denken und den Mut zum Austragen von Konflikten abzuverlangen,
das wird bestimmend für die neue Richtung in der Pädagogik.
Nicht nur in bezug auf neu formulierte Erziehungsziele, auch für
einzelne Unterrichtsfächer wird der Wandel greifbar: In der Politischen Bildung werden die »Harmonisierung politischer Verhältnisse, die Ausblendung oder problematische Verfälschung jener innenpolitischen Realitäten, die ihrer Natur nach konflikt-
trächtig sind, wie die Arbeitskämpfe oder Streiks, die Wendung
des Konfliktpotentials nach außen als Verteidigung der Demokratie gegen den Totalitarismus, die allenfalls *moralische* Behandlung
des Nationalsozialismus«[94] abgelöst von einer »Thematisierung

des politischen Konflikts«, von »Identifizierung des eigenen Interesses in Abgrenzung zu anderen Interessen«, und von der »Frage nach der Legitimation des ganzen politischen und ökonomischen Systems und seiner Institutionen«[95]. Im Deutschunterricht werden Texte aus dem Alltag und aus der Arbeitswelt Bestandteil des Unterrichts; vorliegende Anthologien werden ideologiekritisch analysiert; die moderne Literatur hat lange ihren Platz gefunden: Im Mindener Plan steht Grass neben Grimmelshausen und Goethe; Plenzdorf, Härtling, Kishon finden sich neben Sophokles, Raabe und Storm[96].

Ein paar Jahre später, nachdem die Oberstufenreform in allen Klassen eingeführt ist, sind diese Zusammenstellungen nicht mehr zu finden; in den Unterrichtsplänen wird von fiktionalen und nichtfiktionalen Textsorten in Analyse und Produktion gesprochen, von Textarten und Gattungen in ihren Absichten und Wirkungen im geschichtlichen Zusammenhang, von gesprochener Sprache in Argumentation und Appell, von Geschichtserfahrung und Aktualität in fiktionalen Texten und von Verarbeitung und Vermittlung von Wirklichkeitserfahrung in Textarten verschiedener Zeiten[97]. Das ist ein formales Programm, das zwar individueller Ausgestaltung entgegenkommt, jedoch keine inhaltliche Gemeinsamkeit schafft. Texte, die Verbindlichkeitscharakter haben oder auch nur auf einer Angebotsliste stehen, werden nicht mehr genannt: »Denn ein relativ geschlossenes, vollständiges Bild gemeinsamer Tradition ist zur Zeit aus literaturimmanenten und gesellschaftspolitischen Gründen nicht plausibel für alle gesellschaftspolitischen Gruppen zu erstellen«[98]. Trotz dieses Tatbestandes – oder aber gerade seinetwegen – umfassen die Richtlinien für die gymnasiale Oberstufe im Fach Deutsch in Nordrhein-Westfalen knapp zweihundert Seiten, auf denen nun nicht mehr die Inhalte normiert werden, sondern die Verfahrensweisen, Lernziele, Lerninhalte, Lernorganisation und die Lernerfolgsüberprüfung. Es bleibt fraglich, ob bei dieser Art von Normierung »wissenschaftspropädeutische Ausbildung« und »Selbstverwirklichung in sozialer Verantwortung«[99] wirklich gefördert werden, ob nicht vielmehr die Normierung der Unterrichtsorganisation zum Selbstzweck wird? Ist der kritische Ansatz einer Formalisierung einer Fülle von Vorschriften gewichen, die Kreativität, Spontaneität und Phantasie verhindern?

Es ist nur schwer auszumachen, wie weit geistiges und politisches Reformdenken in das Schulleben integriert werden; spektakulär sind eher Einzelfälle, bei denen Forderungen nach politischem Bewußtsein und Mündigkeit zu bloßer Konfrontation zwischen einzelnen Gruppen geraten und damit ihr aufklärerisches Potential verlieren: Schüler, die in den siebziger Jahren auf Plakaten »über die Verbrechen der US-amerikanischen Völkermörder in Vietnam« informieren und die »Machenschaften der Schulhierarchie«[100] aufdecken wollten, und Eltern, die glauben, nur mit »Elternmut« ihre Kinder vor jener »neomarxistische[n] Indoktrination«[101] bewahren zu können, die sie auf Grund des Lesebuchs »drucksachen« meinen befürchten zu müssen. – In Minden wird Kritisches in den Schulalltag aufgenommen: Das Theaterstück »Jan Pallach« wird aufgeführt, und der Sozialreformer Marco Valerio hält einen Vortrag. In der Schülerzeitung »Quo vadis« geht es zwischen Comics, Lehrerinterviews und Psychotests um Amnesty international und die Anti-Kernkraftbewegung. Daneben aber scheinen eine umfassende Freundlichkeit und das Bemühen, modernes Leben in die Schule zu integrieren, den Geist der Schule zu prägen: Die »Bob-Cats« bieten Jazz-Unterricht an, und die Themen der Arbeitsgemeinschaften sind entsprechend dem reichhaltigen Freizeitangebot unserer Gesellschaft marktgerecht erweitert worden: Chor, Orchester, Fotografieren, Modellbau, Theater, Elektronik, Keramik, Film bis hin zum Segelfliegen werden angeboten. Schüleraustausch mit England, Frankreich und Amerika gehören ebenso ins Programm wie Studienfahrten nach Griechenland und ein Ski-Landheimaufenthalt in Klasse 10[102]. Alle diese Angebote machen die Schule attraktiv, sie ordnen sie zugleich aber auch in die Angebotsgesellschaft ein, in der wir leben. Gibt es darüber hinaus Anzeichen auf ein qualitativ neue Kommunikation zwischen Lehrern und Schülern?

Die Schulleitung ist der Ansicht – und der vehemente Anstieg der Schülerzahlen in den siebziger Jahren gibt ihr Recht –, die Atmosphäre habe sich geändert; kennzeichnend sei »das freundliche Miteinander«, der »offene(n) Ton, der immer wieder versucht wird – und im allgemeinen auch ›ankommt‹«[103]. Er zeigt sich in den neuen Jahresberichten, in denen Lehrer sich vermeintlich schülergemäß vorstellen, sich als Privatpersonen mit Hobbys wie Stricken, Backen und Kochen ausweisen; ankommende Kinder bei Lehrern und Schülern gefeiert werden. Ein Schulumbau wird gemeinsam durchgeführt: Insgesamt findet man eine Welle von Freundlichkeit auf Partnerschaftsebene, man sollte meinen, der herrschaftsfreie Diskurs sei in der Schule bereits angebrochen. Von Schulstreß, Leistungsdruck, Auslese schweigen diese Zeugnisse. Leistung soll sich ergeben können auf der Grundlage von »pädagogischer Liebe«, »Freundlichkeit« und »Wahrhaftigkeit«: »In einer Atmosphäre so verstandener Freundlichkeit gedeihen Frustrationen und Aggressionen nicht, wachsen Unsicherheit oder Borniertheit nicht, ist kein Raum für das mickerige Klein-Klein engherzigen Spießbürgertums, gedeihen Ängstlichkeit und Verkrampfung nicht. Nicht grau ist die Farbe einer so verstandenen Schule, sondern bunte Farben machen Lernen und Leben bunt, schön, lebendig und damit lebenswert«[104].

Stellt sich das Gymnasium damit als eine Art Schonraum für Harmonie dar, nunmehr nicht mehr gestiftet durch ewig-menschliche Werte, sondern durch freundliches Miteinanderumgehen? Ist statt der Inhalte, die zunehmend beliebig geworden sind, die Kommunikation zum verbindlichen Element geworden? Offensichtlich hat sich das Gymnasium in dieser Ausprägung den Erfordernissen der Zeit angepaßt, es ist keinesfalls »tot«[105], wie wohlmeinende Apologeten schon befürchteten und scharfe Kritiker zeitweilig zu hoffen wagten. Im Gegenteil, durch Aufnahme von Reformelementen hat es sich zumindest institutionell als lebensfähig erwiesen. Ob das Gymnasium die Reformtendenzen beibehalten oder unter veränderter wirtschaftlicher Situation wieder den Charakter einer Ausleseschule einnehmen und zu diesem Zweck das Curriculum stärker normieren wird, ob die freundliche Kommunikation, aus Sicht der Schüler Leistungsdruck und Schulstreß nicht verhindernd sondern häufig nur verschleiernd, wieder weichen wird, das wird die Zukunft zeigen.

Anmerkungen

Kapitel 1

1 K. P. Moritz, Anton Reiser, Ein psychologischer Roman (1785 ff.), ND Berlin 1973, 143.

2 Ebd., 143.

3 Vgl. P. Schwartz, Die Gelehrtenschulen Preußens unter dem Oberschulkollegium (1787-1806) u. das Abiturientenexamen, Bd. 1-3, Berlin 1910 ff., hier Bd. 1, 13.

4 Vgl. ebd., 222 f.

5 Vgl. K.-E. Jeismann, Das preußische Gymnasium in Staat u. Gesellschaft, Die Entstehung des Gymnasiums als Schule des Staates u. der Gebildeten, 1787-1817, Stuttgart 1974, 57.

6 »Verantwortung der Lehrer, warum sie das Zeugnis gegeben haben«, zit. nach Schwartz, 262 f.

7 Vgl. Jeismann, 53 f.

8 K. Frhr. v. Zedlitz, Vorschläge zur Verbesserung des Schulwesens in den Königlichen Landen, in: Berlinische Monatsschrift, 10. Bd., Berlin 1787, 102 f.

9 J. B. Basedow, Das in Dessau errichtete Philanthropinum, eine Schule der Menschenfreundschaft, Leipzig 1774, zit. nach F. Paulsen, Geschichte des gelehrten Unterrichts auf den deutschen Schulen u. Universitäten vom Ausgang des Mittelalters bis zur Gegenwart, mit besonderer Rücksicht auf den klassischen Unterricht, 3. erw. Aufl., hg. und mit einem Anhang fortgesetzt von R. Lehmann, Bd. 2, Berlin 1921, 53.

10 Ders., Hausordnung u. Stundenplan des Philanthropinums in Dessau, in: ders., Ausgewählte Schriften, Hg. A. Reble, Paderborn 1965, 221.

11 Ders., Das in Dessau errichtete Philanthropinum, in: ebd., 219.

12 Vgl. ders., Hausordnung, in: ebd., 221 f.

13 Ders., Vorstellung an Menschenfreunde u. vermögende Männer über Schulen, Studien u. ihren Einfluß in die öffentliche Wohlfahrt (1768), in: ebd., 66.

14 Ders., Das Methodenbuch für Väter u. Mütter der Familien und Völker (1771), in: ebd., 81.

15 Ders., Vorstellung an Menschenfreunde, in: ebd., 7.

16 Ebd., 21.

17 Ebd., 40 ff.

18 Vgl. ders., Das in Dessau errichtete Philanthropinum, 218.

19 J. G. Herder, Ueber die neuere Deutsche Litteratur, Fragmente [als

Beilagen zu den Briefen, die neueste Litteratur betreffend]. 3. Sammlung; I. Von der neuern Römischen Litteratur, in: J. G. Herder, Sämtliche Werke, Bd. IV, Hg. B. Suphan, Berlin 1878, 380 f.

20 Ders., Briefe zur Beförderung der Humanität, 6. Sammlung, in: ebd.,
Bd. XVII, 1891, 343 u. 345.

21 H. Blankertz, Die Geschichte der Pädagogik. Von der Aufklärung bis
zur Gegenwart, Wetzlar 1982, 91 f.

22 F. Gedike, Ueber die Verbindung des wissenschaftlichen und philolo-
gischen Schulunterrichts, in: Ders., Gesammelte Schulschriften, Berlin
1789, 23.

23 Vgl. A. F. Bernhardi, zit. nach Paulsen, Bd. 2, 88.

24 Vgl. Schwartz, Gelehrtenschulen, Bd. 2, 387 ff.

25 Zedlitz, 99 ff.

26 C. Rethwisch, Der Staatsminister Frhr. v. Zedlitz u. Preußens höheres
Schulwesen im Zeitalter Friedrichs d. Gr., Straßburg 1886, 221 ff.

27 Vgl. Jeismann, 100 f.

28 Vgl. R. Koselleck, Preußen zwischen Reform u. Revolution, Allgemeines Landrecht, Verwaltung u. soziale Bewegung von 1791 bis 1848,
Stuttgart 1967/1975².

29 Vgl. Jeismann 48 ff.; Paulsen, Bd. 2, 290.

30 Vgl. Moritz, 408 ff.

31 Vgl. H.-G. Herrlitz, Studium als Standesprivileg, Die Entstehung des
Maturitätsproblems im 18. Jahrhundert, Lehrplan- u. gesellschaftsge-
schichtliche Untersuchungen, Frankfurt 1973, 41 ff.

32 Vgl Jeismann, 112.

33 K. F. v. Irwing, Mitglied des Oberschulkollegiums bei den Beratungen
um das Abitur, zit. nach Jeismann, 114.

34 Reglement für die Prüfung an den Gelehrtenschulen, in: Schwartz,
Bd. 1, 112 ff., hier 123.

35 Vgl. Herrlitz, 50.

36 Kabinettsorder an das Oberkriegskollegium u. das Generaldirekto-
rium über die Zulassung der Kantonpflichtigen zum Studium (Potsdam 31. Oktober 1791), in: Schwartz, Bd. 3, 532 ff.

37 Aus der Instruktion über die Prüfungen der kantonpflichtigen jungen
Leute, in: Schwartz, Bd. 3, 540 ff., hier 543.

38 Vgl. Jeismann, 119.

39 Vgl. J. C. v. Wöllner, Abhandlung über die Religion (1785), zit. nach
Jeismann, 121.

40 Instruktion für die Königliche Examinationskommission in Geistlichen Sachen vom 31. 8. 1791, in: M. Philippson, Geschichte des Preußischen Staatswesens vom Tode Friedrich d. Gr. bis zu den Freiheits-
kriegen, Bd. 1, Leipzig 1880, 346.

41 I. Kant, Der Streit der Fakultäten (1798), Hamburg 1959, 7.

42 Instruktion für die Königliche Examinationskommission, 345.

43 Verfügung Wöllners vom 22. 3. 1796, zit. nach P. Schwartz, Der erste
   Kulturkampf in Preußen von Kirche u. Schule 1788-1790, Berlin 1925,
   329 f.

44 W. v. Humboldt, Ideen zu einem Versuch, die Gränzen der Wirksamkeit des Staats zu bestimmen, in: Ges. Schriften, Hg. Königl. Preußische Akademie der Wissenschaften, Bd. 1, Berlin 1903, 97 ff.

45 Vgl. Kant, Streit, 84 ff.

46 K. Frhr. vom Stein, Entwurf einer »Proklamation an sämtliche Be-
   wohner des preußischen Staates«, in: Briefe u. amtliche Schriften, Hg.
   W. Hubatsch, Bd. II/2, Stuttgart 1960, 905.

47 R. B. Jachmann, Ideen zur National-Bildungslehre, in: Archiv Deutscher Nationalbildung, Hg. ders. u. F. Passow, 1, Berlin 1812, 5.

48 Ders., Die Nationalschule, in: Archiv Deutscher Nationalbildung, I,
   69 ff.

49 Ebd., 77 ff.

50 Ebd., 65.

51 W. v. Humboldt, Der königsberger und der litauische Schulplan, in:
   Ges. Schriften, Bd. 13, Berlin 1920, 266.

52 Ders., Theorie der Bildung des Menschen, in: ebd., Bd. 1, 1903,
   283.

53 Ders., Schulplan, 277 f.

54 F. Passow, Die griechische Sprache, nach ihrer Bedeutung in der Bildung deutscher Jugend, in: Archiv Deutscher Nationalbildung, I,
   115.

55 Ebd., 107.

56 G. F. W. Hegel, Gymnasialreden, Am 29. 9. 1809, in: Sämtl. Werke,
   Bd. 3, Stuttgart 1927, 250.

57 F. A. Wolf, Erziehung, Schule, Universität (Consilia scholastica), Aus
   Wolf's litterarischem Nachlasse zusammengestellt von W. Körte,
   Quedlinburg 1835, 33 ff.

58 F. Passow, Der griechischen Sprache pädagogischer Vorrang vor der
   Lateinischen, von der Schattenseite betrachtet, in: Archiv Deutscher
   Nationalbildung, I, 337.

59 Vgl. Jachmann, Nationalschule, in: ebd., 65.

60 Vgl. M. Kraul, Gymnasium u. Gesellschaft im Vormärz, Neuhumanistische Einheitsschule, städtische Gesellschaft u. soziale Herkunft der
   Schüler, Göttingen 1980, 10 ff.

61 Vgl. Jeismann, 289 f.

62 W. v. Humboldt, Ideen zu einer Instruction für die wissenschaftliche
   Deputation bei der Section des öffentlichen Unterrichts, in: Ges.
   Schriften, Bd. 10, Berlin 1903, 181.

63 Vgl. Publikandum vom 16. 12. 1808, nach Jeismann, 288.

64 Vgl. Jeismann, 300 f..

65 G. Thiele, Hg., Süverns Unterrichtsgesetzentwurf vom Jahr 1819,

Leipzig 1913, 13 ff.

66 E. Spranger, W. v. Humboldt u. die Reform des Bildungswesens, Berlin 1910, 232.

67 W. v. Humboldt, Über Prüfungen für das höhere Schulfach, in: Ges. Schriften, Bd. 10, 1903, 239 ff.

68 J. H. Schmedding, Staatsrat in der Sektion für Kultus und Unterricht, zit. nach Jeismann, 314.

69 J. D. v. Uhden, Staatsrat in der Sektion für Kultus und Unterricht, zit. nach Jeismann, 315.

70 Vgl. Jeismann, 115 ff.

71 Vgl. ebd., 320.

72 Vgl. Humboldt, Prüfungen, 239.

73 Paulsen, Bd. 2, 262.

74 Gesetz über die Verpflichtung zum Kriegsdienste, vom 3. 9. 1814, in: Gesetz-Sammlung für die Königlichen Preußischen Staaten, Berlin 1814, 79 ff.

75 Vgl. Jeismann, 360; Koselleck, 96.

76 Vgl. J. Neitmann u. a., Berichte aus der Werkstatt der Vernunft, Das Mindener Gymnasium im Jahre 1787, in: Land u. Leuten dienen, Ein Lesebuch zur Geschichte der Schule in Minden, Zum 450jährigen Bestehen im Auftrag des Ratsgymnasiums, F. Sundergeld, Bearb., Minden 1980, 73 ff.

77 Eingabe der Lehrer an das Oberschulkollegium vom 5. 6. 1788, zit. nach Schwartz, Bd. 3, 365.

78 Vgl. Schwartz, Bd. 3, 368 ff.

Kapitel 2

1 Hardenberg an Gneisenau, zit. nach H. Ulmann, Die Anklage des Jakobinismus in Preußen im Jahre 1815, in: HZ 95. 1905, 445.

2 Beckedorffs Beurteilung des Süvernschen Unterrichtsgesetzentwurfs, in: E. Quittschau, Das religiöse Bildungsideal im Vormärz, Ein Beitrag zur Geschichte des Seminarunterrichts in Preußen, Gotha 1931, 366 f.

3 E. T. A. Hoffmann, Meister Floh (1822), in: Späte Werke, München 1965, 737.

4 C. Verf. v. 30. 10. 1819, in: L. v. Rönne, Die höheren Schulen u. die Universitäten des Preußischen Staates, Berlin 1855, 100 f.

5 Publ. des Kons. zu Köln v. 26. 2. 1824, in: Rönne, 94 ff.; vgl. auch C. R. des Min. d. G., U. u. M. Ang. v. 24. 10. 1837, in: ebd., 144 ff.

6 Regl. des Min. d. G. U. u. M. Ang. v. 20. 4. 1831 für die Prüfungen der Kandidaten des höheren Schulamts, in: ebd., 26 ff.

7 Paulsen, Bd. 2, 392.

8 Ebd., 342.

9 C. R. d. Min. d. G., U., u. M. Ang. v. 24. 10. 1837, in: Rönne, 144 ff.

10 Ebd., 156.

11 Ebd., 145.

12 Rescript über Abiturienten-Prüfung v. 31. 7. 1834, in: J. F. Neigebaur, Die Preußischen Gymnasien u. höheren Bürgerschulen, Eine Zusammenstellung der Verordnungen, welche den höheren Unterricht in diesen Anstalten umfassen, Berlin 1835, 219 ff.

13 Vgl. E. Frhr. v. Richthofen, Zur Gymnasial-Reform in Preußen, Ein Aufruf auch an die Eltern der Gymnasialschüler, Magdeburg 1887.

14 Paulsen, Bd. 2, 350.

15 J. H. Deinhardt, Der Gymnasialunterricht nach den wissenschaftlichen Anforderungen der jetzigen Zeit, Hamburg 1837.

16 Ebd., 11.

17 Ebd., 42 ff.

18 Rescript des Min. d. G., U. u. M.-Ang. an das Königl. Consistorium zu Berlin, das Studium der griechischen Sprache an Schulen betr., 13. 12. 1824, in: Neigebaur, 133 f.

19 Rundschreiben des PSK Münster vom 10. 4. 1831; zit. nach J. G. H. Rothert, Über das Schulwesen der Stadt Minden, namentlich über die etwaige Umgestaltung des Gymnasiums zu Gunsten der nicht studirenden Schüler, in: Zu den öffentlichen Prüfungen der Schüler des Gymnasii zu Minden, am 2. und 3. October 1832, ladet gehorsamst ein Dr. Imanuel, Director, Minden 1832, 3, KA Minden. [Im folgenden werden die Einladungen zu Prüfungen und die damit verbundenen Jahresberichte nur als »Jahresbericht, Gymnasium Minden« zitiert und mit dem Erscheinungsjahr versehen.]

20 Rothert, 4.

21 Ebd., 17.

22 Ebd., 36 ff.

23 Ebd., 17.

24 Ebd., 32.

25 Vgl. D. K. Müller, Sozialstruktur u. Schulsystem, Aspekte zum Strukturwandel des Schulwesens im 19. Jahrhundert, Göttingen 1977, 123 ff.

26 »Woher kommt es, daß jetzt alles so zum Studiren drängt und wie ist dem möglichst abzuhelfen?« in: Hannöversches Magazin 1828, 737.

27 Vgl. F. I. Niethammer, Der Streit des Philanthropinismus u. Humanismus in der Theorie des Erziehungs-Unterrichts unsrer Zeit, Jena 1808.

28 K. W. E. Mager, Die deutsche Bürgerschule, Schreiben an einen Staatsmann, Stuttgart 1840, 109 ff.

29 Paulsen, Bd. 2, 551.

30 Vgl. Rescript vom 8. 3. 1832, in: Neigebaur 345 ff.

31 Verf. d. M. d. G., U. u. Med. Ang., 25. 3. 1825, in: Neigebaur, 76 f.

32 Vgl. Müller, 126.

33 Rescript d. Min. d. G. U. u. Med. Ang., 8. 11. 1833, in: Neigebaur, 209.

34 Imanuel an Gurlitt am 25. 1. 1823, zit. nach: M. Nordsiek, Siegmund Imanuel (1790-1847) u. die Reorganisation des Mindener Gymnasiums, in: Sundergeld, Bearb., 103.

35 Jahresbericht Gymnasium Minden, 1823, 11. KA Minden.

36 Dass., 1826, 27 f., ebd.

37 Vgl. dass., 1831, 9, ebd.

38 Vgl. dass., 1824, 19; 1829, 48; 1841, 31, ebd.

39 Vgl. bes. dass., 1829, 33 ff., ebd.

40 F. Däke, Versuch einer Geschichte des Gymnasiums zu Minden zur Jubelfeier der Anstalt im Jahr 1830, Minden 1830, 91 f.

41 Vgl. Jahresbericht Gymnasium Minden, 1826, 28, KA Minden.

42 Däke, 85.

43 Jahresbericht Gymnasium Minden, 1828, 13, KA Minden.

44 Dass., 1826, 26, ebd.

45 Ebd.

46 Jahresbericht Gymnasium Minden, 1824, KA Minden.

47 Vgl. dass., 1825, 19 ff., ebd.

48 Vgl. Kraul, Gymnasium u. Gesellschaft, 103 ff.

49 Vgl. Jahresbericht Gymnasium Minden, 1830, 11, KA Minden.

50 Vgl. dass., 1838, 9 f., ebd.

51 Ebd. 10.

52 Vgl. Jahresberichte Gymnasium Minden, 1839, 8; 1841, 18; 1842, 12 f., KA Minden.

53 Vgl. ebd., 13.

54 Vgl. D. K. Müller, Datenhandbuch zur deutschen Bildungsgeschichte, Teil I, Das höhere Schulsystem im Staat Preußen u. seinen Provinzen vom Beginn des 19. Jahrhunderts bis zum Ende des Zweiten Weltkriegs, Erste Fassung, MS, Bochum 1982, Tab. 1.

55 Vgl. ders., Der Prozeß der Systembildung im Schulwesen Preußens während der zweiten Hälfte des 19. Jahrhunderts, in: ZfPäd 27. 1981, 245 ff.

Kapitel 3

1 Rönne, Höhere Schulen, 103.

2 Vgl. Paulsen, Bd. 2, 473 ff.

3 [G. Eilers], Zur Beurtheilung des Ministeriums Eichhorn von einem Mitgliede desselben, Berlin 1849, 126.

4 J. C. Jessen, Grundzüge zur Geschichte u. Kritik des Schul- u. Unterrichtswesens der Herzogthümer Schleswig u. Holstein, vom christlich wissenschaftlichen Standpunkte, Hamburg 1860, 376 f.

5 Vgl. Paulsen, Bd. 2, 495 f.

6 C. R. des Min. d. G., U. u. Min. Ang., 10. 8. 1852 an sämmtliche Prov. Schulkoll., in: Rönne, 59.

7 Vgl. Circular-Rescript v. 7. 1. 1856, betr. Modificationen im Normalplan für den Gymnasialunterricht, in: L. Wiese, Sammlung der Verordnungen und Gesetze für die höheren Schulen in Preußen, 3. Ausg., bearb. u. bis zum Anfang des Jahres 1886 fortgeführt v. O. Kübler, 1. Abt., Die Schule, Berlin 1886, 66 ff., [zit. Wiese-Kübler].

8 M. Seyfferth, Das Privatstudium in seiner pädagogischen Bedeutung, Eine Skizze als Beitrag zur Kritik unsrer heutigen Gymnasien, Brandenburg 1852, 14.

9 Ebd., 34.

10 Wiese-Kübler, 68.

11 Jahresbericht des Evangel. Gymnasiums u. der Realschule zu Minden, Minden 1860, 5, KA Minden.

12 Vgl. Paulsen, Bd. 2, 477 ff.

13 Jahresbericht des Gymnasiums und der damit verbundenen Realschule zu Minden, Minden 1850, 4, KA Minden.

14 F. Ellendt, Auch eine Stimme über das, was den Gymnasien Noth thut, in: Jahresbericht über das Königl. Gymnasium zu Eisleben von Ostern 1854 bis 1855, Eisleben 1855, 5.

15 Jahresbericht Gymnasium Minden 1841, 41, KA Minden.

16 Vgl. ebd., 6 ff.

17 L. Wiese, Das Höhere Schulwesen in Preußen, Historisch-statistische Darstellung, im Auftrage des Ministers der geistlichen, Unterrichts- u. Medicinal-Angelegenheiten, Bd. 1, Berlin 1864, 506 f.

18 Vgl. Wiese-Kübler, 70 ff.

19 Ebd., 85.

20 Vgl. ebd., 70 ff.

21 Vgl. Jahresbericht Gymnasium Minden, 1841, 41; vgl. Jahresbericht des Gymnasiums u. der mit demselben verbundenen Realschule zu Minden, Minden 1853, 3, KA Minden.

22 Wiese-Kübler, 73 f.

23 Vgl. ebd., 81 f.

24 Vgl. ebd., 81.

25 Vgl. Müller, Datenhandbuch, Tab. 52.

26 Vgl. zum folgenden H. Balschun, Zum schulpolitischen Kampf um die Monopolstellung des humanistischen Gymnasiums in Preußen im letzten Drittel des 19. Jahrhunderts. Eine Studie zur Problematik des Streites um die Vorbildung zum Universitätsstudium, phil. Diss. Halle-Wittenberg 1964.

27 Zit. nach Balschun, 21.

28 Vgl. ebd., 21 ff.

29 Central-Organ 1877, 426, zit. nach Balschun, 15.

30 Balschun, 46.

31 Vgl. Central-Organ 1879, 313 ff., zit. nach Balschun, 46.

32 Deutsche Juristenzeitung Nr. 11, 241, zit. nach Balschun, 46.

33 Vgl. Akademische Gutachten über die Zulassung von Realschul-Abiturienten zu Facultäts-Studien, Amtlicher Abdruck, Berlin 1870, zit. nach Balschun, 54 ff.

34 Vgl. Verhandlungen des Abgeordnetenhauses, 31. Sitzung, 21. 1. 1879, 786; zit. nach Balschun, 61.

35 Vgl. Herrlitz u. a., Deutsche Schulgeschichte von 1800 bis zur Gegenwart, Eine Einführung, Königstein/Ts. 1981, 68.

36 Vgl. Balschun, 75.

37 Vgl. Berliner Tageblatt, 18. 10. 1880, zit. nach Balschun, 73.

38 Goßler an sämtl. Staatsminister, 19. 5. 1882, zit. nach Balschun, 74.

39 DZA Potsdam: Reichskanzler Nr. 2182, fol. 174 v, zit. nach Balschun, 75.

40 Vgl. Wiese, Das höhere Schulwesen, Bd. 4, Hg. B. Irmer, 1902, 119 ff.

41 G. v. Goßler, Ansprachen u. Reden, Berlin 1890, Rede am 27. 2. 1885, 487.

42 Vgl. Müller, Prozeß der Systembildung, 245 ff.

43 Vgl. Geschichte der mit dem Gymnasium verbundenen Realschule, in: Jahresbericht des Gymnasiums u. der damit verbundenen Realschule zu Minden, Minden 1865, 40 ff., KA Minden.

44 Vgl. Wiese-Kübler, 70 f.

45 Jahresbericht Minden 1865, 46, KA Minden.

46 G. Bodensiek, Schulzeit auf dem Mindener Gymnasium, Jugenderinnerungen aus Minden u. Leteln in den Jahren von etwa 1872-78, in: Mindener Heimatblätter 32. 1960, 17 f.

47 Vgl. K. Ditt, Minden, Tab. 7 und 8, in: P. Lundgreen u. M. Kraul, Hg., Bildungsbeteiligung u. soziale Mobilität in preußischen Städten des 19. Jahrhunderts (Ms.).

48 Bodensiek, 19.

49 Vgl. Jahresbericht Minden 1865, 3 ff., KA Minden.

50 Wiese-Kübler, 86.

51 Jahresbericht des Evangel. Gymnasiums u. der Realschule I. Ordnung zu Minden, Minden 1881, 10, KA Minden.

52 G. Hofmeister, 350 (!) Jahre Realgymnasium Minden, in: Sundergeld, Bearb., 169.

Kapitel 4

1 Vgl. Paulsen, Bd. 2, 594 ff.
2 Vgl. ebd., 594.
3 Vgl. Verhandlungen über Fragen des höheren Unterrichts, Berlin, 4. bis 17. 12. 1890, Berlin 1891, 20 f.
4 Vgl. Allerhöchster Erlaß vom 1. 5. 1889, in: Verhandlungen 1891, 3 ff., [zit. als Maierlaß].
5 Ebd., 70.
6 Ebd., 21.
7 Ebd., 70.
8 Ebd., 75.
9 Maierlaß, in: ebd. 3.
10 Ebd., 72 f.
11 Maierlaß, in: ebd. 4.
12 Ebd., 74.
13 Zit. nach Balschun, 138.
14 Immediateingabe Bismarcks vom 16. 3. 1890 an Wilhelm II., in: Balschun, 224 ff.
15 Verhandlungen 1891, 75 f.
16 Ebd., 76.
17 Vgl. J. C. Albisetti, Secondary School Reform in Imperial Germany, Princeton 1983.
18 Verhandlungen 1891, 770.
19 Vgl. Neue Lehrpläne u. Prüfungsordnungen für höhere Schulen, in: Centralblatt für die gesammte Unterrichts-Verwaltung in Preußen, Hg. Ministerium der geistlichen, Unterrichts- u. Medizinal-Angelegenheiten, Berlin 1892, 199 ff.
20 Vgl. Wiese, Bd. 4, 119 ff.
21 Vgl. ebd., 20.
22 Vgl. ebd., 24 ff.; 140 ff.
23 Neue Lehrpläne, 215 ff. und 241 f.
24 Major Fleck, in: Verhandlungen 1891, 226 f.
25 Verhandlungen 1891, 343.
26 Ebd., 337.
27 Ebd., 333.
28 Ebd., 74.
29 Prof. Fick (Würzburg) an v. Goßler, zit. nach Balschun, 135.
30 Vgl. Wiese, Bd. 4, 721 ff.
31 Vgl. P. Lundgreen, Das Bildungsverhalten höherer Schüler während der akademischen Überfüllungskrise der 1880er u. 1890er Jahre in Preußen, in: ZfPäd 27. 1981, 225 ff.
32 Vgl. Wiese, Bd. 4, 711 ff.
33 Vgl. Herrlitz u. a., 76.

34 Vgl. Balschun, 86 ff.

35 Zit. nach Balschun, 88.

36 Vgl. Verhandlungen über Fragen des höheren Unterrichts, Berlin, 6. bis 8. Juni 1900, nebst einem Anhange von Gutachten, Halle 1901, VII f.

37 Ebd., 1.

38 Vgl. Wiese, Bd. 4, 30 ff.

39 Vgl. K. Reinhardt, Die Reformanstalten, in: W. Lexis Hg., Die Reform des höheren Schulwesens in Preußen, Halle 1902, 339 ff.

40 Vgl. A. Beier, Die höheren Schulen in Preußen u. ihre Lehrer, Berlin 1902², 36 ff.; vgl. Wiese, Bd. 4., 124 ff.

41 Vgl. zum folgenden Lundgreen, Bildungsverhalten, bes. 230 ff.; Abb. 4, 5, 6.

42 Vgl. D. K. Müller, Qualifikationskrise u. Schulreform, in: ZfPäd 14. Beiheft, Weinheim 1977, 13 ff.

43 Vgl. ders., Datenhandbuch, Tab. 59.

44 Vgl. Lundgreen, Bildungsverhalten, Abb. 7.

45 Berechnung nach Müller, Datenhandbuch, Tab. 52, 53.

46 Paulsen, Bd. 2, 686.

47 K. Ditt, Minden, Tab. 7 u. 8, in: Lundgreen u. Kraul, Hg.

48 U. v. Wilamowitz-Möllendorff, Der griechische Unterricht auf dem Gymnasium, in: Verhandlungen 1901, 206 ff.

49 Lehrpläne vom 29. Mai 1901, in: Beier, 48.

50 Ebd., 37.

51 Ebd., 72.

52 Jahresbericht des Königl. Evangel. Gymnasiums u. Realgymnasiums zu Minden, Minden 1897, 6, KA Minden.

53 Dass., Minden 1894, 17, ebd.

54 H. Windel, [Antrittsrede als Direktor des Mindener Gymnasiums], in: Jahresbericht des Königlichen Evangelischen Gymnasiums und der Oberrealschule zu Minden, Minden 1912, 27, ebd.

55 H. v. Lüpke, Pennälerleben in Minden um die Jahrhundertwende, in: Festschrift zur 425-Jahr-Feier des Mindener Gymnasiums, Minden (1955), 41.

56 Jahresbericht des Königl. Evangel. Gymnasiums u. Realgymnasium zu Minden, Minden 1889, 51, KA Minden.

57 Verf. vom 23. Juli 1888, in: Beier, 219 f.

58 Vgl. Jahresbericht des Königl. Evangel. Gymnasiums u. Realgymnasiums zu Minden, Minden 1892, 20, KA Minden.

59 Dass., Minden 1898, 18, ebd.

60 Verf. v. 13. 6. 1878, in: Beier 240.

61 Lüpke, 41.

62 Ebd., 40.

63 Vgl. Jahresberichte des Evangelischen Gymnasiums und Realgymnasi

ums zu Minden, Minden 1885, 19; und 1897, 21, KA Minden.

64 Vgl. Verf. v. 29. 5. 1880; Verf. v. 9. 5. 1892, in: Beier, 229 f.

65 Windel, Antrittsrede, 24 f.

66 O. v. Bismarck, Erinnerung und Gedanke, Berlin 1932, 5.

67 Vgl. Windel, Antrittsrede, 22 ff.

68 Jahresbericht Gymnasium Minden, 1912, 20.

69 Windel, Antrittsrede, 25.

70 Jahresbericht des Königlichen Evangelischen Gymnasiums und der Oberrealschule zu Minden, Minden 1915, 21, KA Minden.

71 H. Windel, Der Imperialismus im Kampfe mit dem deutschen Nationalstaat, in: dass., 6.

72 E. Kühnemann, [Schrift über die deutsche Jugend], zit. ebd., 7.

73 Windel, Imperialismus, 6.

74 Ebd., 9 f.

75 Ebd., 4.

76 Jahresbericht Gymnasium Minden, 1915, 23.

77 Vgl. ebd.

78 Windel, Imperialismus, 10.

Kapitel 5

1 C. H. Becker, Eine Forderung an die neue Erziehung (1919), zit. nach C. Führ, Zur Schulpolitik der Weimarer Republik, Die Zusammenarbeit von Reich u. Ländern im Reichsschulausschuß (1919-1923) u. im Ausschuß für das Unterrichtswesen (1924-1933), Weinheim 1972², 17.

2 An die Lehrer u. Lehrerinnen der höheren Lehranstalten für die männliche Jugend, der Lehrer- u. Lehrerinnenseminare, Präparandenanstalten, Studienanstalten u. Oberlyzeen Preußens, in: Zentralblatt für die gesamte Unterrichtsverwaltung in Preußen, Hg. Ministerium für Wissenschaft, Kunst u. Volksbildung 1918, Berlin 1918, 712.

3 An die Schüler und Schülerinnen der höheren Schulen Preußens, in: Zentralblatt 1918, 713 f.

4 Becker, zit. nach Führ, 17.

5 Führ, 19.

6 Die Verfassung des Deutschen Reiches vom 11. August 1919, Art. 146.

7 Vgl. Die Reichsschulkonferenz 1920, Ihre Vorgeschichte u. Vorbereitung u. ihre Verhandlungen, Amtlicher Bericht, erstattet vom Reichsministerium des Innern, Leipzig 1921.

8 E. Spranger, Erinnerungen an Aloys Fischer, in: A. Fischer, Leben u. Werk, Hg. K. Kreitmair, Bd. 1, 219.

9 H. Nohl, Pädagogik aus dreißig Jahren, Frankfurt 1949, 21.

10 Vgl. Führ, 52 f.

11 Vgl. W. Wittwer, Die sozialdemokratische Schulpolitik in der Weimarer Republik, Berlin 1980, 295 ff.

12 H. Richert, Die deutsche Bildungseinheit u. die höhere Schule, Ein Buch von deutscher Nationalerziehung, Tübingen 1920, 4.

13 Ebd., 4 f.

14 Ebd., 12.

15 Ebd., 15.

16 Ebd., 240.

17 Ebd., 242.

18 Ebd., 255.

19 Die Neuordnung des preußischen höheren Schulwesens, Denkschrift des Preußischen Ministeriums für Wissenschaft, Kunst u. Volksbildung, Berlin 1924, 21.

20 Vgl. Richtlinien für die Lehrpläne der höheren Schulen Preußens, ebd 1925.

21 Neuordnung, 28.

22 Vgl. Richtlinien 1 ff.

23 Ebd., 4 f.

24 Ebd., 11.

25 Ebd., 13.

26 Richert, Bildungseinheit, 8.

27 Verfassung, Art. 148.

28 Vgl. H. Milberg, Schulpolitik in der pluralistischen Gesellschaft. Die politischen u. sozialen Aspekte der Schulreform in Hamburg 1890 1935, Hamburg 1970, 303.

29 Richtlinien, 64.

30 Ebd., 60.

31 Ebd., 64.

32 Ebd., 69 f.

33 Richert, Bildungseinheit, 8.

34 Richtlinien, 70; vgl. auch G. Kerschensteiner, Der Begriff der staats bürgerlichen Erziehung, München 1966[10], 38 ff.

35 Richtlinien, 65.

36 H. Deiters, Die Neuordnung des höheren Schulwesens, in: Die Gesellschaft 3, II. 1926, 149 ff.

37 Richtlinien, 65.

38 Ebd., 59.

39 Vgl. E. Peters, Nationalistisch-völkische Bildungspolitik in der Weimarer Republik, Deutschkunde u. höhere Schule in Preußen, Weinheim 1972.

40 Verfassung, Art. 146.

41 Vgl. H. Schulz, Die Schulreform der Sozialdemokratie, Dresde 1911.

42 Vgl. P. Lundgreen, Sozialgeschichte der deutschen Schule im Überblick, Teil II: 1918-1980, Göttingen 1981, 83 ff.

43 Vgl. Vereinbarung der Länder über den Unterricht in lebenden Fremdsprachen an höheren Schulen, in: Führ, 303.

44 Vgl. Müller, Datenhandbuch, Tab. 1, 79 ff.

45 H. Richert, Die Ober- u. Aufbauschule, Leipzig, 1923, 121.

46 Ebd., 119.

47 Ebd., 126 f.

48 Vgl. Lundgreen, Sozialgeschichte, II, 97 ff.

49 Vgl. ebd., 54.

50 Vgl. Lundgreen, Bildungsverhalten, 225 ff. u. Abb. 5.

51 Vgl. Lundgreen, Sozialgeschichte, II, Tab. 37.

52 Vgl. ebd., Tab. 33 u. Tab. 35; vgl. ders., Bildungsverhalten, Abb. 9.

53 Vgl. ders., Sozialgeschichte, II, Tab. 55.

54 Zit. nach G. Bäumer, Geschichte u. Stand der Frauenbildung in Deutschland, in: Handbuch der Frauenbewegung, III, Hg. H. Lange u. G. Bäumer, Berlin 1902, 111.

55 Bäumer, 114.

56 Vgl. W. Nöldeke, Von Weimar bis Weimar 1872-1897, Festschrift zur Feier des 25jährigen Bestehens des Deutschen Vereins für das Höhere Mädchenschulwesen, Leipzig 1897, 63 ff.

57 Luise Büchner, zit. nach Bäumer, 114.

58 K. Schneider, Ein halbes Jahrhundert im Dienste von Kirche u. Schule, Lebenserinnerungen, Berlin 1900, 457 f.

59 Vgl. Bäumer, 119 ff.

60 Vgl. ebd., 123 ff.

61 Vgl. H. Güldner, Die höheren Lehranstalten für die weibliche Jugend in Preußen, Halle 1913², 17.

62 Vgl. ebd., 8 f.

63 Ebd., 3.

64 Allgemeine Bestimmungen über das Lyzeum u. die weiterführenden Bildungsanstalten für die weibliche Jugend, in: Güldner, 10.

65 Vgl. Lundgreen, Sozialgeschichte, II, 70 ff.

66 Vgl. M. Nordsiek, Die Schulbildung der bürgerlichen Frau im 19. Jahrhundert am Beispiel der Mindener Töchterschule 1826-1909, Ein Beitrag zum 150jährigen Bestehen des Caroline-v.-Humboldt-Gymnasiums Minden, in: Mitteilungen des Mindener Geschichtsvereins 1976, 37 ff.

67 Vgl. Jahresbericht über das Städtische evangel. Oberlyzeum zu Minden für das Schuljahr 1925/26, Minden 1926, 21, KA Minden.

68 Städtisches evangel. Oberlyzeum mit Frauenschule zu Minden, Bericht über das Schuljahr 1927/28, Minden 1928, 28, ebd.

69 Vgl. Nordsiek, 36.

70 Vgl. Jahresberichte Oberlyzeum 1926, 21; 1928, 22; vgl. Städtisches

evangel. Oberlyzeum zu Minden, Bericht über das Schuljahr 1926/27, Minden 1927, 24, KA Minden.

71 Vgl. Lundgreen, Sozialgeschichte, II, Tab. 33, 34, 35.

72 Vgl. ebd., Tab. 16 u. 17.

73 Erziehung u. Unterricht in den Höheren Schulen, Berlin 1938, 18.

74 Verfassung, Art. 148.

75 Vgl. Wittwer, 301.

76 Vgl. Milberg, 317 f.

77 Sammlung der Drucksachen der verfassungsgebenden preußischen Landesversammlung (Anlagen zu den Sitzungsberichten), Tagung 1919-1921, Bd. 4, Nr. 12 1250 A, 1641.

78 Erlaß vom 29. 9. 1919, in: Zentralblatt, 603 ff.

79 Von der Schulbank ins Freikorps, »Königlich-preußische Gymnasiasten« erzählen, in: Sundergeld, Bearb., 177 f.

80 Ebd., 179.

81 Vgl. Bericht über das Schuljahr 1924 des Staatlichen Evangel. Gymnasiums zu Minden, Minden 1925; dass. über das Schuljahr 1925, ebd. 1926; dass. über das Schuljahr 1926, ebd. 1927; dass. über das Schuljahr 1927, ebd. 1928; dass. über das Schuljahr 1928, ebd. 1929; dass. über das Schuljahr 1929, ebd. 1930; Staatliche Bessel-Oberrealschule zu Minden, Bericht über das Schuljahr 1924/25, ebd. 1925; dass. über das Schuljahr 1926/27, ebd. 1927; dass. über das Schuljahr 1927/28, ebd. 1928; dass. über das Schuljahr 1928/29, ebd. 1929; dass. über das Schuljahr 1929/30, ebd. 1930; vgl. Jahresbericht über das Städtische evangelische Lyzeum u. Oberlyzeum zu Minden für das Schuljahr 1924/25, ebd. 1925; Jahresbericht über das Städtische evangel. Oberlyzeum zu Minden für das Schuljahr 1925/26, ebd. 1926; Städtisches evangelisches Oberlyzeum zu Minden, Bericht über das Schuljahr 1926/27, ebd. 1927; Städtisches evangel. Oberlyzeum mit Frauenschule zu Minden, Bericht über das Schuljahr 1927/28, ebd. 1928; Städtisches evangel. Oberlyzeum mit Frauenschule und technischen Lehrgängen zu Minden, Bericht über das Schuljahr 1928/29; Städtisches evangel. Oberlyzeum mit Frauen-Oberschule i. E., Frauenschule u. technischen Lehrgängen zu Minden, Bericht über das Schuljahr 1929/30; KA Minden [im folgenden werden Schultyp, Berichtsjahr und Seite angegeben].

82 Gymnasium, 1925, 7.

83 Vgl. ebd., 1926, 8; 1925, 9.

84 Vgl. ebd., 1927, 8.

85 Vgl. ebd., 1929, 12.

86 Vgl. ebd., 1926, 20 f.

87 Vgl. ebd., 1925, 9; vgl. Bessel-Oberrealschule 1925-26, 5.

88 Gymnasium 1924, 8; Bessel-Oberrealschule 1925-26, 6.

89 Vgl. Bessel-Oberrealschule 1927/28, 5.

90 Vgl. ebd., 1928/29, 29 f. u. 25.
91 Vgl. ebd., 1929/30, 7 ff.
92 Ebd., 1924-25, 13.
93 Lyzeum u. Oberlyzeum, 1924/25, 21.
94 Oberlyzeum, 1926/27, 30.
95 Ebd., 32.
96 Ebd., 35 f.
97 Vgl. ebd., 1925/26, 8.
98 Vgl. ebd., 1927/28, 9.

Kapitel 6

1 Zit. nach K.-D. Erdmann, Die Weimarer Republik, München 1980, 244.
2 Vgl. A. Mohler, Die konservative Revolution in Deutschland, 1918-1932, Grundriß ihrer Weltanschauungen, Stuttgart 1950, 168 ff.
3 K. Sontheimer, Antidemokratisches Denken in der Weimarer Republik, in: VfZ 5. 1957, 50.
4 H. Blankertz, Die Geschichte der Pädagogik, 271.
5 H. Nohl, Pädagogische Bewegung oder pädagogische Reaktion, in: Ders., Pädagogik aus dreißig Jahren, Frankfurt 1949, 241 f.
6 C. Lingelbach, Erziehung u. Erziehungstheorien im nationalsozialistischen Deutschland. Ursprünge u. Wandlungen der 1933-1945 in Deutschland vorherrschenden Strömungen; ihre politischen Funktionen u. ihr Verhältnis zur außerschulischen Erziehungspraxis des »Dritten Reichs«, Weinheim 1970, 42; vgl. auch K. Beutler, Die konservative Pädagogik u. ihr Verhältnis zur Politik, in: WPB 19. 1967, 64 ff.; ders., Der »Autonomie«-Begriff in der Erziehungswissenschaft u. die Frage nach dem gesellschaftlichen Fortschritt, in: PR 1969, 195 ff.
7 H. Nohl, Die Pädagogische Bewegung in Deutschland u. ihre Theorie, Frankfurt 1949[3], 227.
8 H. Nohl, Die volkserzieherische Arbeit innerhalb der pädagogischen Bewegung, in: Pädagogik aus dreißig Jahren, 216.
9 H. Rauschning, Gespräche mit Hitler, Zürich 1980, 237.
10 A. Hitler, Mein Kampf, München 1934, 448.
11 Ebd., 475 f.
12 Vgl. ebd., 726 ff.
13 Ebd., 452.
14 Lingelbach, 45.
15 Erziehung u. Unterricht in der Höheren Schule, Berlin 1938, 9 ff.
16 Vgl. E. Nyssen, Schule im Nationalsozialismus, Heidelberg 1979, 15 ff. u. 33 ff.

17 Erziehung u. Unterricht, 12 ff.

18 Ebd., 15 ff.

19 Ebd., 19.

20 Ebd., 19 f.

21 Ebd., 22.

22 Ebd., 14.

23 Ebd., 35; vgl. auch K.-I. Flessau, Schule der Diktatur, Lehrpläne u. Schulbücher des Nationalsozialismus, Frankfurt 1979.

24 Erziehung u. Unterricht, 35.

25 Ebd., 30.

26 Ebd., 48 f.

27 Ebd., 50 ff.

28 Ebd., 51 f.

29 P. M. Roeder, Zur Geschichte u. Kritik des Lesebuchs der höheren Schule, Weinheim 1961, 177.

30 Erziehung u. Unterricht, 66 ff.

31 Roeder, 177.

32 Erziehung u. Unterricht, 66 ff.

33 Vgl. Abgangszeugnis eines Volksschülers (1942), Privatbesitz; Motto aus: Kongreß-Rede des Führers auf dem Reichsparteitag »Großdeutschland« zu Nürnberg 1938.

34 Erziehung u. Unterricht, 1.

35 Vgl. B. Zymek, War die nationalsozialistische Schulpolitik sozialrevolutionär? Praxis u. Theorie der Auslese im Schulwesen während der nationalsozialistischen Herrschaft in Deutschland, in: M. Heinemann Hg., Erziehung u. Schulung im Dritten Reich, Teil 1: Kindergarten, Schule, Jugend, Berufserziehung, Stuttgart 1980, 264.

36 R. Schairer, Die akademische Berufsnot, Jena 1932, 3.

37 Vgl. Lundgreen, Sozialgeschichte, II, Tab. 35.

38 Leitsätze für Schulaufbau, Berufsauslese und Berechtigungswesen (vom 2. 7. 1930), in: Führ, Schulpolitik 261.

39 Ebd., 261 f.

40 Einschränkung des Zugangs zu den Hochschulen (aus der 9. Sitzung des Ausschusses für das Unterrichtwesen vom 10. 11. 1931), in: Führ, 270 f.

41 Vgl. ebd., 272 ff.

42 Vgl. Jahrbuch für das höhere Schulwesen. Statistischer Bericht über den Gesamtstand des höheren Schulwesens im Deutschen Reich, 1. 1931/32, Hg. Reichsministerium des Inneren, Leipzig 1933, 228.

43 Vgl. Zymek, 265 f.

44 Erlaß vom 17. 3. 1933; KA Minden, Ratsgymnasium 412.

45 Der Preußische Minister für Wissenschaft, Kunst u. Volksbildung, 16. 2. 1934; ebd.

46 Vgl. Zymek, 266 f.

47 Hitler, Mein Kampf, 480.
48 R. Benze Hg., Deutsche Schulerziehung, Jahrbuch des deutschen Zentralinstituts für Erziehung u. Unterricht 1940, Bericht über die Entwicklung der deutschen Schule 1933-1939, Berlin 1940, 64.
49 Erlaß über »Schülerauslese an den Höheren Schulen« vom 27. 3. 1935, in: R. Benze, Erziehung im Großdeutschen Reich, Frankfurt 1943³, 11 f.
50 Benze, Schulerziehung, 37.
51 Vgl. R. Eilers, Die nationalsozialistische Schulpolitik, Eine Studie zur Funktion der Erziehung im totalitären Staat, Köln 1963, 54 ff.
52 Erziehung u. Unterricht, 1.
53 Vgl. ebd., 23 f.
54 Ebd., 24.
55 Vgl. Lundgreen, Sozialgeschichte, II, Tab. 25 und 26.
56 Erziehung und Unterricht, 35.
57 Vgl. Zentralblatt für die gesamte Unterrichtsverwaltung in Preußen, 66, 1924, 285 ff.; vgl. Erziehung u. Unterricht, 26 ff.
58 Vgl. Lundgreen, Sozialgeschichte, II, Tab. 33.
59 Vgl. A. F. Kleinberger, Gab es eine nationalsozialistische Hochschulpolitik? in: M. Heinemann Hg., Erziehung und Schulung im Dritten Reich, Teil 2: Hochschule, Erwachsenenbildung, Stuttgart 1980, 21.
60 Erziehung u. Unterricht, 2.
61 Ebd., 29.
62 Hitler, Mein Kampf, 460.
63 Vgl. Lundgreen, Sozialgeschichte, II, Tab. 19 u. Tab. 33.
64 Hitler, Mein Kampf, 455.
65 Erziehung u. Unterricht, 2.
66 Vgl. Lundgreen, Sozialgeschichte, II, 93 f.
67 Vgl. Zymek, 271 f.
68 Benze, Schulerziehung, 248.
69 B. Rust zum 20. 4. 1933, zit. nach H. Scholtz, NS-Ausleseschulen, Internatsschulen als Herrschaftsmittel des Führerstaates, Göttingen 1973, 29.
70 Unveröffentlichter Erlaß vom 27. 12. 33 zur Zielbestimmung der NPEA, zit. nach Scholtz, 42.
71 Merkblatt der NPEA Köslin von 1936, zit. nach Scholtz, 43.
72 J. Haupt, Neuordnung im Schulwesen u. Hochschulwesen, Berlin 1933, 24, zit. nach Scholtz, 61.
73 Aktennotiz vom 10. 11. 1935, Entwurf zum Gesetz über die NPEA, zit. nach Scholtz, 67.
74 Scholtz, 98.
75 B. Rust, Erziehung zur Tat 1941/42, 5, zit. nach Scholtz, 48 f.; vgl. auch ebd. 324 ff.

76 Scholtz, 61 f.
77 Vgl. ebd., 59.
78 Aufnahmebedingungen der NPEA Naumburg, 1935, zit. nach Scholtz, 59.
79 W. Fritsch, in: Weltanschauung u. Schule, 1936/37, 279, zit. nach Scholtz, 96.
80 A. Heißmeyer, zit. nach Scholtz, 96.
81 Vgl. Scholtz, 97.
82 Unveröffentlichter Erlaß vom 27. 12. 33 zur Begründung der Landesverwaltung, zit. ebd., 69.
83 Scholtz, 162.
84 Vgl. ebd. 170; 178.
85 Denkschrift: Die Adolf-Hitler-Schule, zit. ebd., 172.
86 Vgl. ebd., 173.
87 Ebd.
88 Denkschrift: Die Adolf-Hitler-Schule, zit. ebd.
89 Rundschreiben des Hauptschulungsamtes vom 1. 6. 38, zit. ebd., 245.
90 Vgl. Scholtz, ebd.
91 Das Reich, 25. 7. 43, zit. ebd.
92 Ley, Der Weg zur Ordensburg, zit. ebd. 181 f.
93 Scholtz, 192.
94 Ebd., 334 f.
95 Lundgreen, Sozialgeschichte, II, Tab. 25.
96 Scholtz, 327.
97 M. Roßberg, Erziehungsstaat u. Schule, in: NS Bildungswesen 1941, zit. nach Scholtz, 101.
98 Scholtz, 93.
99 Vgl. ebd., 333.
100 Vgl. ebd. 283 ff.
101 Scholtz, 9.
102 Mindener Tageblatt, 4. 3. 1933, zit. nach M. Nordsiek, Fackelzüge überall . . . Das Jahr 1933 in den Kreisen Minden u. Lübbecke, Bielefeld 1983, 12.
103 Mindener Tageblatt, 19. 1. 1933, zit. nach Nordsiek, 11.
104 Vgl. Bericht über das Schuljahr 1936 des Staatlichen Gymnasiums zu Minden i. W., KA Minden, Ratsgymnasium 20.
105 Ebd., 397.
106 Vgl. Bericht über das Schuljahr 1937/38 des Staatlichen Gymnasiums zu Minden i. W., ebd., 20.
107 W. Keber, Erinnerungen an das Jahrzehnt 1940-1950, in: Sundergeld Bearb., 235.
108 Bericht über das Schuljahr 1936 des Staatlichen Gymnasiums zu Minden, KA Minden, Ratsgymnasium 20.

109 Ebd.
110 Vgl. Bericht über das Schuljahr 1936 des Staatlichen Gymnasiums zu
    Minden; Bericht über das Schuljahr 1937/38 des Staatlichen Gymna-
    siums zu Minden; Bericht über das Schuljahr 1938/39 des Staatlichen
    Gymnasiums zu Minden, KA Minden, Ratsgymnasium 412.
111 Ebd., 397.
112 Vgl. Bericht über das Schuljahr 1939/40 des Staatlichen Gymnasiums
    zu Minden; Bericht über das Schuljahr 1940/41 des Staatlichen Gym-
    nasiums zu Minden, ebd.; Bericht über das Schuljahr 1941/42 des
    Staatlichen Gymnasiums zu Minden, ebd. 412.
113 Reichsminister Wissenschaft, Erziehung u. Volksbildung, 19. August
    1941, ebd., 216.
114 Minden in den drei ersten Kriegsmonaten, Hausaufsatz von Peter
    Steinbrecher, Klasse 7, Jan. 1940, in: Sundergeld Bearb., 233.
115 W. Keber, 235.
116 Vgl. ebd., 235.
117 Ebd., 242.

Kapitel 7

1 Politische u. wirtschaftliche Grundsätze für die alliierte Verwaltung
   Deutschlands nach dem Potsdamer Abkommen (1945), in: Politik u.
   Schule von der Französischen Revolution bis zur Gegenwart, Eine
   Quellensammlung zum Verhältnis von Gesellschaft, Schule und Staat
   im 19. u. 20. Jahrhundert, Bd. 2: Von der Weimarer Republik bis zur
   BRD/DDR, Hg. B. Michael u. H.-H. Schepp, Frankfurt 1974, 223.
2 K.-E. Bungenstab, Umerziehung zur Demokratie? Re-education-Po-
   litik im Bildungswesen der US-Zone 1945-1949, Düsseldorf 1970,
   20.
3 Vgl. ebd., 164.
4 Vgl. ebd., 33 ff.
5 Vgl. O. Schlander, Reeducation – ein politisch-pädagogisches Prinzip
   im Widerstreit der Gruppen, Bern 1975, 108 ff.; vgl. auch E. Tenorth,
   Hochschulzugang u. gymnasiale Oberstufe in der Bildungspolitik
   von 1945-1973, Zur Genese u. pädagogischen Kritik der »Gymnasialen Oberstufe in der Sekundarstufe II«, Bad Heilbrunn 1975, 51 ff.
6 Erziehung in Deutschland, Bericht u. Vorschläge der Amerikanischen Erziehungskommission, Hg. »Die Neue Zeitung«, München
   [1946], 26 f.
7 Ebd. 22.
8 Vgl. Tenorth, 54 f.
9 Schlander, 120.
10 Kontrollratsdirektive Nr. 54, in: Michael u. Schepp Hg., 234 f.
11 Vgl. F. Hilker, Die Kontrollratsbeschlüsse vom 25. 6. 1947 u. ihre

Auswirkungen auf die Neugestaltung des Bildungswesens von 1947 bis 1949, in: R. Ulshöfer, Die Geschichte des Gymnasiums seit 1945, Heidelberg 1967; vgl. auch Schlander, 138 f.; M. Halbritter, Schulreformpolitik in der britischen Zone von 1945 bis 1949, Weinheim 1979, 37 ff. u. 37 ff. u. 93 ff.

12 Gemeinsamer Aufruf der KPD u. SPD zur demokratischen Schulreform, vom 18. 10. 1945, in: Bildungspolitik u. Bildungsreform, Amtliche Texte u. Dokumente zur Bildungspolitik im Deutschland der Besatzungszonen, der Bundesrepublik Deutschland u. der Deutschen Demokratischen Republik, Hg. L. Froese, München 1969, 87 ff.

13 Vgl. C. Kuhlmann, Schulreform u. Gesellschaft in der Bundesrepublik Deutschland 1946-1966, Die Differenzierung der Bildungswege als Problem der westdeutschen Schulpolitik, Stuttgart 1970, 38; 90, Anm. 300.

14 Vgl. ebd., 95.

15 Vgl. Halbritter, 61; 95 ff.; Kuhlmann, 85 f.

16 Military Government Regulations 8-400, zit. nach Bundenstab,100.

17 Vgl. ebd., 72 ff.

18 Vgl. Keber, Erinnerungen 1940-1950, in: Sundergeld Bearb., 241.

19 Vgl. H. Müller, Abschiedsrede vom 23. 3. 1948, KA Minden, Ratsgymnasium 216.

20 Vgl. ebd.

21 An das Schulkollegium in Münster, 29. Oktober 1948, Betr.: Austausch von Schüleraufsätzen, ebd., 216.

22 »Wie steht die heutige Jugend zu dem Kriegerdenkmal auf der Wilhelmshöhe und zu der von ihm verkörperten Idee?« Klassenaufsatz eines Unterprimaners vom 29. 6. 1948, ebd., 216.

23 Keber, 241.

24 Vgl. P. M. Roeder, Zur Geschichte der Kritik des Lesebuchs der höheren Schule, Weinheim 1961, 192.

25 J. Schnippenkötter, Zum Nordwestdeutschen Plan für Höhere Schulen, Geschichtliches u. Grundsätzliches vom Kriegsende bis zur ersten Landtagswahl, in: Bildungsfragen der Gegenwart, Hg. ders., Bonn 1947, 10 u. 14.

26 Vgl. J. Raschert, Bildungspolitik im kooperativen Föderalismus, Die Entwicklung der länderübergreifenden Planung u. Koordination des Bildungswesens der Bundesrepublik Deutschland, in: Max-Planck-Institut für Bildungsforschung, Projektgruppe Bildungsbericht Hg., Bildung in der Bundesrepublik Deutschland, Bd. 1: Entwicklungen seit 1950, Reinbek bei Hamburg 1980, 117 ff. u. 124.

27 Vgl. Düsseldorfer Abkommen vom 17. Februar 1955; Hamburger Abkommen vom 28. Oktober 1964, in: A. Reble Hg., Zur Geschichte der Höheren Schule, Bd. II, Bad Heilbrunn 1975, 160 ff. und 177 ff.

28 Vgl. H. Holzapfel, Vier Abmachungen der Länder der Bundesrepublik auf dem Gebiet des Schulwesens: »Düsseldorfer Abkommen«, »Hamburger Abkommen«, »Saarbrücker Rahmenvereinbarung« und »Berliner Richtlinien und Empfehlungen. Erster Teil«, in:
Ulshöfer, 142.

29 Bundesinnenminister G. Schröder, 23. Sitzung des Deutschen Bun-
destages vom 18. 4. 1958, zit. nach U. Kleemann, Der Deutsche Ausschuß für das Erziehungs- u. Bildungswesen, Eine Untersuchung zur
Bildungspolitik-Beratung in der Bundesrepublik Deutschland, Weinheim 1977, 23.

30 Vgl. Rahmenplan zur Umgestaltung u. Vereinheitlichung des allgemeinbildenden öffentlichen Schulwesens, in: Empfehlungen und
Gutachten des Deutschen Ausschusses für das Erziehungs- und Bildungswesen 1953-1965, Stuttgart 1966, 59 ff.

31 Vgl. Kleemann, 153 ff.

32 Vgl. Raschert, 149.

33 Vgl. Empfehlungen zum Aufbau der Förderstufe (1962); Empfehlungen für die Neuordnung der Höheren Schule, in: Empfehlungen und
Gutachten, 267 ff. u. 527 ff.

34 K. V. Müller, Die Begabung in der sozialen Wirklichkeit, Ergebnisse
der begabungs-soziologischen Erhebung in Niedersachsen auf Grund
der Auszählung im Reg.-Bez. Hannover, bearbeitet im Institut für
empirische Soziologie in Hannover, Göttingen o. J. [nach 1950],
27 f.

35 Ebd., 32.

36 Ebd., 28.

37 Ebd., 33.

38 Ebd., 29.

39 Ders., Begabung u. Begabungseigenart im schulischen Nachwuchs,
Erster Bericht über die Niedersächsische Begabtenuntersuchung nach
den Ergebnissen der Auszählung des Regierungsbezirks Hannover,
in: Die Sammlung 3. 1948, 366.

40 Ebd., 369.

41 Kuhlmann, 126.

42 Vgl. »Bremer Plan« zur Schulreform, in: Empfehlungen und Gutachten, 136.

43 Vgl. O. Schorb Hg., Für und Wider den Rahmenplan, Stuttgart 1960,
28.

44 Vgl. H. Roth Hg., Begabung u. Lernen, Ergebnisse u. Folgerungen
neuer Forschungen, Stuttgart 1969.

45 Vgl. P. Bourdieu, Kulturelle Reproduktion u. soziale Reproduktion,
in: ders. u. J.-Cl. Passeron, Grundlagen einer Theorie der symboli-
schen Gewalt, Frankfurt 1973, 88 ff.

46 C. Lüth, Kriterien der Hochschulreife, Zur Festlegung des Pflichtbe-

reichs in der gymnasialen Oberstufe u. in den studienbezogenen Bildungsgängen der integrierten Sekundarstufe II, in: ZfPäd 29. 1983, 629.

47 Die »Tübinger Beschlüsse«, Fünf Resolutionen der Konferenz »Universität u. Schule« am 30. 9. u. 1. 10. 1951, in: H. Scheuerl, Probleme der Hochschulreife, Bericht über die Verhandlungen zwischen Beauftragten der Ständigen Konferenz der Kultusminister u. der Westdeutschen Rektorenkonferenz, 1958-1960, »Tutzinger Gespräche« I-III, Heidelberg 1962, 152.

48 Vgl. »Tutzinger Maturitätskatalog« vom 28.-30. 4. 1958, in: Scheuerl, Probleme, 155 f.

49 Vgl. H. Scheuerl, Hochschulreife, Grundgedanken, aus dem Referat von W. Flitner beim ersten Tutzinger Hochschulreifegespräch, in: ders., Probleme, 36.

50 W. Flitner, Die gymnasiale Oberstufe, Heidelberg 1961, 38.

51 Scheuerl, Probleme, 36.

52 Vgl. H. v. Hentig, Die Krise des Abiturs u. eine Alternative, Stuttgart 1980, 61.

53 W. Flitner, Hochschulreife u. Gymnasium, Vom Sinn wissenschaftlicher Studien u. von der Aufgabe der gymnasialen Oberstufe, Heidelberg 1959, 19.

54 Rahmenvereinbarung zur Ordnung des Unterrichts auf der Oberstufe der Gymnasien, Beschluß der KMK vom 29. 9. 1960 (»Saarbrücker Rahmenvereinbarung«); Empfehlungen an die Unterrichtsverwaltungen der Länder zur didaktischen u. methodischen Gestaltung der Oberstufe der Gymnasien im Sinne der Saarbrücker Rahmenvereinbarung, Beschluß der KMK vom 28./29. 9. 1961 (»Stuttgarter Empfehlungen«), in: Scheuerl, Probleme, 162 ff.

55 Saarbrücker Rahmenvereinbarung, 162.

56 Stuttgarter Empfehlungen, 165.

57 Empfehlungen für die Neuordnung der Höheren Schulen (1964), in: Empfehlungen und Gutachten, 539.

58 »das geht alle an!«, 27. 4. 1951, KA Minden, Ratsgymnasium D 4a.

59 Vgl. Bungenstab, 160 f.

60 Aufruf zum Musikunterricht, 17. 10. 1950, KA Minden, Ratsgymnasium D 4a.

61 Vgl. ebd., D 4a.

62 Vgl. ebd., R 21.

63 Richtlinien für den Unterricht im Deutschen an Gymnasien im Lande Nordrhein-Westfalen, Düsseldorf 1952, 6.

64 Kursus zur Durchführung der Richtlinien für den Deutschunterricht in Düsseldorf, Dezember 1953, KA Minden, Ratsgymnasium 216.

65 G. Picht, Die deutsche Bildungskatastrophe, Analyse u. Dokumentation, Olten 1964, 16.

66 H. Becker, Von der Eliteerziehung zur lernenden Gesellschaft (1980),
   in: ders., Auf dem Weg zur lernenden Gesellschaft: Personen, Analysen, Vorschläge für die Zukunft, Stuttgart 1980, 19.
67 Vgl. Picht, 21 f.
68 Ebd., 26.
69 R. Dahrendorf, Bildung ist Bürgerrecht, Plädoyer für eine aktive Bildungspolitik, Hamburg 1965, 27.
70 Vgl. ebd., 48.
71 Vgl. Raschert, 105 ff.; H. Becker, Der Deutsche Bildungsrat, in:
   ders., Auf dem Weg, 179 ff.
72 Vgl. Raschert, 136 ff.
73 H. Roth Hg., Begabung u. Lernen, Ergebnisse u. Folgerungen neuer
   Forschungen (= Deutscher Bildungsrat, Gutachten und Studien der
   Bildungskommission, Bd. 4, 18).
74 Ebd., 65.
75 Vgl. Deutscher Bildungsrat, Empfehlungen der Bildungskommission, Strukturplan für das Bildungswesen, Stuttgart 1970, 26.
76 Ebd., 142.
77 Ebd., 148.
78 Statistisches Bundesamt Wiesbaden Hg., Bildung im Zahlenspiegel,
   1980, 35.
79 Vgl. Stundentafeln für die Sekundarstufe I, Runderlaß des Kultusministers vom 23. 3. 1973 [NRW].
80 Deutscher Bildungsrat, Strukturplan, 165.
81 Vereinbarung zur Neugestaltung der gymnasialen Oberstufe in der
   Sekundarstufe II (7. 7. 1972), in: Sammlung der Beschlüsse der Ständigen Konferenz der Kultusminister der Länder in der Bundesrepublik Deutschland, 175, 3; 13 ff.
82 Ebd., 175, 3; 13 ff.
83 Vgl. I. Schindler, Die gymnasiale Oberstufe – Wandel einer Reform,
   Von der »Saarbrücker Rahmenvereinbarung« bis zur »Bonner Vereinbarung«, in: ZfPäd 26. 1980, 161 ff., bes. 164 ff.
84 H. v. Hentig, Gedanken zur Umgestaltung der Oberstufe, in: H.-
   G. Herrlitz Hg., Hochschulreife in Deutschland, Göttingen 1968,
   135, 146.
85 Kunle, Mitverfasser der WRK-Thesen von 1977, zit. nach Lüth, 642.
86 FAZ 17. 2. 1983, zit. nach C. L. Furck, Die Reform der gymnasialen
   Oberstufe im Schnittpunkt konfligierender Interessen – Analyse einer Bildungsreform, in: ZfPäd 29. 1983, 661.
87 Empfehlungen zur Arbeit in der gymnasialen Oberstufe gemäß Vereinbarung zur Neugestaltung der gymnasialen Oberstufe in der Sekundarstufe II – Beschluß der Kultusministerkonferenz vom 7. Juli
   1972 (Beschluß vom 2. 12. 1977), in: Sammlung der Beschlüsse, 175,
   4; 33 und 37.

88 Ebd., 49.
89 Vgl. Lüth, 642 f.
90 Vgl. Lundgreen, Sozialgeschichte, II, Tab. 33.
91 Vgl. ebd., Tab. 35.
92 Vgl. ebd., Tab. 38.
93 F. v. Auer, Gymnasium: Von der Elite- zur Volksschule – Entwick-
    lungstendenzen u. Perspektiven für die 80er Jahre, zit. nach H. Hok-
    ker, Rosige Zukunft? In: E & W 4/83, 20 f.
94 H. Giesecke, Entwicklung der Didaktik des politischen Unterrichts,
    in: Bildung in der Bundesrepublik Deutschland, Bd. 1, 514.
95 Ebd., 20.
96 Vgl. Jahresbericht des Ratsgymnasiums (gegr. 1530) der Stadt Min-
    den, Schuljahr 1976/77, 17, Ratsgymnasium Minden.
97 Deutsch, Lehrplan für die Sekundarstufe II, Konferenzbeschluß vom
    20. 6. 1983, Ratsgymnasium Minden.
98 Der Kultusminister des Landes Nordrhein-Westfalen Hg., Richtli-
    nien für die gymnasiale Oberstufe in Nordrhein-Westfalen-Deutsch,
    Köln 1982, 69.
99 Ebd., 16.
100 Flugblatt, Januar 1973, KA Minden, Ratsgymnasium D 4a.
101 »Nur Elternmut hilft unsern Kindern«, Flugblatt, im Namen besorg-
    ter Eltern, presserechtlich verantwortlich H. Lindemann, KA Min-
    den, Ratsgymnasium D 4a.
102 G. Willer, Das Ratsgymnasium von 1955 bis 1980, in Sundergeld
    Hg., 270.
103 Ebd.
104 Willer, Antrittsrede, in: Jahresbericht Ratsgymnasium 77/78, 19,
    Ratsgymnasium Minden.
105 Vgl. K. Reumann, Das zerstückelte Gymnasium, in: FAZ 14. 1. 1983,
    zit. nach Furck, 661.

Auswahlbibliographie

Eine nach wie vor unübertroffene Darstellung der Geschichte des Gymnasiums gibt F. Paulsen, *Geschichte des gelehrten Unterrichts auf den deutschen Schulen u. Universitäten vom Ausgang des Mittelalters bis zur Gegenwart, mit besonderer Rücksicht auf den klassischen Unterricht*, Berlin 1919 ff, 3. erw. Aufl. hg. u. mit einem Anhang fortgesetzt von R. Lehmann, ND 1965 (leider nur bis zum Ende des Kaiserreichs). – Als Darstellung, die sich über einen längeren Zeitraum erstreckt, muß *Das Gymnasium, Aufgaben der höheren Schule in Geschichte u. Gegenwart* von F. Blättner erwähnt werden (Heidelberg 1960). Blättner schildert aus der Sicht der geisteswissenschaftlichen Pädagogik in einem historischen Teil Vorgeschichte und Entstehung des Gymnasiums bis 1925, in einem zweiten Teil kommt er über eine systematische Aufarbeitung der Geschichte zu einer pädagogischen Theorie des Gymnasiums. – Für das 19. Jahrhundert untersucht D. K. Müller, *Sozialstruktur u. Schulsystem, Aspekte zum Strukturwandel des Schulwesens im 19. Jahrhundert*, Göttingen 1977, den Wandel des öffentlichen Schulwesens. Er legt dabei die Entwicklung aller Typen des höheren Schulwesens im Verlauf des 19. Jahrhunderts dar und stützt seine Untersuchung durch statistische Daten für das Schulwesen der Stadt Berlin.

Während es aus jüngster Zeit keine bis in die Gegenwart führenden Längsschnitte zur Geschichte des Gymnasiums gibt, sind eine Reihe von Schulgeschichten erschienen, die die höheren Schulen als Teil des Schulsystems behandeln. Ich verweise dabei auf die beiden Bände von P. Lundgreen, *Sozialgeschichte der deutschen Schule im Überblick*, Teil I: 1770–1918; Teil II: 1918–1980, Göttingen 1980/81, in denen die Geschichte des deutschen Bildungssystems als Realgeschichte der institutionalisierten Ausbildung dargestellt wird, die Geschichte von Schultypen, auch der höheren Schulen, verfolgt und das Bildungsverhalten der Schüler rekonstruiert wird. Einen anderen Ansatz zeigt die Schulgeschichte von H.-G. Herrlitz u. a., *Deutsche Schulgeschichte von 1800 bis zur Gegenwart*, Königstein 1981. Hier wird Schulentwicklung vor allem unter bildungspolitischem Aspekt betrachtet, wobei die jeweilige Realität an den bildungspolitischen Vorgaben gemessen wird. Eine Geschichte der Pädagogik, die zugleich Schulgeschichte mit einbezieht, ist von H. Blankertz, *Die Geschichte der*

Pädagogik, Von der Aufklärung bis zur Gegenwart, Wetzlar 1982, vorgelegt worden.

Einzeldarstellungen, die sich jeweils nur auf eine Epoche beziehen, gehen aus den Anmerkungen zu den Kapiteln hervor. Lediglich für die Entstehungsgeschichte des neuhumanistischen Gymnasiums verweise ich auf die grundlegende Darstellung von K.-E. Jeismann, *Das preußische Gymnasium in Staat u. Gesellschaft, Die Entstehung des Gymnasiums als Schule des Staates u. der Gebildeten, 1787–1817*, Stuttgart 1974. Jeismann setzt die neuhumanistischen Ideen in Verbindung zu dem administrativen Vorgehen und stellt auf dieser Basis die begrenzten Möglichkeiten der neuhumanistischen Reform dar.

Zuletzt sei noch auf zwei Quellensammlungen verwiesen: B. Michael u. H.-H. Schepp Hg., *Politik u. Schule von der Französischen Revolution bis zur Gegenwart, Eine Quellensammlung zum Verhältnis von Gesellschaft, Schule u. Staat im 19. Jahrhundert*, Bd. 1 u. 2, Frankfurt 1973, eine Sammlung, die Dokumente aus Schule, Gesellschaft und Staat präsentiert; ferner A. Reble Hg., *Zur Geschichte der Höheren Schule*, Bd. 1 und 2, Bad Heilbrunn 1974.

Abkürzungen

Abt.	Abteilung
AHS	Adolf-Hitler-Schule
Art.	Artikel
Aufl.	Auflage
Bd.	Band
bearb.	bearbeitet
CDU	Christlich Demokratische Union
C. Verf.	Circular-Verfügung
C. R.	Circular-Rescript
DDR	Deutsche Demokratische Republik
dass.	dasselbe
ders.	derselbe
phil. Diss.	Dissertation an einer philosophischen Fakultät
DVP	Deutsche Volkspartei
DZA	Deutsches Zentralarchiv
ebd.	ebenda
eingel.	eingeleitet
erw.	erweitert
FAZ	Frankfurter Allgemeine Zeitung
F.D.P.	Freie Demokratische Partei
Frhr.	Freiherr
GEW	Gewerkschaft Erziehung und Wissenschaft
H.	Heft
Hb.	Handbuch
Hg.	Herausgeber
HJ	Hitler-Jugend
HZ	Historische Zeitschrift
KA Minden	Kommunalarchiv Minden
Kgl., Königl.	Königlich
KMK	Kultusminister-Konferenz
Kons.	Konsistorium
KPD	Kommunistische Partei Deutschlands
Min. d. G., U. u. M. Ang.	Ministerium der Geistlichen, Unterrichts- u. Medizinal-Angelegenheiten
Ms	Manuskript
ND	Neudruck
NPEA	Nationalpolitische Erziehungsanstalt

NS	Nationalsozialismus
NSDAP	Nationalsozialistische Deutsche Arbeiterpartei
o. J.	ohne Jahr
OSK	Oberschulkollegium
PR	Pädagogische Rundschau
PSK; Prov.-Schulkoll.	Provinzial-Schulkollegium
Publ.	Publikandum
Reg.-Bez.	Regierungbezirk
Regl.	Reglement
SA	Sturmabteilung der NSDAP
SBZ	Sowjetisch Besetzte Zone
SPD	Sozialdemokratische Partei Deutschlands
SS	Schutzstaffel der NSDAP
Tab.	Tabelle
TH	Technische Hochschule
US	United States
v.	von, vom
VDI	Verein Deutscher Ingenieure
Verf.	Verfügung
VfZ	Vierteljahreshefte für Zeitgeschichte
vgl.	vergleiche
WPB	Westermanns Pädagogische Beiträge
WRK	Westdeutsche Rektorenkonferenz
ZfPäd	Zeitschrift für Pädagogen
zit.	zitiert

edition suhrkamp. Neue Folge